생태문명 건설 이론 확립 및 실천 모색

시진핑 신시대
중국 특색
사회주의 사상
학습 총서

생태문명 건설 이론 확립 및 실천 모색

판쟈화(潘家華) 지음
최경화(崔京花) 옮김
우진훈 감수

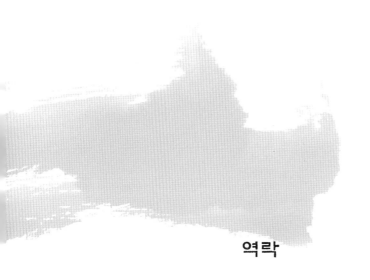

역락

차
례

생태문명 건설은 중화민족의 영속적 발전을 위한 천년 대계이자 근본적 대계다. 시진핑(習近平) 총서기는, 19차 당대회 보고에서 반드시 '녹수청산이 바로 금산은산이다'라는 이념을 수립하고 실천해야 하며 아름다운 중국 건설로 인민에게 양호한 생산 및 생활 환경을 창조해 주며 글로벌 생태안전을 위해 공헌해야 한다고 강조했다. 이 같은 과학적이고 체계적인 생태문명사상은 인류의 문제를 해결하는 데 중국의 지혜와 중국식 방안을 기여한 것으로 시진핑 신시대 중국 특색 사회주의 사상의 중요한 구성이 된다.

마르크스주의의 전체 시각에서 시진핑 생태문명사상 연구를 추진하고 중국에 입각하여 세계를 지향하는 생태문명 건설 이론체계와 발언체계를 발전·개선시키고 생태문명 전환 시대에 새롭게 제기되는 상시화와 실천, 그리고 요구에 적응하기 위해 중국 사회과학원 생태문명연구 싱크탱크는 '시진핑 생태문명사상 연구'를 기반으로 『생태문명 건설의 이론구축과 실천 탐색』성과를 형성하고 『시진핑 신시대 중국 특색 사회주의 사상 학습 총서』의 한 부분으로 출판되게 되었다. 이는 생태문명 건설이론 연구 분야 기념비적인 의의를 지닌 대사이자 묵직한 역사적 책임이기도 하다.

　본 저서는 신시대 중국 특색 사회주의 생태문명 건설을 중심으로 하는 주제에 주력하고 있다. 18차 당대회 이후, 특히 19차 당대회 보고 중, 시진핑 총서기와 시진핑을 핵심으로 하는 당중앙이 제기한 생태문명 건설과 인류 운명공동체 건설에 관한 중대이론을 깊이 학습 연구하여 해석하고, 체계적인 설명과 함께 시진핑 생태문명사상의 학리적 기초와 이론체계, 그리고 논리의 시작과 방법론 등의 방면을 개괄하여 정련하고 학리적인 신이론을 추출하고 규율적인 새로운 실천을 개괄하여 중국에 입각하고 세계를 지향하는 『2030년 지속가능발전 아젠다』와 『파리협정』실천을 위한 사람과 자연이 조화롭게 공생하는 이론체계와 가치준수, 그리고 실천 지도를 제공하고 있다. 필자는 '18차 당대회 이후'를 중요한 시기의 단계로 하여 우선 시진핑 총서기의 생태문명에 대한 중요논술의 원래 말과 모습, 그리고 글에 충실했고 마르크스·엥겔스 자연변증법 저술의 원래 말, 모습, 글에 충실했으며 18차 당대회 이후 시진핑을 핵심으로 하는 당중앙이 단결하여 인민을 이끌며 투신한 신시대 중국 특색 사회주의 생태문명 건설에서 취득한 이론과 실천성과에 대한 기본적 공감대와 일반적 주장에 충실했다. 다음, 사회주의 생태문명이 신시대로 나아가는 새로운 추세와 경제사회발전이 새로운 상시화로 진입하는 새로운 경로 및 특징, 그리고 마르크스주의의 지속적인 활력을 적극 반영했다. 끝으로, 시진핑 생태문명사상의 중요한 과학적 논단을 기초로 한 이론체계 구축에 진력했다.

『생태문명 건설의 이론 구축과 실천적 탐색』은 총 10장으로 구성되어 있다. 1장은 요지를 밝힌 부분으로 생태문명 건설은 신시대 사업으로 산업문명이 일정한 역사적 단계로 발전한 산물이자 인류문명 발전의 역사적 추세이며 '5위 1체'의 중국 특색 사회주의 사업의 총체적 배치와 '네 가지 전면'의 전략적 배치, 그리고 중화민족의 위대한 부흥인 중국몽 실현과 관련되는 대사임을 밝혔다. 중국의 새로운 역사적 발전 방향, 즉 중국 특색 사회주의 신시대에 있어 인민의 날로 증가하는 아름다운 생활에 대한 수요와 불균형과 불충분한 발전 사이의 모순이라는 중국사회의 주요모순과 관련하여 자연을 존중하고 순응하며 보호하고 사람과 자연이 조화롭게 공생하는 생명공동체를 구축하여 생태문명의 '신(新)' 시대의 '새로운 요구'에 적응해야 함을 강조했다.

2장부터 9장까지는 시진핑 생태문명사상의 중대이론 연구와 과학적 논단을 견지할 데 대한 논술과 해석으로 경제학 이론을 많이 참고했다. '녹수청산이 바로 금산은산이다' (2장), '환경이 바로 민생이자 생산력이다' (3장), '생태와 발전의 두 가지 마지노선 수호을 지켜야' (5장), '생태를 우선하는 녹색발전의 길을 걸어야' (6장), '과학적 계획과 끝까지 그려나가는 청사진' (8장) 등은 생태문명 건설과 경제건설의 내재적 융합화 과제를 설명하는데 그 취지를 두었다. 그리고 '생태문명 건설을 위한 법치와 제도적 보장을 제공' (7장)은 생태문명 건설과 정치건설의 융합, '법치중국', '국가관리' 등의 범위에서 사람과 자연이 조화롭게 공생하는 현대화 건설이라는 새로운 구도를 형성하고 추진하는 길을 설명했다. '사람과 자연의 조화로운 공생을 촉진해야' (4장)는 경제와 문화, 그리고 생태문명의 융합적 시각에서 문화의 역량에 대한 인식, 문화 소프트파워의 역할을 천명하고, 중화문명의 전통적 생태지혜를 더욱 중시하여 사회주의 핵심가치의 생태문명관을 육성하고 고양하는 생태문명을 당대 중국에서 건설할 것을 요구했다. '녹색터전을 건설하고 인류 운명공동체 구축을 흔들림 없이 추진한다'(9장)는 시진핑을 핵심으로 하는 당중앙이 숙고하는 중국발전과 세계와의 관계 문제, 그리고 개도국으로서의 대국 지위에 상응하는 역할을 발휘하고 글로벌 생태문명 전환과 녹색성장 추진에 적극 참여하여, 공헌하고 이끌며 인류운명공동체 구축에 대한 대국의 책임을 짊어지는 것에 취지를 두고 설명했다.

결론에서 논술한 시진핑 생태문명사상의 이론체계는 지극히 중요한 이론 성과다. 시진핑 생태문명사상이 확립된 사회주의 생태문명 건설에 대한 약간의 기본적 과학논단을 재차 총결하고 강조하였다. 동시에 시진핑 생태문명사상의 체계성과 계통성, 그리고 역사성과 계승성 및 현대성까지 확장시켜 시진핑을 핵심으로 하는 당중앙의 21세기 생태문명 건설에 대한 깊은 사상을 이해하도록 했다.

특히 설명해야 할 것은, 『생태문명 건설의 이론 구축과 실천 탐색』은 사회주의 생태문명이 신시대로 나아가고 경제사회 발전이 상시화로 진입하는 사회주의 생태문명 건설의 새로운 역사적 단계에서 출발하여 18차 당대회 이후 시진핑 총서기의 생태문명 건설에 대한 중요 논술과 일련의 중요한 연설을 학습하여 연구한 결과물이다. 시진핑 생태문명사상은 그 자체로 부단히 풍부하고 발전하며 개선되는 과정을 거쳤고 실천적 건설 과정에서 자연적으로 잉태하여 성숙해지는 과정을 거쳤다는 점을 반드시 알고 있어야 한다. 예로, 저명한 '양호한 생태는 문명의 발전을, 파괴된 생태는 문명의 쇠락을'이라는 과학적 논단은 일찍이 2003년 저장(浙江)성 당서기 재임 시 시진핑이『구시(求是)』잡지에 발표한『생태 홍성은 문화 홍성-생태건설 추진과 '녹색 저장성' 조성』이라는 글에서 이미 논술되었다. 시진핑은 글에서 생태환경건설은 '생산력을 보호하고 발전시키는 객관적 수요', '경제사회 발전의 기초', '사회문명 진보의 중요한 상징' 이라고 지적했다. 또한 2005년, 저장성 당서기 재임 시절 시진핑은, '녹수청산이 바로 금산은산'이라는 과학적 논단('두 개의 산'을 통해 바라 보는 생태환경"이란 글에서 심도 있게 논술 됨)을 제기한 바 있다.『생태문명 건설의 이론 구축과 실천 탐색』저술의 논리구조와 저작의 정서적 연결 고리는 시진핑 생태문명사상의 역사적 맥락을 전면적으로 정리하고 학습한 기초 위에서 건립된 것이다.

시진핑 총서기는, "지금은 이론이 필요하고, 이론이 반드시 나타날 수 있는 시대이며 사상이 필요하고, 사상이 반드시 나타날 수 있는 시대이다."[1]라고 지적했다. 시진핑의 생태문명사상을 잘 학습하고 관철하며 실시하는 가운데 시진핑 생태문명사상의 시대적 배경과 사상적 내포, 그리고 정신적 본질과 실천적 요구를 전면적으로 정확하게 체계적이고 과학적으로 학습 연구하고 시진핑 생태문명사상을 근본적 준수와 정신적 지주, 그리고 행동 지침으로 삼아 전체 사회가 생태문명을 건설하는 것에 대한 사상적, 이론적, 정서적 공감대를 강화하며 전체 사회가 생태문명 건설에 대한 노선의 자신감과 이론적 자신감, 그리고 제도적 자신감과 문화적 자신

---

1   시진핑:『철학사회과학 업무좌담회에서 한 연설(在哲學社會科學工作座談會上的講話)』, 인민출판사, 2016, 8면

감을 증강하는데 진력하는 것은 사회주의 생태문명 신시대를 향해 나아가며 생태문명을 건설하는 중화민족의 위대한 부흥을 실현하는 전략적 수요이자 생태문명 이론 실무자가 시진핑 생태문명사상을 더욱 훌륭히 학습하고 연구하며 장악하여 당과 인민, 그리고 역사에 부끄럽지 않게 책임을 짊어지는 영광스러운 사명이다.

세계의 전환형 발전을 이끄는 중국의 생태문명 건설이 2020년의 전면적 샤오캉사회 건설과 첫 번째 백 년의 분투 목표를 실현하는 기초하에 다시 15년을 분투하여 사회주의 현대화를 기본적으로 실현하는 것을 보여주는 가운데, 21세기 중엽에 이르러서는 부강하고 민주적이며 문명적으로 조화로운 아름다운 사회주의 현대화 강국을 건설하게 될 것이다. 중국의 현대화는 사람과 자연이 조화롭게 공생하는 현대화다. 사회주의 현대화 강국의 건설은 생태가 흥하고 격식은 새로운 천추의 위업이 될 것이다. 시진핑의 생태문명사상은 동양 철학의 위대한 지혜와 마르크스주의의 밝은 빛을 모두 갖고 있는 사상이다. 시진핑 생태문명사상에 대한 연구와 이론의 구축은 본 저서의 저자들이 거인의 어깨 위에 올라서서 작업한 한 차례 중대한 시도였다. 일부 수준의 한계로 사상적 경지와 이론적 시각에서 다소 부족한 부분이 있으니 사회 각계각층의 아낌없는 가르침과 지도편달을 바란다.

제1장

생태문명 신시대의
과학적 인지와 이론체계

중국공산당 제19차 전국대표대회 보고에는 다음과 같은 내용이 제기된 바 있다. 중국공산당 제18차 전국대표대회 이후 일어난 국내외 정세 변화 및 중국의 각 항 목 사업의 발전으로 인해 중국공산당은 새로운 시대적 과제를 맞이하게 되었다. 즉, 신시대에 견지하고 발전시켜야 하는 중국 특색 사회주의는 과연 어떤 것이고 그 방법은 무엇이냐 하는 것을 이론과 실천을 연결시켜 체계적으로 대답할 필요가 생긴 것이다. 구체적으로, 신시대에 견지하고 발전시켜야 하는 중국 특색 사회주의의 전체 목표, 총 과제, 총 배치, 전략적 포석, 발전방향, 발전방식, 발전동력, 전략적 배치, 외부 조건, 정치적 보증 등의 기본문제가 포함된다.[1] 이밖에 19차 당대회는 다음과 같이 제기했다. 생태문명을 건설하는 것은 중화민족이 영속적으로 발전하는 천년대계이다. '녹수청산이 바로 금산은산이다'라는 이념을 반드시 수립하고 실천해야 하며 자원을 절약하고 환경을 보호하는 기본국책을 굳건히 견지해야 한다. 생태환경을 생명처럼 간주하여 산(山)·수(水)·임(林)·

---

1   시진핑(習近平): 『샤오캉사회를 전면적으로 실현하는 데서 결정적인 승리를 이룩하고 신시대 중국특색의 사회주의 위대한 승리를 이룩하자-중국공산당 제19차 전국대표대회에서 한 보고(決勝全面建成小康社會奪取新時代中國特色社會主義偉大勝利-在中國共産黨第十九次全國代表大會上的報告)』, 인민출판사, 2017, 18면.

전(田)·호(湖)·초(草) 등의 시스템을 복합적으로 관리하고 가장 엄격한 생태환경보호 제도를 실행하며 녹색발전 방식과 생활방식을 형성하고 발전된 생산과 부유한 생활, 그리고 양호한 생태를 지향하는 문명발전의 길을 걸어 아름다운 중국을 건설하고 인민들에게 양호한 생산 및 생활 환경을 조성해 주며 글로벌 생태안전을 위해 기여한다.[2] '생태문명을 어떻게 인식하고 무엇 때문에 그리고 어떻게 건설해 나가느냐' 하는 것은 생태문명 건설의 이론체계에서 체계적으로 답해야 할 시대적 과제일뿐더러 생태문명 건설의 발전단계, 기본지위, 전략조치, 건설사명, 발전목표 등 기본적 인지에 대한 근본성 및 체계성과 관련되는 문제이다. 18차 당대회 이후 시진핑은 시대와 실천의 새로운 요구를 파악하고 인민대중의 새로운 기대에 착안하며 생태문명 건설에 대한 일련의 중요한 논술을 제기하여 체계적이고 온전한 시진핑의 생태문명사상을 형성했다. 동 논술은 이론과 실천을 결합하여 신시대 사회주의 정신문명건설 이론과 실천의 파노라마를 제시했으며 인류와 자연이 조화롭게 발전하는 현대화 건설 신구도를 공고히 하고 심화시키는 정치적 선언이자 행동지침이다.

1. 생태문명은 인류문명 발전의 역사적 추세

문명은 '몽매'와 '야만'과 대응된다. 문명은 인류사회 발전 중의 진보 상

---

2   시진핑: 『샤오캉사회를 전면적으로 실현하는 데서 결정적인 승리를 이룩하고 신시대 중국 특색의 사회주의 위대한 승리를 이룩하자-중국공산당 제19차 전국대표대회에서 한 보고』, 인민출판사, 2017, 23-24면.

생태문명 건설 이론 확립 및 실천 모색

태를 가리키고 인류사회가 고급단계로 발전하는 결과물로 이는 아래 몇 가지를 지표로 한다. 우선 문자 발명을 주요 지표로 한다. 미국학자 루이스 헨리 모건(Lewis Henry Morgan)은 "엄밀하게 따지면 문자의 기재가 없으면 역사가 있을 수 없고 나아가 문명도 없다."라고 말한 바 있다.[3] 다음으로, 철의 제련과 사용도 중요한 지표가 된다. 엥겔스는 "모든 문화와 민족은 동시기에 영웅의 시대를 겪었다. 철검 시대인 동시에 철로 쟁기와 도끼를 만들었던 시대였다. 철은 이미 인류에게 봉사하고 있었다."라고 적었다.[4] 또한 "철광석 제련부터 시작하여 표음문자가 발명되고 문헌기록에 응용되면서 문명시대로 이행했다."[5]라고 말했다.

생산 방식의 단계적 특징을 기반으로 인류의 문명형태는 이미 원시문명, 농업문명, 산업문명이란 3개의 단계를 경험했다.

원시문명 단계의 인류는 대자연의 선물 혹은 자연을 직접 이용하면서 생활수단을 확보했는데 사냥과 채집은 가장 중요한 생산활동이고 불, 석기, 활은 중요한 도구였다. 수인씨(燧人氏)가 나무를 마찰하여 불을 얻는 방법이 전해지면서 인류는 날음식 먹던 시대에 작별을 고하고 익힌 음식을 먹기 시작했다. 몽매의 원시시대 인간과 자연 사이에는 뚜렷한 경계선이 없었고 인간은 동물의 생존방식으로 자연에 적응하면서 동물과 다름없이 살아왔다. 마르크스는 이에 대해 "동물의 실생활에서 유일한 평등이라면 동일 종 동물 간의 평등이다. 물론 이것은 종(種)의 평등이지 속(屬)의 평등

---

3   [미국] 루이스 헨리 모건: 『고대사회(Ancient Society)』, 양둥춘(楊東純), 마융(馬雍), 마쥐이(馬
      巨譯), 상무인서관, 1997, 30면.
4   『마르크스엥겔스선집(馬克思恩格斯選集)』 4권, 인민출판사, 1995, 163면.
5   같은 책, 22면.

은 아니다. 동물의 속(屬)은 서로 다른 동물 간의 적대관계 속에서 표현되며 서로 다른 종(種)의 동물은 투쟁속에서 자신의 특별한 속성을 확립한다. 자연계는 맹수의 위(胃) 속에서 다양한 동물을 위해 결합 장소와 합병의 보일러 그리고 서로를 연결하는 연락소를 만들어 주었다."[6]고 했다. 자연계와의 길고 힘든 투쟁 속에서 인간이 승리하면서 인류는 비로서 동물 그리고 자연계에서 분리 되었고 '하늘과 인간의 직분에 대해서 알게 되었고(明于天人之分)' 자아를 중심으로 하는 자각의식을 갖게 되었다. 단, 전체적으로 볼 때 수동적으로 자연에 적응하면서 해가 뜨면 일하고 해가 지면 휴식을 취하며 하늘에 의지하여 먹을 것을 얻는 맹신과 순종의 단계라고 볼 수 있다. 이 단계에서 인간은 자연생태에 대해 실질적 파괴나 위협이 없이 곳곳에서 자연계의 구속을 받으며 소박한 원시문명 의식을 형성했다.

농경과 목축, 청동기, 도기, 철기의 사용은 농업문명 단계의 주요한 생산활동이다. 특히 철기 농기구의 사용으로 인해 인류의 생산활동은 생산력 발전 영역으로 방향을 틀었으며 극대화된 노동성과를 취득하는 길과 방법을 탐색하기 시작했다. 이와 함께 인류는 자체 생존과 발전을 위하여 지구에 대한 선제공격을 시작하여 능동적이거나 혹은 수동적으로 자연을 정복하고 개조하는 과정을 시작했다. 자연계 또한 인류에 대한 보복을 시작하여 가뭄, 홍수, 산사태, 풍사 등이 끊임없이 발생했지만 인류의 생존과 발전에 근본적 위협을 주지는 못했다.

산업문명 단계인 18세기 80년대에 제니 방적기와 와트 증기기관을 지표로 하는 영국의 산업혁명은 기계를 이용한 대량 생산 방식을 창도했다. 마

---

6   『마르크스엥겔스전집(馬克思恩格斯全集)』제1권, 인민출판사, 1963, 142-143면.

르크스는 이에 대해 다음과 같이 논술했다: 증기 멧돌의 출현으로 산업 자본가의 사회가 시작되었다. 인류역사에서 나무를 비벼 불을 채취하는 방법은 기계운동을 열로 바꾸어 주었고 증기기관의 발명과 사용은 열을 기계운동으로 바꾸어 주었다. 이는 인류가 자연력을 인식하고 이용한 거대한 변혁이었고 물질생산이 기계화 시대로 진입한 지표이다. 이러한 이유로 엥겔스는 증기기관을 최초의 진정한 국제적 발명이라고 보았다. 자산계급은 기계 대공업의 발전을 통한 기계제조를 기반으로 채광업, 에너지 및 원자재생산, 석유 및 석유화학공업, 야금 및 금속가공업, 자동차와 비행기 제조 등 교통 운수업, 건축업, 의료 및 서비스업 등의 산업으로 확장하며 인류가 기계화, 자동화, 전기화, 현대화 시대로 도약하도록 촉진하여 거대한 물질적 부를 가진 현대사회 생활을 창조하고 '사람이 자연의 주인'이라는 철학적 기반의 산업문명을 형성했다.[7]

하지만 마르크스가, '자본주의 생산은 사회 생산력을 크게 발전시켰으나 스스로 발생한 사회생산력과 대립 관계를 이루고 있고 앞으로는 오직 대항, 위기, 충돌, 재난의 역사만 이어질 것이다.'[8]라며 제기한 것처럼, 20세기 중엽을 전후로 20~30년간 세계적 범위에서 세계를 경악하게 만든 환경오염 사건이 빈번히 발생했다. 이중 가장 심각했던 여덟차례의 오염사건을 역사적으로 '8대 공해'라고 부른다. 전형적인 것은 1948년 10월의 미국 도노라(Donora) 사건이다. 이는 도노라의 대기 속의 이산화유황과 기타 산화물이 대기속 먼지 및 연기와 함께 반응하며 유산 스모그를 발생시켜 대

7   『마르크스엥겔스선집』제1권, 인민출판사, 1995, 774면.
8   『마르크스엥겔스전집』제19권, 인민출판사, 1963, 443면.

기를 심각히 오염시켰던 사건이다. 이로 인해 4일 간 42%의 주민이 병들었고 17명이 사망했다. 1952년 12월의 영국 런던 그레이트 스모그 사건에서는 4,000여 명이 사망했다. 또한 1955-1968년까지 10여 년간 지속된 '이따이-이따이병' 사건은 일본 도야마현 사람들이 카드뮴이 포함된 물을 마시거나 카드뮴이 함유된 쌀을 먹고 200여 명이 사망한 사건이다.

지난 300여 년 동안, 산업문명은 '사람은 대자연을 이긴다(人定勝天)'는 핵심가치관하에 생산 도구 및 방식을 근본적으로 변혁시켜왔고 생산력 요소 중에서 가장 혁명적 요소를 갖추는 변혁을 이루어냈다. 산업문명 사회에서 사회화 대생산은 거대한 기계처럼 밤낮을 쉬지 않고 돌아가면서 무서운 에너지를 생산했다. 인류 최초 대비 수 억만 배에 달하는 물질적 부를 창조한 반면, 사람과 자연의 고도의 긴장감 또한 되돌이킬 수 없을 정도로 키워졌다. 근 반세기에 달하는 시간 동안 서방 선진국은 엄격한 환경보호법을 제정하여 집행한 동시에 거대한 자금과 과학기술을 투입하여 방대한 친환경 산업을 조성하면서 폐기물을 정화 처리했다. 또한 하이앤드 산업을 업그레이드시키는 반면 로우앤드 산업은 개도국으로 이전시키면서 소위 '국부적인 개선'을 가져온 듯한 가상을 연출했고 양호한 환경 우월감에 대한 자만의식도 생겨났다. 하지만 환경문제가 생태시스템의 형식으로 표출되고 있을 때 국부적인 행동과 개선은 그 효과가 극히 미비했다. 오히려 오늘날 인류의 생활환경은 악화의 기폭점으로 치닫고 있다. 오존층 파괴, 산성비, 종의 멸종, 토지 사막화, 삼림 쇠퇴, 월경 공해, 해양 오염, 야생 생물 종의 급감, 열대우림 감소, 토양 침식 등 큰 범위의 글로벌적인 생태위기가 인류 전체의 생존과 발전을 심각하게 위협하고 있다. 그 원인을 찾으려면 통일적 생산과정을 상대적으로 독립적인 두 부분으로 나누어 들여

생태문명 건설 이론 확립 및 실천 모색

다 보아야 하는데, 일부분은 설비로 제품을 생산하고 다른 일부분은 설비로 폐기물 정화 처리를 진행한다. 실천이 증명하듯, 정화시설의 생산과 건설 및 운영은 거대한 투자가 필요할 뿐더러 지역 환경오염 처리에 대한 난이도가 높아 자원 에너지의 2차적 소모와 2차적인 환경오염을 조성한다. 윤리적 시각에서 바라볼 때, 인류가 하나의 지구촌에 살고 있음에도 불구하고 자본의 극대이윤을 위해 서반구만 보호하고 동반구는 보호하지 않으며 북반구만 관리하고 남반구를 관리하지 않는 것은 불공정한 것이고 도의적이지 못하다. 시진핑은, "일부 선진국을 포함한 수 많은 국가는 모두 '우선 오염시키고 다시 다스리는' 과정을 거쳤다. 발전과정에서 생태환경을 파괴했고 가치가 없거나 심지어는 파괴적인 물건을 대량으로 쌓아놓았다. 이를 재복원하는데 투입되는 비용은 애당초에 창조한 부의 가치를 훨씬 초과할 것이다."라고 말한 바 있다.[9] 이와 같은 기본 모순을 해결하고 전면적 위기를 극복하며 영속적 발전을 실현하려면 생태문명을 잘 건설해야 한다. '미국과 유럽이 이미 걸었던 길은 바람직하지 못하다.'[10] 현대화 국가를 건설하려면 산업문명을 초월하는 생태문명을 건설해야 한다. 이는 사회의 전면적인 전환이자 영광스러운 역사적 사명이다.

생태화 생산 방식의 발흥은 현대 과학기술혁명 발전의 필연적 결과이다. 과학기술은 이미 현대 생산력 발전과 경제성장의 첫 번째 요소가 되었다. 전통 제조업 생산력의 발전과 경제성장은 노동력과 자본, 그리고 자연자원의 투입에 주로 의존한다. 현대사회에서 생태기술, 순환이용기술, 시

9   『시진핑 총서기 중요연설 계열 독본(習近平總書記系列重要講話讀本)』, 인민출판사, 학습출판사, 2014, 124면.
10 같은 책, 125면.

스템 관리과학, 복잡한 시스템공정, 청정 에너지, 환경보호 산업기술 등은 생산력 발전과 경제성장의 결정적 요소로 자리잡아 가고 있다. 중국의 걸출한 과학자 첸쉐썬(錢學森)은 정보산업기술을 핵심으로 한 신기술 혁명을 제5차 산업혁명으로 보며 이는 4차 산업혁명의 보완이자 6차 산업혁명을 전망하는 혁명이라고 보았다.[11]

인류문명형태의 역사적 변화를 살펴보면 생산 방식의 대발전과 대변혁은 모두 문명과 생태의 교체법칙, 역사적 융합과 자연적 전환을 따르고 수반해 왔다. 시진핑은 "역사의 시각에서 볼 때, 양호한 생태는 문명의 발전을, 파괴된 생태는 문명의 쇠락을 가져온다"고 말했다.[12] 고금중외로 이와 같은 사례는 매우 많다. 엥겔스는 『자연변증법』이란 저서에서, '인류는 자연계를 대상으로 거둔 승리에 과도하게 도취해서는 안 된다. 이와 같은 승리에 자연계는 일일히 복수 할 것이다.'[13]라고 제기했다. '경작지를 위해 삼림을 파괴했던 메소포타미아, 그리스, 소아시아 그리고 기타 각지의 주민들은 그곳들이 오늘날 불모의 땅이 될 줄은 꿈에도 생각하지 못했을 것이다.[14] 서아시아 최초의 문명인 메소포타미아 문명(양하유역 문명)은 모래 속에 묻혀 세인들에게 점차 잊혀지고 있지만 역사 속의 교훈은 깊이 되돌아

---

11   첸쉐썬, 「현대과학기술을 적용하여 제6차 산업혁명을 실현-농촌경제를 발전시킬 데 대한 첸쉐썬의 네번째 편지(運用現代科學技術實現第六次産業革命-錢學森關於發展農村經濟的四封信)」, 『생태농업연구(生態農業研究)』, 1994년 제3기.

12   시진핑: 「제18기 중앙정치국 제6차집단학습시의 연설(在十八屆中央政治局第六次集體學習時的講話)」(2013년 5월 24일), 『시진핑의 사회주의 생태문명의 건설에 대한 논술 발췌자료(習近平關於社會主義生態文明建設論述摘編)』, 중앙문헌출판사, 2017, 6면.

13   『마르크스엥겔스선집』제4권,인민출판사, 1995, 383면.

14   같은 책.

보아야 할 가치가 있다. 작금의 시대에서는 환경오염, 생태파괴, 자원결핍 역시 인류의 생존을 위협하는 세계적인 공해이다. 우리는 생태환경과 관련하여 너무나 많은 것을 빚지고 있다. 지금부터라도 다시 시작하지 않으면 앞으로 더욱 큰 대가를 치르게 될 것이다. 5000여년의 문명역사를 갖고 있고 인류문명의 진보를 위해 불멸의 기여를 해온 중화민족은 생태와 문명 발전의 역사적 법칙에 따라 생태문명을 적극 건설하여 중화의 문명 그리고 인류의 문명을 위해 책임질 것이다.

2. 사회주의 생태문명은 인류문명 발전의 새로운 형태

사회주의 사회는 전면적으로 발전하고 진보하는 사회이다. 19차 당대회는 중국 특색 사회주의가 이미 신시대로 들어섰다고 판단했다. 근대 이후 온갖 고난을 겪어왔던 중화민족은 드디어 일어서서 부유해 지는 단계에서 강대하고 위대한 도약을 향해 나래치는 역사적 단계로 들어섰다. 국가의 영도 핵심인 중국공산당은 '인민의 경제·정치·문화·사회·생태 등의 분야에서 날로 성장하는 수요를 보다 훌륭히 충족시키고 인류의 전면적 발전과 사회의 전면적 진보를 보다 더 훌륭히 추진'[15]하고 '중국의 물질문명, 정치문명, 정신문명, 사회문명, 생태문명을 전면적으로 향상'[16]시키기 위해

15 　시진핑: 『샤오캉사회를 전면적으로 실현하는 데서 결정적인 승리를 이룩하고 신시대 중국특색의 사회주의 위대한 승리를 이룩하자-중국공산당 제19차 전국대표대회에서 한 보고』, 인민출판사, 2017, 11-12면.

16 　같은 책, 29면.

전례없는 노력을 쏟아붓기 시작했다. 인류사회는 대다수 부분이 서로 연결 혹은 서로 작용하면서 구성된 사회유기체로, 낮은 차원에서 보다 높은 차원으로 발전과 변화를 거듭하며 일정 법칙의 지배를 받는 자연역사 과정이라고 보는 마르크스주의의 주장처럼, 사회주의 사회는 사회 유기체로 사람과 자연, 사람과 사회, 사람과 생태가 화합하고 공생하는 사회로 사회 시스템과 자연 시스템, 그리고 사회 시스템 내부에 포함된 여러 분야가 상호 적응하고 촉진하며 함께 발전하는 사회발전 형태이다. 사회주의 사회에서 경제·정치·문화·생태는 서로 협력하고 추진하며 배합하고 영향을 주는 바, 경제건설은 물질적 기초를, 정치건설은 정치보장을, 문화건설은 정신적 동력과 지적 지원을, 사회건설은 유리한 사회환경과 조건을, 생태문명 건설은 생존의 기초와 조건을 제공한다.

18차 당대회 이후 시진핑은 생태문명과 사회주의의 관계 범주에 대한 과학적 논단을 새롭게 제기했다. 생태문명은 중국 특색 사회주의에서 추진하는 '5위 1체'라는 총체적 배치를 실현하는 데 있어 중요한 구성 부분이다. 생태문명 건설은 공산당 중앙이 추진하는 국정운영의 총체적 방책인 '4가지 전면'의 중요한 전략적 포석 중의 하나이다. 생태문명을 건설하는 것은 중화민족의 위대한 부흥이라는 중국몽의 중요한 내용으로 부강하고 민주주의적이고 문명하며 조화롭고 아름다운 사회주의 현대화 강국을 건설하는 것이다. '5위1체'의 총체적 배치론은 생태문명건설의 전략적 지위와 사회주의 생태문명 건설을 어떻게 인식할 것인가 라는 문제를 부각시켰다고 말할 수 있다. '4가지 전면'의 전략적 배치는 생태문명건설의 전략적 조치와 생태문명을 건설하는 방법을 분명히 제시하고 있다. '중국몽'의 위대한 비전은 생태문명 건설의 역사적 사명과 필요성을 제시했다. 부강하고 민주주의적이며 문명하고 조화롭고 아름다운 사회주의 현대화 강국을 건설한다는 목표는 생태문명건설이 사회주의 현대화 건설의 총체적 목표 속에 있어야 하는 지위를 표명하고 있으며 생태문명건설의 위대한 목표와 비전을 극대화시켜 제시했다고 볼 수 있다.

(1) 중국 특색사회주의 사업의 총체적 배치- '5위 1체'의 중요 내용

중국18차 당대회 이후 시진핑을 핵심으로 하는 중국공산당 중앙은 사회주의 초급단계의 총체적 근거, 사회주의 현대화, 그리고 중화민족의 위대한 부흥이란 총체적 과제의 유기적 통일에 주안점을 두고 생태문명건설을 포함한 '5위1체'의 중국 특색 사회주의 사업의 총체적 배치를 거듭 강조하면서 생태환경이 악화되는 추세를 원천적으로 바로 잡아 인민을 위한 양호한 생산 및 생활 환경을 창조하고 아름다운 중국을 적극 건설하며 중화민족의 영속적인 발전을 실현할 것을 주문했다. 생태문명건설을 '5위1체'의 중국 특색사회주의 위업에 포함시킨 전략적 의의에 대하여 시진핑은 다음과 같이 밝히고 있다. "공산당 18차 당대회는 생태문명건설을 중국 특색사회주의의 '5위1체' 총체적 배치에 포함시키고 생태문명건설을 적극 추진하고 아름다운 중국을 건설하기 위해 진력하며 중화민족의 영속적 발전을 실현할 것을 명확히 제기했다. 이는 우리로 하여금 중국 특색 사회주의 법칙에 대한 인식을 한층 더 깊이있게 발전시켰고 생태문명건설을 강화하는 것에 대한 확고한 의지와 흔들림 없는 결심을 표명했다. "[17]

---

17 『시진핑 총서기의 계열 강화 정신 학습문답(習近平總書記系列講話精神學習問答)』, 중공중앙당교출판사, 2013, 133면.

사회주의와 생태문명은 고도의 일치성을 갖고 있다. 생태문명은 마르크스주의가 인류사회 전체의 역사발전을 온전하고 과학적으로 파악한 기초에서 제기되었으며 내적 및 논리적으로 사회주의의 본질과 통일된 것이다. 사회주의 생태문명은 사회주의 경제와 정치 건설, 그리고 생태문명건설의 내적인 일치성에서 시작되었고 사회주의가 인간과 자연 그리고 사회의 조화로운 발전 법칙을 극대화 하여 따르는 데서 시작되었다. 이에 대하여 마르크스는 다음과 같이 말한 적이 있다. "이와 같은 공산주의는 완성된 자연주의로서 인도주의와 같고, 완성된 인도주의는 또한 자연주의와 같다. 인간과 자연 간에, 인간과 인간 간의 모순이 진정으로 해결된 것이며 존재와 본질, 대상화와 자아입증, 자연과 필연, 개체와 분류 간의 투쟁이 진정으로 해결된 것이다."[18] 사회주의 생태문명은 인류문명발전의 새로운 형태를 대표한다. 사회주의의 본질은 사회주의가 자본주의를 초월하는 힘을 갖게 했다. 사회주의 사회에서 인민을 대표하여 권력을 잡고 있는 당과 정부는 어떠한 이익집단의 대표가 아니며 전체 인민의 근본적 이익을 대표한다. 사회주의는 구체적 이익, 눈앞의 이익, 국부적인 이익을 넘어 인류문명의 발전이란 장기적인 시각과 높이에 서서 광대한 인민군중을 단결시키고 이끌어가며 인류사회의 아름다운 미래를 향해 함께 걸어간다.

실천은 인간 고유의 대상적 활동이자 인류의 생존방식이다. 마르크스는 실천이라는 요소가 추가된 후, 자연은 사회적인 자연, 역사적인 자연, 즉 인간화된 자연이 되었다고 보았다. 작금의 중국이 발전과정에서 직면하고

---

18   『마르크스엥겔스문집(馬克思恩格斯文集)』제1권, 인민출판사, 2009, 185면.

있는 주요 모순은, 공산당 19차 당대회에서 제기한 것처럼 날로 발전하는 아름다운 생활에 대한 인민들의 수요와 불균형 및 불충분한 발전 간의 모순이다. 이중에서 발전하는 경제사회와 증가되는 인구자원 환경압력 가중 간의 모순이 갈수록 돌출되고 있다. 생태문명건설을 중국 특색사회주의 사업의 '5위1체'의 총 배치에 포함시킨 것은 모순을 해결하기 위한 전략적 고민에서 시작된 것이다. 개혁개방 이후 중국은 경제건설을 중심으로 경제의 빠른 발전을 추진해 왔다. 이 과정에서 중국은 지속가능 발전을 강조했고 에너지절감과 이산화탄소 감소, 환경보호 등을 중요한 과제로 다루었다. 하지만 일부 지방 및 각 영역에서 경제발전과 생태환경 보호와의 관계를 적절히 처리하지 못해 소비자원을 무절제하게 소모하고 환경 파괴를 대가로 경제발전을 취득한 결과, 에너지자원은 결핍해 지고 생태환경 문제는 날로 심각해 졌다. 이를테면 에너지자원의 결핍으로 비롯된 구속이 날로 커지고 석유 등 중요한 자원의 대외 의존도가 빠르게 상승했다. 경작지 면적은 18억묘의 레드라인에 육박했고 수토 유실, 토지 사막화, 초원 퇴화 등이 심각해 졌다. 일부 지역은 맹목적 개발과 과도한 개발, 그리고 무질서한 개발로 인해 환경이 감당할 수 있는 능력의 극한에 근접하거나 혹은 이미 넘어섰다. 전국의 일부 지역에서는 지속적으로 스모그 날씨가 나타나고 대기오염, 물오염, 토양오염 등 각종 환경오염이 다발하고 있다. 이에 새로운 변화가 없으면 에너지자원은 지탱하기 어렵고 생태환경은 결국 과부하에 버티지 못할 것이다. 역으로 이와 같은 난국은 경제의 지속발전에 심각한 영향을 미치게 될 것이며 발전 공간과 성장 잠재력은 날로 위축될 수 밖에 없을 것이다.

　앞에서 언급했던 20세기 서방 국가의 '8대 공해' 사건은 생태환경과 대

중생활에 모두 지대한 피해를 가져다 주었다. 일부 국가와 지역의 중금속 오염지역은 물과 토양이 회복할 수 없을 정도로 오염되었다. 서방의 전통적 산업화의 신속한 발전과 더불어 거대한 물질적 부를 창조하는 동시에 엄청난 생태환경 대가를 지불했고 심각한 교훈을 얻었다. 중국은 발전도상국이다. 중국의 현대화 발전과정에서는 유럽과 미국의 '선 오염, 후 관리' 방식은 통하지 않고 반드시 친환경의 새 길을 모색해 나가야 한다.

생태문명건설은 경제건설, 정치건설, 문화건설, 사회건설과 함께 '5위1체'의 구도를 구성하고 있다. 이는 경제건설, 정치건설, 문화건설, 사회건설로 구성되었던 중국 특색 사회주의 사업의 전통적 구도에 비해 질적으로 도약한 것이다. 생태문명건설의 중국 특색사회주의 건설에 대한 총체적 구도 속의 전략적 지위에 근본적인 역사적 변화가 일어났다고 볼 수 있다. 건설 중의 중국 특색 사회주의는 사회의 경제건설, 정치건설, 문화건설, 사회건설, 생태문명건설을 전체적으로 추진해야 할뿐더러 동 과정에서 생태문명건설의 중요한 지위를 관철하고 협력과 혁신을 강화하며 사회주의의 물질문명, 정치문명, 정신문명, 사회문명, 생태문명의 조화로운 발전을 흔들림없이 촉진하여 중국 특색 사회주의 사업의 총체적 배치를 풍부히 하고 개선시켜 나가야 한다.

(2) 중국 특색사회주의 건설 사업의 '4가지 전면' 전략적 구도의 중요 내용

시진핑은 생태문명건설은 '4가지 전면' 전략적 구도의 중요한 내용이라고 제기한 바 있다. 총체적 배치는 사회주의란 무엇인지에 대한 질문에 답하고 총체적 전략은 사회주의를 어떻게 건설할 것인가 라는 질문에 답했다. '4가지 전면' 전략은 전략목표이자 발전목표이고 또한 전략적 조치이자 전략적 수단이다. 논리적 관계로 보면 샤오캉(小康) 사회를 전면 건설하는 것은 공산당 18차 당대회가 제기한 총체적 목표이고 개혁의 전면적 심화와 의법치국의 전면적 추진은 '두개의 날개'이며 전면적 종엄치당(從嚴治黨, 당에 대한 전면적 관리를 엄격히 하는 것)은 영도 핵심이다. '4가지 전면' 전략은 모두 생태문명건설과 연결되며 생태문명건설의 내적 요구와 건설 목표를 체현하고 있다.

첫째, 샤오캉 사회를 전면 건설하고 '샤오캉의 실현 여부는 생태환경이 관건이다'라는 것을 적극 실천해야 한다. 생태환경의 품질은 샤오캉 사회 건설을 평가하는 중요한 저울추이다. 경제의 압도적 발전을 위해 인민의 원활한 삶의 질을 낮추어서는 안되는 것이다. 최근 부각되고 있는 환경 이슈들이 인민대중의 생산과 생활, 그리고 건강에 가져다 준 심각한 영향을 살펴보면 '발전된 생산, 양호한 생태, 행복한 생활'에 '건강한 생명'을 추가하여 '4생(생산, 생태, 생활, 생명)'을 함께 발전시키는 길만이 지속적인 생활 방식이며 샤오캉 사회의 기본적 이치에 부합되는 한층 업그레이드 된 사회문명 구조라고 할 수 있다.

둘째, 전면적이고 심화된 개혁으로 생태문명을 체제 메카니즘 건설의 궤도에 편입시켜야 한다. 생태문명을 건설하려면 체계적이고 온전한 생태문명제도의 체제를 반드시 구축하여 제도라는 장치를 통해 생태환경을 보호해야 한다. 생태문명체제에 대한 개혁을 심층 발전시키려면 생태문명제도의 '4개의 대들보, 8개의 기둥(四梁八柱)'을 빠르게 구축하여 생태문명건설을 제도화와 법치화 궤도에 편입시켜야 한다. 18차 당대회 이후 생태문명에 대한 요구를 반영한 목표체계, 평가방법, 상벌제도, 국토공간개발보호제도, 경작지보호제도, 수자원 관리제도, 환경보호제도, 자원 유상사용

제도, 생태보상제도, 환경손해배상제도 등 일련의 생태문명을 위해 마련된 제도적 문건들이 차례로 출범되었다. 예로,『생태문명건설목표평가고과방법』,『통일화 규범화된 국가생태문명시범구 설립에 대한 의견』,『하천책임자제도 전면 보급에 대한 의견』등이 있다. 이들 문건들은 개혁을 전면 심화하고 생태문명건설을 선도하는 체제 및 메카니즘 분야에 대한 개혁이라는 점에서 의미가 크며 시진핑 중심의 중국공산당 중앙의 변혁의식과 역사적 사명의식을 알 수 있는 대목이기도 하다.

셋째, 전면적 의법치국과 가장 엄격한 제도와 법치로 생태문명건설을 법적으로 보장해야 한다. 최근,『중화인민공화국 환경보호법』,『중화인민공화국 대기오염방지법』,『중화인민공화국 물오염방지법수정안(초안)』,『중화인민공화국 환경보호법』,『최고인민법원·최고인민검찰원의 환경오염 형사안건처리 적용법률 관련 약간의 문제에 대한 해석』등 일련의 법률법규와 법률해석의 실시, 그리고 새로운 수정과 해석이 출범되었다. 이는 전면적 의법치국을 선도하고 생태문명건설에서 과학적으로 법을 제정하고 엄격하게 집행하며 공정하게 적용하여 전국민이 법을 지키는 것을 추진하는 시진핑 중심의 중국공산당 중앙의 법치의식을 반영하고 있다.

넷째, 전면적 종엄치당과 정치실적에 대한 관념을 철저히 바꾸어, 인민에게 가장 공정한 생태공공제와 가장 보편적인 민생복지를 제공한다. 공산당의 생태문명건설에 대한 영도를 보강 및 개선하고 과거 GDP지상주의의 정치실적 관념을 바꾸고 평가와 심사의 기준 역할을 잘 활용해야 한다.『생태문명건설 평가심사목표』는 평가와 심사를 병행하고 있는데,. 평가는 인도하는 것을 중심으로 진행하고 지표체계 속에서 생태환경의 품질과 대중의 만족도 등 인민의 체감지표가 차지하는 비중을 높였다. 심사는 단속과 상벌징계에 중점을 두고 당정지도 간부와 영도 간부를 종합평가하고 상벌 임면하는 중요한 근거로 했다. 이는 당정 지도자의 '한 개의 자리, 두 개의 직책'과 당정 지도자와 실무부서가 협력하는 새로운 업적관을 형성하고 각급 당정 지도간부들이 자발적으로 생태문명건설을 추진하도록 인도하고 독려하는 데 있어 매우 중요한 지침 역할을 했다.

(3) 생태문명건설은 중화민족의 위대한 부흥 중국몽을 실현하는 중요 내용

시진핑은 "생태문명이 신시대로 나아가고 아름다운 중국을 건설하는 것은 중화민족의 위대한 부흥인 중국몽을 실현하는 중요한 내용이다."라고 말한 바 있다.[19] 중화민족의 위대한 부흥인 중국몽의 실현은 공산당과 중국인민의 소원이자 공동의 추구이다. 오늘날 중국은 역사상 어떤 시기에 비해 중화민족의 위대한 부흥 목표에 근접하고 있고 전례없이 굳건하게 동 목표를 실현하기 위해 노력하고 있다. 18차 당대회는 중국공산당 창당 100주년이 되는 해에 샤오캉사회를 전면 건설하고 2020년에 이르러 중요한 분야와 핵심단계의 개혁에서 결정적 성과를 거둘 것을 제기했다. 또한 공산당 19차 당대회는, 19차에서 20차 당대회까지는 '두 개의 100년' 분투 목표가 교차되는 시점이라고 제기했다. 중국은 샤오캉사회의 전면 건설을 완료하여 첫 번째 100년 분투 목표를 실현해야 할뿐더러 사회주의 현대화국가를 전면 건설하는 새로운 길로 들어서 두 번째 100년 목표를 향

---

19   시진핑: 「생태문명구이양국제포럼2013년 연례회의에 보내는 축하편지」(2013년 7월 18일), 『시진핑의 중화민족의 위대한 부흥 중국몽을 실현할 데 대한 논술 발췌(習近平於實現中華民族偉大復興的中國夢論述摘編)』, 중앙문헌출판사, 2013, 8면.

해 걸어가야 한다.[20] 이는 중국의 여러 제도가 보다 완비되고 활기 넘치는 국가로 발전한다는 것을 뜻할 뿐더러, 개방적이고 친화력 있으며 인류문명을 위해 보다 큰 기여를 할 수 있는 국가로 발전해 나간다는 것을 의미한다. 사회주의 생태문명은 인류문명 역사에서 나타난 전방위적 변혁으로, 그 가치로부터 문화, 경제로부터 정치에 이르는 전면적 혁신과 탐색이 필요하다. 생태문명건설이 어긋나면 중국몽의 실현에 차질이 있게 된다. 중국몽은 중화민족 5,000여 년의 유구한 역사를 전수하고 계승할 것을 강조한다. 이와 같은 이념은 당대 중국과 세계의 생태문명건설이 중화문명과 중화의 전통적 생태지혜, 그리고 사상으로 귀환하는 것을 촉진할 수 있다. 중국몽은 100여 년의 근대역사에서 중화민족이 겪었던 열강의 횡행 시대부터 독립 해방의 승리를 거두기까지의 비범한 역사를 되새기며 민족의 굴욕과 아픔, 그리고 장기간의 전란으로 인해 산천이 무너지며 겪었던 중화의 전통생태문명 이념의 역사적 단열과 진통을 되새기게 한다. 중국몽은 중국인들에게 냉정하고 이성적으로 중국 생태문명건설의 굴곡적인 길, 복잡한 정도, 어려움의 크기를 바라볼 것을 요구한다. 중국몽의 중요한 구성부분인 생태문명건설은 자연을 존중하고 자연의 법칙에 순응하며 자연을 보호하는 것을 문명의 전통으로 삼고 있는 중화민족의 위대한 부흥을 명시하고 있다. 이는 타민족의 관념상에서의 존중과 정서적인 친근감을 획득하고 행동상의 지원을 보다 쉽게 이끌어 낼 수 있다.

---

20 시진핑: 『샤오캉사회를 전면적으로 실현하는 데서 결정적인 승리를 이룩하고 신시대 중국 특색의 사회주의 위대한 승리를 이룩하자-중국공산당 제19차 전국대표대회에서 한 보고』, 인민출판사, 2017, 28면.

(4) 부강하고 민주주의적이며 문명하고 조화로운 아름다운 사회주의 현대화 강국 건설

공산당 19차 당대회는 '아름다운' 신시대 사회주의 현대화 건설을 중요 목표로 삼아 전당대회 보고서에 적었다. 또한 '부강하고 민주주의적이며 문명하고 조화롭고 아름다운' 사회주의 현대화 강국을 사회주의 현대화 건설의 전체 목표임을 누차 강조했다. 보고서의 첫 번째 부분에는 '지난 5년간의 업무와 역사적 변혁에 대하여'에서 '중국을 부강하고 민주주의적이며 문명하고 조화로운 아름다운 사회주의 현대화 강국으로 건설하기 위해 분투한다'라는 것을 명시했다. 보고서의 세 번째 부분, 즉 '신시대 중국 특색 사회주의 사상과 기본방략'에서는 또 다시 '신세대 중국 특색의 사회주의 사상에서는, 중국 특색 사회주의를 견지하고 발전시키는 것에 대한 총체적 임무는 사회주의 현대화와 중화민족의 위대한 부흥을 실현하고 샤오캉사회를 전면적으로 실현하는 기초로부터 두 단계로 나누어 현 세기 중엽에 이르러 부강하고 민주주의적이며 문명하고 조화로운 아름다운 사회주의 현대화 강국을 건설하는 것임을 명확히 했다.' 보고서의 네 번째 부분, 즉 '샤오캉사회를 전면적으로 실현하는 것에 대한 결정적 승리를 이룩하고 신시대 중국 특색 사회주의의 위대한 승리를 이룩하자'에서는 다시 한번 '2035년부터 현 세기 중엽에 이르기까지의 두 번째 단계에서는 사회주의 현대화를 기본적으로 실현하는 기초를 바탕으로 15년을 더 분투하여 중국을 부강하고 민주주의적이며 문명하고 조화롭고 아름다운 사회주의 현대화 강국으로 건설한다.'라고 제기했다.[21]

---

21 시진핑: 『샤오캉사회를 전면적으로 실현하는 데서 결정적인 승리를 이룩하고 신시대 중

역사속 사회주의 건설의 목표를 돌이켜 보면, 1987년 13차 당대회가 제정한 목표는 '중국을 부강하고 민주주의적이며 문명한 사회주의 현대화 국가를 건설하기 위해 분투하는 것'이고 2007년 17차 당대회 보고서는 '부강하고 민주주의적이며 문명하고 조화로운 사회주의 현대화 국가를 건설하는 것'을 제정했다. 지난 30년간 동 목표는 물질문명, 정치문명, 정신문명이라는 내적통일을 전체적으로 견지해 왔다. 부강하고 민주주의적이며 문명하고 조화롭고 아름다운 사회주의 현대화 강국을 건설하여 생태문명과 아름다운 중국, 그리고 인류와 자연이 조화롭게 어울리는 것은 중국 특색 사회주의 사업의 총체적 배치가 새롭게 확장되는 것으로 '5위1체'의 총체적 배치를 통일하여 추진하고 '네 가지 전면'의 전략적 배치를 조화롭게 추진하기 위한 필연적 요구이다. 이는 생태문명건설이 중화민족의 위대한 부흥을 추진하는 여정에서 필요로 하는 목표 및 발전동력이다. 바꾸어 말하면 중화민족의 위대한 부흥인 중국몽의 실현은 바로 중화민족의 위대한 부흥을 실현하는 아름다운 중국몽이다.

3. 사회주의 생태문명건설의 이론체계

시진핑은 생태문명건설에 높은 관심을 보여왔다. 18차 당대회 이후, 시진핑은 생태문명과 생태문명건설을 놓고 일련의 중요한 연설을 하고 전

국특색의 사회주의 위대한 승리를 이룩하자-중국공산당 제19차 전국대표대회에서 한 보고」, 인민출판사, 2017, 29면.

문적 논술을 발표함과 동시에 중요한 지시를 내렸다. 철학적 사고 변별과 경제적 이성, 그리고 인문학적 정서와 글로벌 시각차원에서 참신한 과학적 논단을 제기했고, 아울러 정감있고 소박한 언어와 참신하고 자연스러운 문풍으로, 깊이 있고 무게감 있는 사상을 보여 주었다. 시진핑의 생태문명사상은 작금의 중국과 세계 생태문명건설의 발전이 직면하고 있는 일련의 중대한 이론과 현실적 문제에 답했고 생태문명건설과 관련된 기본적 함의를 형성했다. 생태문명을 건설하는 이유와 생태문명에 대한 과학적이고 온전한 이론체계 구축 방법, 그리고 사회주의 생태문명의 신시대로 나아가는 중화민족의 위대한 부흥과 아름다운 중국몽을 실현하여 생태문명의 인류운명공동체 건설을 추진하는 것에 대한 과학적 가이드라인을 제기했다.

시진핑의 생태문명 사상에는 사회주의 생태문명의 신시대로 나아가려는 과학적 논점이 내포되어 있다. 이를테면, 생태문명의 기본이념과 관련하여 자연을 존중하고 순응하고 보호하는 생태문명 이념을 확고히 세워 인류와 자연의 조화로운 발전을 쉼없이 촉진할 것을 누차 강조했다. 또한 시진핑은 생태문명의 발전법칙과 관련하여 '역사를 돌이켜보면 양호한 생태는 문명의 발전을, 파괴된 생태는 문명의 쇠락을 가져온다'고 제기했다.[22] 생태문명의 정치경제학적 인지를 두고 시진핑은 "생태환경을 보호하는 것은 바로 생산력을 보호하는 것이고 생태환경을 개선하는 것은 바

---

22 시진핑: 「제18기 중앙정치국 제6차 집단학습시의 연설(在十八屆中央政治局第六次集體學習時的講話)」(2013년 5월 24일), 『시진핑의 사회주의 생태문명건설에 대한 논술 발췌(習近平關於社會主義生態文明建設論述摘編)』, 중앙문헌출판사, 2017, 6면.

로 생산력을 보호하는 것이다"[23], "우리는 녹수청산이 필요할 뿐더러 금산
은산도 필요하다. 금산은산을 마다할지언정 녹수청산을 포기하지는 않을
것이고 녹수청산이 바로 금산은산이다."라고 명확히 제기했다.[24] 생태문명
의 발전단계와 관련하여 시진핑은 "생태문명은 인류사회가 진보하는 중요
한 성과이다. 인류는 원시문명, 농업문명, 산업문명을 거쳤고, 생태문명은
산업문명이 일정 단계까지 발전한 산물이며 인류와 자연의 조화로운 발전
을 위해 제기된 새로운 요구이다."[25]고 제기했다. 생태문명과 사회주의의
관계 범주와 관련하여 시진핑은 또한 다음과 같이 말했다. 생태문명건설
은 '5위1체'의 총체적 배치와 '네 가지 전면'의 전략적 배치의 중요한 내용
이다. 생태문명 실천의 길과 관련하여 시진핑은 "생태문명건설을 중요 위
치에 놓고 경제건설, 정치건설, 문화건설, 사회건설의 각 분야와 전체 과정
에 융합시켜야 한다"[26]고 말했고, 생태문명 제도 건설과 관련하여 시진핑
은 또 다시 "생태환경을 보호하려면 반드시 제도에 의존하고 법치에 의존
해야 한다. 가장 엄격한 제도와 가장 엄밀한 법치를 실행해야만 생태문명

---

23 시진핑: 「제18기 중앙정치국 제6차 집단학습시의 연설(在十八屆中央政治局第六次集體學習時
    的講話)」(2013년 5월 24일), 『시진핑의 사회주의 생태문명건설에 대한 논술 발췌(習近平關於
    社會主義生態文明建設論述摘編)』, 중앙문헌출판사, 2017, 20면.

24 시진핑: 「카자흐스탄 나자르바예프대학 연설시의 문답(在哈薩克斯坦納扎爾巴耶夫大學講演時
    的答問)」(2013년9월7일), 『시진핑의 사회주의 생태문명건설에 대한 논술 발췌』, 중앙문헌출
    판사, 2017, 21면.

25 시진핑: 「제18기 중앙정치국 제6차 집단학습시의 연설」 (2013년 5월 24일), 『시진핑의 사
    회주의 생태문명건설에 대한 논술 발췌』, 중앙문헌출판사, 2017, 6면.

26 「생태문명건설을 중요한 위치에- 시진핑 총서기의 광둥시찰중요연설의 정신을 착실히
    관철하자(把生態文明建設放在突出位置-五論認眞貫徹落實習近平總書記視察廣東重要講話精神)」, 『남
    방일보』, 2012년 12월 19일, F02지면.

건설을 위한 신뢰성 있는 보장을 해 줄 수 있다"[27]고 했다. 생태문명과 중화전통의 우수한 문화와 관련하여 시진핑은, "중화문명은 5,000여 년간 계승되어 왔고 생태학적으로도 풍부한 지혜를 축적했다."[28] 생태문명 건설에 필요한 현실적 동력과 관련하여 시진핑은, "생태환경에 대한 보호와 환경오염의 시급함과 난이도를 냉철하게 인식하고 생태문명건설의 중요성과 필요성을 정확히 인식해야 한다"[29]고 한 바 있고, 생태문명건설의 역사적 사명과 관련해서는, "생태문명건설은 인민의 복지와 민족의 미래와 관련되는 근본적 대업으로 중화민족의 위대한 부흥인 중국몽을 실현하는 중요한 내용이다"[30]고 했다. 생태문명건설의 글로벌 거버넌스와 관련하여 시진핑은, "글로벌 시각에서 생태문명건설을 추진하고 강화해야 한다"[31], "글로벌 생태문명건설의 중요한 참여자와 기여자 그리고 선도자로 되어야 한다"고 하였다[32]. 엥겔스는 "인류는 과거에 전혀 경험하지 못했던 가장 위대

27   시진핑: 「제18기 중앙정치국 제6차 집단학습시의 연설」 (2013년 5월 24일), 『시진핑의 개혁의 전면심화에 대한 논술 발췌(習近平關於全面深化改革論述摘編)』, 중앙문헌출판사, 2014, 104면.

28   시진핑: 「시진핑 계열 중요연설 독본: 녹수청산이 바로 금산은산이다-생태문명건설을 적극 추진과 관련하여(習近平系列重要講話讀本: 綠水靑山就是金山銀山-關於大力推進生態文明建設)」, 『인민일보』, 2014년 7월 11일, 12지면.

29   『시진핑 총서기 계열 강화 정신 학습 문답』, 중공중앙당교출판, 2013, 133면.

30   『시진핑총서기의 중요한 강화정신을 심도 있게 이해하자(深入領會習近平書記重要講話精神上)』, 인민출판사, 2014, 265면.

31   『중공중앙정치국회의가 〈생태문명건설의 추진을 가속화 할 데 대한 의견〉을 심의통과(중앙정치국회의심의통과〈關於加快推進生態文明建設的意見〉)』, 신화사, 2015년 3월 24일.

32   시진핑: 『샤오캉사회를 전면적으로 실현하는 데서 결정적인 승리를 이룩하고 신시대 중국 특색의 사회주의 위대한 승리를 이룩하자-중국공산당 제19차 전국대표대회에서 한 보고』, 인민출판사, 2017, 6면.

하고 진보적인 변혁을 경험했다. 이 시대는 거인이 필요했고 또한 거인을 배출해 낸 시대로 사고능력 및 열정과 성격을 가지고 다재다능하고 해박한 학식을 가진 거인을 배출했다"[33]라고 말했다. 시진핑의 생태문명사상의 모든 과학적 논지는 먼 곳에서 가까운 곳으로, 가까운 곳에서 먼곳으로, 역사에서 오늘로, 오늘에서 미래로, 옛 사람에서 현대 사람으로, 오늘의 사람에서 후세의 사람으로, 국내에서 국제로, 국제에서 다시 국내로 연결되는, 열린 시각과 드넓은 흉금으로 살펴본 결과이다. 그의 논지를 통해 시진핑의 대자연에 대한 진지한 사랑과 지속적인 창작열정, 그리고 생태계에 대한 해박한 학식을 알 수 있다.

시진핑의 생태문명 사상은 과학적이고 완전한 이론체계이다. 새로운 이론체계는 중국 특색 사회주의 이론체계의 중요한 구성부분이다. 동 이론체계는 실천과 이론, 그리고 제도를 긴밀히 결합시켜 성공적인 실천으로 이론을 승화시킬뿐만 아니라 정확한 이론으로 새로운 실천을 지도하고 실천 속에서 효과를 거둔 방침 정책을 즉시 당과 국가 제도로 승격시켜 중국 특색 사회주의 생태문명의 노선 건설과 이론 건설, 그리고 제도 건설을 형성하는 체계이다. 사회주의 생태문명의 길을 건설하는 것은 생태문명을 실현하는 길이다. 이 길은 두 가지로 정리할 수 있다. 첫째, 현실에 입각하여 공급측 구조개혁을 중심으로 생태문명을 사회주의 경제·정치·문화·사회 건설 속에 융합시켜 '융(融)'의 전술로 천하를 얻는 것이다. 둘째, 미래를 지향하며 새로운 발전이념을 견지하고 혁신을 동력으로 삼아 녹색발전과 저탄소발전, 그리고 순환발전을 지속적으로 추진하는 것이다.

---

33 『마르크스엥겔스선집』제3권, 인민출판사, 1972, 445면.

시진핑의 생태문명 사상은 시진핑 신시대 중국 특색 사회주의 사상의 중요한 구성부분으로 체계적이고 전면적이며 과학적이고 완전하게 생태문명건설 발전 전모의 근본적인 문제를 대답하고 있다. 시진핑을 주축으로 한 공산당 중앙이 전국의 각 민족 인민들을 이끌고 생태문명건설 수준의 지속적 향상과 인민대중의 생태환경 보호에 대한 새로운 기대에 주안점을 두며 어려운 도전을 헤쳐나가고 생태문명건설에서 거둔 새롭고 중대한 성과의 귀한 경험을 적극 추진한다. 시진핑을 주축으로 하는 공산당 중앙은 마르크스·레닌주의, 마오쩌둥 사상, 덩샤오핑 이론, '3개 대표'의 중요한 사상, 과학발전관을 지도 이념으로 하는 것을 견지하고 마르크스주의와 자연기본학설, 자연변증법의 기본원리와 당대 중국 생태문명건설의 실제와 사회주의 생태문명 신시대 특징을 결합시켜 중대한 이론적 성과를 혁신적으로 제기했다.

시진핑의 생태문명 사상은 마르크스주의의 자연관 및 생태관이 당대 중국에서 새롭게 발전된 것이다. 마르크스주의의 참신한 생태문명관과 새로운 이론경지, 그리고 새로운 발언체계인 것이다. 새로운 발언체계는 마르크스와 엥겔스의 인류, 자연, 사회, 인류와 자연, 인류와 사회, 자연과 사회, '자유로운' 자연과 인간화 사회 간의 진정한 통일을 실현했다. 마르크스주의의 자연변증법은 마르크스주의의 자연관 및 자연과학관의 반영이자 마르크스주의 철학의 세계관, 인식론, 방법론의 통일을 반영하고 있는 것으로 마르크스주의 철학의 중요한 구성부분이다. 자연변증법은 자연철학의 중요한 구성부분 중의 하나로 그 발전은 자연실천의 발전을 떠날 수 없다. 자연변증법의 발전은 자연과학의 발전과 긴밀히 연결되어 있고 20세기 자연과학의 비약적인 발전은 인류의 자연계에 대한 인식을 극대화시켰으며

19세기 자연과학의 시계를 훨씬 초월했다고 볼 수 있다. 20세기 자연과학의 발전은 자연계의 변증법과 자연과학의 변증법을 보다 넓고 깊이 있게 밝혔으며 변증법의 많은 기본 관점은 명확한 자연과학적 사실을 기반으로 하여 실제적으로 자연과학계에 널리 수용되었다. 본질적으로 보면 시진핑의 생태문명 사상은 자연변증법과 마찬가지로 모두 일종의 학술체계이다. 특히 발전과 보호를 함께 고민하는 이념, 녹수청산이 바로 금산은산이란 이념에 포함된 자연가치와 자연자본의 이념, 공간균형의 이념, 산·수·림·전·호는 하나의 생명공동체라는 이념 등은 시진핑의 자연변증법 이론수준과 실천력이 매우 뛰어남을 잘 보여주고 있다. 시진핑이 새로 제기한 생태문명건설의 과학적 논단과 이론체계는 경제건설·정치건설·문화건설·사회건설과 당 건설에 대한 중요한 논술이며 관련된 과학적 논단과 더불어 시진핑의 신시대 중국 특색 사회주의 사상의 중요한 내용을 구성하고 있다. 시진핑의 생태문명건설에 대한 이론체계는 마르크스주의의 인류와 자연에 대한 진리에서 생태문명건설에 대한 독립적인 부분이다. 이는 신시대 사회주의 생태문명건설을 위한 과학적인 지침과 근본적 준수일뿐더러 『2030년 지속가능발전 의제』가 지구촌에 착근하는데 있어 '중국식 해법'과 '동방의 지혜'를 제공했다고 볼 수 있다.

(1) '생태문명이란 무엇인가'의 내포 체계

자연을 존중하고 자연에 순응하며 자연을 보호하는 것은 생태문명의 기본적 내포이다. 시진핑은 '자연을 존중하고 자연에 순응하며 자연을 보호하는 생태문명의 이념을 확고히 수립해야 한다'고 누차 강조했다.[34] 시진핑은 인식론과 방법론, 그리고 실천론을 바탕으로 오랜 시간동안 생태문명의 기본적 내포에 대해 인식이 불분명하고 편파적이거나 인위적으로 축소 혹은 확대했던 상황을 명쾌하게 정리했다. '자연을 존중'하는 것은 자연이 인류를 잉태하고 양육했으며 자연이 바로 인류의 생부모로, 입을 것과 먹을 것을 준 부모임을 명확히 해야 한다. 이는 엥겔스의 "우리의 살과 피, 그리고 머리는 모두 자연계에 속하고 자연 속에 존재한다"[35]는 말과 일맥상통한다. '자연에 순응'한다는 것은 자연의 법칙을 따라야 한다는 뜻이다. 마르크스는 "위대한 자연법칙을 근거로 하지 않은 인류의 계획은 재난만 가져온다."[36]라고 말했다. '자연을 보호'한다는 것은 자연환경과 자연자원을 보호하는 것이다. '자연을 존중'하는 것이 인식의 범주라면 '자연에 순응'하는 것은 방법의 범주이다. 환경의 파괴와 생태의 퇴화, 그리고 자원의 궁핍으로 발생하는 경제와 정치, 그리고 발전의 지속불가능 문제는 바로 인류가 자연을 함부로 약탈하고 파괴하여 초래한 결과이다. 시진핑은 이와 관련하여 "생태환경의 보호문제에서 한계선을 넘지 말아야 한다. 그렇지 않을 경우에는 징벌을 받아야 한다."[37]라고 지적했다.

산·수·임·전·호는 하나의 생명공동체이다. 이는 마르크스주의 자연관

---

34 『시진핑동지의 계열강화정신을 심층적으로 학습하자(深入學習習近平系列講話精神)』, 인민출판사, 2013, 106면.

35 『마르크스엥겔스선집』제4권, 인민출판사, 1995, 384면.

36 『마르크스엥겔스전집』제31권, 인민출판사, 1972, 251면.

37 시진핑: 「제18기 중앙정치국 제6차 집단학습시의 연설」(2013년 5월 24일), 『시진핑의 사회주의 생태문명건설에 대한 논술 발췌』, 중앙문헌출판사, 2017, 99면.

발전의 새로운 경지와 생태문명의 이론적 기초이다. 마르크스와 엥겔스가 마르크스주의 변증유물주의 자연관을 창립한 과정은 어려운 탐색의 과정이였다. 마르크스와 엥겔스가 19세기 40년대에 창립한 마르크스주의 철학은 변증유물주의 자연관의 일부분에 해당하는 기본사상에만 그쳤고, 19세기 70년대 중후반에 들어서서야 엥겔스가 뒤늦게 『원숭이로부터 사람으로 진화하는 과정에서의 노동의 역할』에서 마르크스주의 자연관을 집중적으로 그리고 체계적으로 논술할 수 있었다. 엥겔스 본인은 이와 관련하여 '수학과 자연과학 분야에서 철저한 탈모(脫毛)'[38]를 거치려고 노력했다는 말을 한 적이 있다. 21세기 초에 들어 시진핑은 생태문명을 건설하고 중화민족의 위대한 부흥인 중국몽을 실현하는 역사의 길에서 '인류가 자연에 융합되고 자연이 인류에 비해 우선해야'한다는 과학적 논단을 형성하고 산·수·임·전·호는 하나의 생명공동체임을 제기했다. 이는 마르크스주의가 제기한 사람과 자연의 관계에서 사람을 '안정되고 튼튼한 지구에 발 딛고 서서 모든 자연력을 호흡하는 사람'[39]이라고 정의 내렸던 사실을 새롭게 요약하고 발전시킨 것이다. 이 관점은 인류로 하여금 수백년 동안의 산업문명 속에서 지속되어 왔던 '인류중심주의'의 자연관을 다시 한번 살펴보도록 했다. 이는 마르크스 자연관의 새로운 경지이자 거대한 이론적 매력을 갖추고 있다고 볼 수 있다. 또한 이것은 당대 중국 생태문명건설의 이론적 기초와 인문학적 존경의 대상으로도 볼 수 있다.

양호한 생태는 문명의 발전을, 파괴된 생태는 문명의 쇠락을 가져온다.

38　『마르크스엥겔스선집』제3권, 인민출판사, 1995, 349면.

39　『마르크스엥겔스전집』제42권, 인민출판사, 1979, 167면.

이는 문명 역사관에 속하는 생태문명의 운행법칙이다. 문명 역사관은 인류문명의 역사적 흐름을 전체적으로 살펴본다. 인류사회의 발전역사는 본질적으로 인류문명이 발전한 역사이며 인류와 자연의 관계에 대한 역사이다. 인류와 자연은 서로 녹아들고 또한 전환되면서 인류의 문명이 낮은 단계에서 높은 단계로 발전하도록 촉진한다. 인류 4대 문명의 발전역사에서 고대 이집트문명은 나일강 하류에서 시작되었고 고대 인도문명은 갠지스강 유역에서, 고대 바빌론 문명은 유프라테스강과 티그리스강 유역의 메소포타미아 평원에서 시작되었다. 이 세 곳 모두 삼림이 무성하고 물과 풀이 풍부한 곳이다. 하지만 문명 발전과정에서의 무절제한 삼림 벌채와 습지의 남용으로 비옥하던 토양이 사막으로 변한 후 문명이 쇠퇴하고 심지어 이전되기도 하였다. 5,000여 년의 역사를 가진 중화문명에서 농업은 중화민족의 생존과 발전, 그리고 문명 창조에 지대한 영향을 미쳤다. 중국은 세계 농업의 최초 기원지 중의 한 곳이다. 조와 같은 작물은 황허(黃河) 유역에서 처음으로 재배되기 시작했고, 인공으로 재배하는 벼는 양쯔강 중하류 지역에서 시작되었다. 오늘날 중국은 후기 산업주의 발전의 중요한 단계에 놓여 있다. 물오염 및 관리 사례만 놓고 볼 때, 유역 면적이 전국 총면적의 3분의 1을 차지하고 있는 3갈래의 하천인 양쯔강, 황허, 주장(株江)은 현재 심각한 물오염에 시달리고 있다. 중국공산당은 전국 인민을 이끌고 사회주의 생태문명을 탐색하며 신시대로 나아가고 있다. 이는 역사적인 기회이자 불가역적인 시대 흐름이다. 역사의 흐름 앞에서 중국은, 시진핑의 '양호한 생태는 문명의 발전을, 파괴된 생태는 문명의 쇠락을 가져온다'라는 것에서 제시된 인류문명 발전 법칙을 근본 출발점으로 삼아 생태와 문명 발전의 역사적 법칙을 자발적으로 따르고 생태를 더욱 훌륭히 보호하여 생태문명을 보다 더 훌륭히 건설해야 한다.

(2) 생태문명건설 동기 시스템

문제 중심적 사고방식으로 생태문명의 국정관(國情觀)을 구축해야 할 필요성을 명확히 인식해야 한다. 마르크스는, "문제는 곧 시대적 슬로건이다. 스스로의 지능상태를 보여줄 수 있는 가장 실제적인 목소리이다."라고 한 바 있다.[40] 시진핑은, "중국공산당 당원은 지금까지 중국의 현실적 문제를 해결하기 위해 혁명, 건설, 개혁에 매진해 왔다."고 지적했다.[41]

당대 중국은 발전의 관건적 시기와 개혁 난관의 돌파시기, 그리고 모순이 부각되는 시기를 동시에 겪고 있고 많은 문제가 복잡하게 얽혀있다. 덩샤오핑은, "발전된 이후의 문제가 발전하지 못한 시기에 비해 적은 것은 아니다."[42]고 한 바 있다. 최근 몇년간 중국에서는 스모그와 식수안전, 그리고 토양 중금속 함량 과도 등 심각한 오염문제가 돌출되며 전 사회적인 주목을 받았다. 시진핑은 생태환경보호와 환경오염 퇴치의 시급함 및 어려움, 그리고 생태문명건설의 중요성 및 필요성을 냉철하게 인식해야 하고 그 관건은 자원과 조방식 발전에 있다고 보았다. 시진핑은, "조방식 발전이 계속된다면 GDP를 2배로 늘리는 목표를 실현하더라도 오염상황은 또 어떤 상황으로 치달을 것인가? 아마 자원환경은 이를 더 이상 감당하지 못

40 『마르크스엥겔스전집』제40권, 인민출판사, 1982, 289-290면.

41 「개혁을 전면심화 관련 약간의 중대한 문제에 대한 중공중앙의 결정 (关于〈中共中央关于全面深化改革若干重大问题的决定〉的说明」) (2013년11월9일), 『시진핑의 개혁의 전면심화에 대한 논술 발췌』, 중앙문헌출판사, 2014, 8면.

42 중공중앙문헌연구실: 『덩샤오핑연보(鄧小平年譜1975-1997)』 (하), 중앙문헌출판사, 2004, 1364면.

할 것이다."[43] 과거의 길을 반복하며 자원을 바닥내고 환경을 오염한다면 발전은 더 이상 이어지기 어렵다.

인민의 아름다운 삶에 대한 바램은 바로 우리의 분투 목표이다. 이는 생태문명의 필요성을 부각시킨 민생중심의 군중관이다. 모든 업무의 성과를 검증하려면 궁극적으로 인민이 실익을 얻었는지, 인민의 삶이 개선 되었는지를 살펴보아야 한다. 이는 '공공을 위한 당(立黨爲公)', '인민을 위한 집정(執政爲民)'을 견지하는 본질이자 당과 인민의 사업이 끊임없이 발전할 수 있는 중요한 보증이다. 양호한 생태환경은 가장 공정한 공공제이자 가장 보편적 혜택의 민생복지이다. 인민이 환경문제에 대해 높은 관심을 보이고 있는 가운데, 생태환경이 대중생활의 행복지수에서 차지하는 지위는 결국 부각될 수 밖에 없다. 시진핑은, "생태문명건설을 가장 뚜렷한 위치에 놓는 것은 민의에 따른 것이다. 인민은 GDP의 증속에 대한 불만보다 열악한 생태환경에 대한 불만이 더 크다. 그러므로 선택이 필요하다. 일반인들이 만족하느냐, 동의하느냐 라는 것에서부터 출발한다면 생태환경은 매우 중요한 것일 수 밖에 없다."[44] "생태문명건설과 생태환경에 대한 보호를 강화하고 녹색 저탄소 생활방식을 제창하는 것 등을 단지 경제문제로만 보아서는 안 된다. 그 내면에는 아주 큰 정치가 있다."라고 말했다.[45]

---

43   시진핑: 「제18기 중앙정치국 상무위원회 회의에서 한 제1분기 경제형세에 대한 연설(在十八屆中央政治局常委會會議上關於第一季度經濟形勢的講話)」(2013년 4월 25일), 『시진핑의 개혁의 전면심화에 대한 논술 발췌』, 중앙문헌출판사, 2014, 103면.

44   시진핑: 「제18기 중앙정치국 제6차 집단학습시의 연설」(2013년 4월 25일), 『시진핑의 사회주의 생태문명건설에 대한 논술 발췌』, 중앙문헌출판사, 2017.

45   시진핑: 「제18기 중앙정치국 상무위원회 회의에서 한 제1분기 경제형세에 대한 연설」(2013년 4월 25일), 『시진핑의 개혁의 전면심화에 대한 논술 발췌』, 중앙문헌출판사, 2014,

생태환경을 보호하는 것은 바로 생산력을 보호하는 것이고 생태환경을 개선하는 것은 바로 생산력을 발전시키는 것이라는 관점은 생산력 중심으로 생태문명을 건설하는 이유에 대한 변증법적 사고를 강조하고 있다. 과거 우리는 경제발전과 생태환경보호와의 관계에 대해 양자를 대립시키는 인식적 오류를 범하며 실천에서 굽은 길을 걸은 바 있다. 생산력은 생산관계의 성격을 결정하고 인류와 자연의 관계를 반영한다. 마르크스는 인류의 생존과 발전은 자연계의 물질적 자원에 의존하고, 인류가 생존하고 발전하는데 필요한 의식주행 등의 필요한 생산요소는 모두 자연계에서 취득한 것이며, 토지는 특수한 자연자원이자 인류의 생산과 생활의 가장 기본적인 유형 재화라고 보았다. 하지만 환경에 대한 급격한 파괴와 생태 파괴의 가속화와 함께, 대지에서 흐르는 물, 토지에서 생산되는 양식, 물질로서의 공기 등은 모두 인류의 생존과 발전에 위협을 주고 있다. 그러므로 생태환경에 대한 보호를 염두에 두지 않는 생산력은 선진적인 생산력이라고 볼 수 없다. 생태환경을 보호하는 것은 바로 생산력을 보호하고 발전시키는 것이라는 과학적 논단을 실천에 적용하여 생산력 요소로서의 생태환경이 녹색발전과 저탄소발전, 그리고 순환발전에서 특수한 역할을 발휘할 수 있게 해야 한다. 성장은 양적 개념이고 지속가능발전은 질적 개념으로 이것이 바로 진정한 생산력임을 인식해야 한다. 생태환경이라는 생산력 요소를 더욱 중시하고 자연생태의 발전법칙을 보다 중시하며 생태환경을 보호하고 이용해야만 생산력을 발전시킬 수 있어 더욱 높은 경지에서 사람과 자연의 화합을 실현할 수 있다.

103면.

'녹수청산이 바로 금산은산이다'는 것은 녹색산업 중심에 대한 관점으로 생태문명 가치관 건설의 필요성을 강조한 것이다. 시진핑은, "녹수청산도 필요하겠지만 금산은산도 필요하다. 금산은산을 마다할지언정 녹수청산을 포기하지는 않을 것이다. 녹수청산이 바로 금산은산이다."[46]라고 하였다. 개혁개방 40여 년 동안 중국은 경제건설 중심으로 경제의 빠른 발전을 추진해 왔다. 총체적으로 중국은 무절제한 자원 소모와 환경 파괴를 대가로 성취한 발전으로 인해 심각한 에너지 자원과 생태환경 문제에 직면하고 있다. 예로, 일부 지역의 경우에는 맹목적 개발과 과도한 개발, 그리고 무질서한 개발로 말미암아 자원환경의 감당능력이 극한에 근접하거나 혹은 초과된 상태이다. 또한 전국의 강과 하천 수계가 오염되고 식수안전 및 토양오염 문제가 나타났으며 광범위한 범위 내에서 오랜 시간동안 지속된 스모그 날씨 문제 등이 나타났다. 이와 같은 문제는 인민대중의 행복감과 획득감에 심각한 영향을 미치고 경제사회의 지속가능발전을 제약하고 있다. 그 원인은 경제발전과 환경보호 관계에 대한 적절히 조치와 생태문명건설의 전략적 지위에 대해 인식의 불충분, 그리고 사회생산의 장기적 영향에 대한 소홀함 등에서 찾아볼 수 있다. 엥겔스는, '지금까지 모든 생산 방식은 단지 노동의 가장 최근, 가장 직접적인 효과 취득을 목적으로 해왔다. 조금 늦게 나타나는 결과나 점차적 중복과 축적을 통해 효과를 나타내는 결과는 완전히 무시되었다.'라고 제기한 바 있다.[47] 현재 중국은 자국 경제발전의 단계적 특징에서 출발하여 뉴노멀화에 적응하며 전략적 평

---

46 시진핑: 「카자흐스탄 나자르바예프대학 연설시의 문답」 (2013년 9월 7일), 『시진핑의 사회주의 생태문명건설에 대한 논술 발췌』, 중앙문헌출판사, 2017, 21면.
47 『마르크스엥겔스선집』제4권, 인민출판사, 1995, 385면.

상심을 유지하려 한다. 뉴노멀의 '새로운' 시각으로 생태문명을 살펴보고 녹색경제를 발전시키는 것은 경제성장에 있어 환경보호를 무시하거나 가벼이 보던 고성장 시대와 작별하고 전통적, 불지속적 조방형 성장의 시대와 작별하게 되었음을 뜻한다. 뉴노멀의 '노멀'적 시각으로 생태문명을 바라보고 녹색경제를 발전시키는 것은 적절한 경제성장속도와 구조개선, 그리고 사람과 자연의 조화로운 발전을 의미한다. 녹색산업과 녹색경제는 중국 국민경제 발전의 '뉴노멀'이 될 것이며 중국이 경제대국에서 경제강국으로 발전하는 중요한 기회가 될 것이다.

　인류 운명공동체 건설을 지속적으로 추진한다. 하나의 생태정원이란 이념으로 생태문명의 글로벌화를 구축해야 하는 이유를 강조하고 있다. 시진핑은 다음과 같이 말한 바 있다. "인류는 하나의 지구촌에 살고 있고 역사와 현실이 합류하는 동일한 시공간에 살며 서로 어우러지는 운명공동체를 이루고 있다."[48]인류의 지구촌은 오직 하나뿐이다. 글로벌 범위 차원에서 1987년에 『우리의 공동 미래(Our Common Future)』가 발표된 이후 지속가능발전은 광범위한 공감대를 이끌어 냈고 아울러 세계 각국의 보편적 발전전략이 되었다. 또한 2013년, 중국의 생태문명 이념은 유엔환경계획조직(UNEP)의 27차 이사회 회의 결정 문건에 공식적으로 기록되었다. 이는 글로벌 도전에 직면하면 할 수록 상호 협력하며 압력을 동력으로, 위기를 삶의 기회로 전환해 나가야 함을 설명하고 있다. 문명교류와 관련, 중국인은 2000여년 전부터 '사물이 똑같지 않은 것은 사물의 실정이다(物之不齊, 物之情也)'라는 이치를 깨닫고 있었다. 문명의 교류와 상호 귀감을 추진하는

48　『시진핑 국정운영을 논함(習近平談治國理政)』, 외문출판사, 2014, 272면.

것은 인류문명의 다양함을 풍부히 할 수 있고 각국의 인민들이 보다 풍부한 정신적 생활을 향유하고 선택의 폭이 보다 넓은 미래를 개척해 나갈 수 있게 해준다. 그러므로 중국의 역사문화를 이해해야 할뿐더러 눈을 크게 뜨고 세상을 바라보아야 하며 세계의 다양한 민족의 역사적 문화를 알아가야 한다. 이중 찌꺼기는 버리고 정수는 취하여 시사점을 얻고 이를 자유롭게 활용할 수 있어야 한다. 문명의 다양성을 함께 지키며 서로를 포용하고 서로의 귀감이 되고 소통하는 세계적 조류를 선도하여 인류문명의 공동진보를 위해 기여하고 글로벌 생태문명건설의 중요한 참여자와 기여자, 그리고 선도자로 되어야 한다.

(3) 생태문명의 전략적 체계를 건설하는 길

시진핑은, "생태문명건설을 중국 특색 사회주의 사업의 총체적 배치에 포함시키는 중요한 의의를 심도있게 이해해야 한다."[49]라고 제기했다. 생태문명건설을 보다 뚜렷한 위치에 두며 생태문명건설의 네가지 건설을 이끌고, '5위1체'의 '뚜렷한 지위'를 차지하며 형성된 '한 가지가 네 가지 속에 융합되는' 효과의 새로운 전략적 의의를 강화해야 하는 것이다.

생태문명건설을 경제건설에 융합시키는 것을 견지해야 한다. 첫째, 절약우선과 보호우선, 그리고 자연복원을 위주로 하는 방침을 견지해야 한다. 이는 자원의 고갈과 환경오염이 날로 심각해 지고 생태계가 퇴화되는 기존의 자원환경 상황과 심각한 형세에 따라 결정된 것이다. 자원은 절약

---

49   시진핑: 『당헌·당규를 성실히 학습하고 엄격히 준수하자(認眞學習黨章 嚴格遵守黨章)』, 『인민일보』, 2012년 11월 20일, 제1지면.

이 우선시 되어야 하고 환경은 보호가 우선시 되어야 하며 생태는 복원이 우선시 되어야 한다. 이 세 가지가 통일된 유기체를 형성하는 것은 생태문명을 경제건설에 융합시키는 기초적 책략이자 가장 실리적인 사고의 틀이다. 둘째, 녹색발전과 순환발전, 그리고 저탄소발전을 보다 능동적으로 추진해야 한다. 이는 생태문명건설의 본질에서 비롯되었다. 녹색발전은 전통산업과 경제의 산업 업그레이드에 치중하고 발전방식의 변화와 산업구조의 조정을 강조하는 것이다. 순환발전은 자원이용 효율의 개선을 핵심으로 하고 폐기물 제로를 기본이념으로 한다. 폐기물이 잘못된 곳에 방치된 자원임을 부각시켜 자원의 재순환과 재활용 문제를 해결하는데 이는 폐기물을 재활용하지 못해 발생하는 환경파괴 문제를 최대한 줄이자는 것이 그 핵심이다. 저탄소발전은 저탄소 배출을 특징으로 하는 발전으로, 에너지 절약을 통해 에너지 효율을 높이고 재생에너지와 청정에너지를 발전시키며 산림 흡수원을 늘리고 에너지 집약도와 탄소 집약도 및 탄소의 총배출량을 줄이는, 기후변화와 긴밀히 연관된 이념과 발전 상태를 말한다. 이는 생태문명을 경제건설에 융합시키는 기본적인 길이자 시진핑이 강조하는 '경제 뉴노멀화'를 구축하는 과정에서 반드시 걸어야 하는 길이다.

생태문명건설을 정치건설에 융합시켜야 한다. 우선, 더 이상 GDP 성장률로 정치실적을 평가하지 않는다. 이는 생태문명을 정치건설에 융합시킴에 있어 가장 시급한 부분이다. 간부는 공산당의 각급 조직의 선도자로 당사업의 핵심인력이다. 간부 평가표준에 변화가 없으면 생태환경을 아랑곳하지 않고 맹목적으로 의사결정을 내리며 심각한 결과를 초래하는 간부를 제어하지 못한다. 생태환경을 파괴한 후 '아무일 없는 듯 툭툭 털고 떠나고 간부직은 계속 유지하며 어떤 책임도 지지 않는다'.[50] 이는 위험 소지가 큰 방식으로 그 위험성은 실천 속에서 이미 나타났다. 다음, 상부설계와 총체적 플랜을 강하고 효율적으로 다져 나간다. 이는 생태문명을 정치건설에 융합시키는 관건이다. 생태문명의 상부설계를 강하고 효율적으로 다지는 것은 생태문명체제 개혁의 총체적 플랜을 만들고 이를 포괄적으로 조율하며 전체적으로 추진하는 것으로 공산당이 생태문명건설을 이끌어 가기 위한 정치적 보장이다. 그리고 생태문명체제의 개혁을 제도화하고 법제화해야 하며 생태문명제도의 혁신과 법치 문화를 노멀화해야 한다. 이는 생태문명을 정치건설에 융합시키는 근본이다.

생태문명건설을 문화건설의 영역에 끊임없이 융합시켜야 한다. 우선 새로운 라이프 스타일을 만들어 가야 한다. 이는 생태문명을 문화건설에 융합시키는 이념적 변화이다. 과소비와 과시적 소비, 그리고 낭비적 소비가 날로 사람들의 내심 행복에 영향을 미치고 저속한 물질주의의 진흙탕 속으로 밀어넣고 있다. 현재 중공중앙이 적극 추진하고 있는 8가지 규정은 공산당 간부의 호화로운 소비 추종을 엄하게 단속하는 것이다. 중국은 인구대국이지만 경작지 자원이 제한되어 있어 소박하고 탄소배출이 적고 공정하고 친환경적인 라이프 스타일을 갖추어 나가야 한다. 둘째, 중화문화의 소프트파워를 확대 발전시켜야 한다. 이는 생태문명을 문화건설에 융합시키는 문화보호 방식이다. 5000여년간 중국 전통문화의 주류로 이어온 유교·도교·불교는 자연을 숭상하는 정신적 기개와 만상을 망라하는 드넓은 흉금을 고양하고, 이는 중화의 생태문명이 세계에 입각할 수 있는 튼튼

---

50   『시진핑 총서기 중요연설 계열 독본』, 인민출판사, 2014, 130면.

한 기반이다. 천인합일(天人合一)은 중화 전통문화의 주체일뿐더러 중화 생태문명의 특징이기도 하다. 중국인민은 생태문명을 건설함에 있어 조상의 문화 유전자를 지키고 전승하며 혁신해야 하고 우리의 출발지와 목적지에 대한 역사적 명제와 인문적 명제에 대한 답을 찾는 과정에서 집중력있게 근본을 튼튼히 할 수 있는 정신적 의탁을 찾아내야 한다. 셋째, 사회주의 핵심가치관을 키우고 확대발전시켜야 한다. 이는 생태문명을 문화건설에 융합시키는 기초 공정이다. 시진핑은, '핵심가치관은 한 민족과 한 국가의 정신세계에 대한 추구를 반영한다'고 제기한 바 있다.[51] 핵심가치관은 사회주의 핵심가치체계를 고도화시켜 표현한 것이다. 이중 문명, 화합, 평등, 공정에는 생태문명과 관련된 문명, 사람과 자연의 화합과 관련된 화합, 사람과 자연의 평등과 관련된 평등을 포함되어 있고, 선인과 현세대, 현세대와 후대가 환경의 정의를 공정하게 공유하는 공정함이 포함되어 있다. 사회주의 핵심가치 체계와 핵심 가치관의 건설과정에서 생태문명을 건설하고 생태문화를 확대 발전시켜 나가야 한다.

시종일관 생태문명건설을 사회건설에 융합시켜야 한다. 인민이 가장 관심을 두고 가장 직접적이며 가장 현실적인 이익과 관련된 문제를 업무의 중심으로 삼아야 한다. 이는 생태문명을 사회건설에 융합시키는 작용점이다. 물, 대기, 토양 등의 오염 방제를 특히 중시하고 큰 하천의 유역과 지역 하천의 오염방지를 적극 추진하며 중요산업과 중요지역 대기업의 관리를 적극 추진하고 미세먼지오염, 식수오염, 토양오염, 중금속오염, 화학

---

51   「'시진핑, 핵심 가치관을 논하다'-가장 깊숙하고 끈기 있는 힘("習近平核心價値觀"-最持久最深層的力量)」, 『인민일보 해외판』, 2014년 7월 24일, 제5지면.

제품 오염 등 대중의 이익에 큰 피해를 주고 있는 환경문제를 우선 해결해야 한다. 둘째, 도시화 과정에서 나타나고 있는 농촌의 생태안전 문제를 반드시 주목해야 한다. 이는 생태문명이 사회건설에 융합되는 접점이다. 시진핑은, "향촌문명은 중화민족 문명사의 주체이고 마을은 이런 문명의 매개체이며 농사와 글을 읽는 것을 함께 하는 문명은 우리의 소프트파워이다. 도시와 농촌의 일체화발전은 마을의 원래 모습을 보존하며 나무를 신중히 자르고, 호수를 메우지 않고 집을 허물지 않은 채 최대한 기존의 마을 형태에서 주민의 생활조건을 개선할 수 있다."[52] 셋째, 생태환경 관리 체계의 현대화를 추진한다. 이는 생태문명이 사회건설에 융합되는 힘의 작용점이다. 중국 특색 사회주의 제도를 개선하고 발전시키며 국가 관리체계 및 능력의 현대화를 추진하는 것은 전면적으로 개혁을 심화하는 총목표이다. 생태환경의 관리 체계는 국가 관리 체계의 구성부분이고, 생태환경 관리 체계의 현대화를 실현하는 관건은 다원화된 주체가 참여하는 관리 방식에 있다. 정부가 절대적으로 주도하고 한 방향으로만 추진하는 관리방식을 허물려면 정부의 절대주도 방식과 일방적으로 밀어붙이는 관리방식을 허물고, 정부의 주도하에 기업을 주체로 하여 시장이 효율적으로 구동하는 가운데 전 사회가 함께 추진하는 생태문명건설의 새로운 국면을 진일보 형성해야 한다.

생태문명건설을 경제건설, 정치건설, 문화건설, 사회건설속에 융합시키는 것과 관련, 전국생태환경보호대회 이후 보다 직관적인 '생태문명체계'

52　『18차 당대회 이래 중요한 문헌선집(十八大以來重要文獻選編)』(상), 중앙문헌출판사, 2014, 605면.

설명이 제출되었고 생태문명을 어떻게 건설할 것인가 라는 전략적 체계에 대한 새로운 이념이 주입되었다.

전국생태환경보호대회는 2018년 5월 18일부터 19일까지 북경에서 소집되었다. 이는 2011년 7차 환경보호대회 소집 후 7년 만에 열리는 8차 대회인 동시에 전국적인 1차 생태환경보호대회이기도 하다. 여기서 '8차' 회의라는 주장은 역대 공산당 중앙영도집단이 대를 이어 환경보호와 생태문명건설 사업을 추진해 온 꾸준한 노력을 반영하는 의미가 있다. 또한 '1차' 회의라는 주장은 사회주의건설 현대화와 중국 사회주의의 주요 모순에 대한 새로운 변화가 나타나고, 생태환경부라는 새로운 기관이 설립되고, 샤오캉사회를 전면 건설하고, 오염방제 공격전의 승리를 취득하는 것에 대한 새로운 과제가 부상하고, 부강하고 민주주의적이며 문명하고 조화로운 아름다운 사회주의 현대화 강국 이라는 새로운 목표를 실현하기 위해 분전하는 배경 속에서 역사의 기념비적 의미가 있는 전국적 생태환경대회라는 의미이다. 시진핑은, "생태문명체계"를 처음으로 제기하고 생태문명체계의 풍부한 내용을 명확히 했다. 즉, 생태가치관을 준칙으로 하는 생태문화체계, 산업 생태화와 생태산업화를 주체로 하는 생태경제체계, 생태환경의 품질을 핵심으로 하는 목표책임체계, 관리체계와 관리능력의 현대화를 보장으로 하는 생태문명제도 체계, 생태 시스템의 선순환과 환경 리스크의 효과적 방제를 중심으로 하는 생태안전체계이다. 이는 경제사회의 발전을 생태문명사회로 전면 전환시키는 중대한 발전전략으로, 중국이 건설하려는 생태문명사회 및 건설방법을 보여주고 있고, 아름다운 중국의 청사진과 이에 포함된 경제, 정치, 문화와 사회 각 항목 건설에 대한 기본 경로를 분명하게 보여준 것이다.

첫째, 생태경제 체계는 생태문명 사회 건설의 물질적 기초이다. '녹수청산이 바로 금산은산이다', '생태환경을 보호하는 것이 바로 생산력을 보호하는 것이고 생태환경을 개선하는 것이 바로 생산력을 발전시키는 것이다.'라는 녹색발전관을 시종일관 실천한다. 시종일관 생태환경을 경제사회 발전의 내적 요소와 내재적 동력으로 삼아야 한다. 생산과정의 녹색화 및 생태화를 생산활동 결과의 녹색화와 생태화를 실현하는 경로와 구속력, 그리고 보장으로 삼고 '산업 생태화와 생태 산업화', '경제 생태화와 생태경제화'의 기본 경로를 흔들림없이 지킨다. 공급측 구조개혁을 기본축으로, 전통산업의 개조 업그레이드와 발전의 녹색화를 실현한다. 새로운 발전이념을 지침으로, 고도화된 생태농업의 발전에 진력하고 현대서비스업을 적극 발전시키며 녹색발전 현대 산업의 새로운 체계를 전면적으로 구축한다.

둘째, 생태문명 제도 체제는 보장이다. 생태문명 사회 건설의 체제기제 혁신과 제도 혁신을 위해 공산당의 의지라는 초석과 조직적인 보장, 그리고 제도적 보장을 제공한다. 시진핑은 생태문명 체제 개혁을 심층 추진하고 상부설계를 강화하고 과학적 정치실적관의 구축을 강화하며 법치와 제도건설을 강화하고 생태 레드라인을 확정하는 책임추궁제도 구축을 강조했다. 시진핑은 "더 이상 GDP 성장률을 간부의 정치실적 평가 기준으로 삼을 수 없다", "경제사회 발전을 개선하려면 평가체계를 고민해야 하는 것이 가장 중요하다", "생태문명 제도의 건설을 강화하고 가장 엄격한 제도와 가장 치밀한 법치를 실행해야만 생태문명 건설을 위한 믿음직한 보장을 제공할 수 있다." 고 말한 바 있다. 사회주의는 사회주의 체제 개혁을 통해 사회제도와 규범을 개혁 및 완비하고 있으며 생태문명 건설에 유리한 체제 기제를 형성하고 생태문명 사회를 위한 강력한 상부구조와 일련의 제도 및 법치적 보장을 구축해낼 수 있다.

셋째, 생태문화 건설은 생태문명 사회 건설을 위해 사상적 보증과 정신적 동력, 그리고 지적인 지원을 해 준다. 시진핑은, "5,000여 년간 이어진 중화문명은 풍부한 생태 지혜를 축적했다"고 거듭 강조하며 "눈동자를 보호하는 것처럼 생태환경을 보호하고 생명을 귀중히 여기는 것처럼 생태환경을 귀중히 여겨야 한다.", "생태문명을 건설하는 것은 민심을 따르는 것이다", "미세먼지, 식수, 토양, 중금속, 화학제품 등 인민의 이익을 손상하는 주요 환경문제를 우선적으로 해결하는데 집중해야 한다."고 주문했다.

넷째, 생태목표 책임 체계와 생태안전 체계는 생태문명 사회 건설에서 이행해야 할 책임이자 동력이며 매개체인 동시에 상한선이고 최저기준이며 레드라인이다. 생태환경 안전은 국가안전의 중요한 구성부분으로 경제사회가 지속적이고 건전하게 발전할 수 있는 중요한 보장이라는 전략적인 위치에서 자원 소진의 상한선과 환경의 질적 최저기준, 그리고 생태보호의 레드라인을 설정하고 '푸른 하늘 보위전(藍天保衛戰)' 승리를 반드시 쟁취하고 물오염 방제 행동 계획을 심층 실시하고 토양오염 방제 행동 계획을 전면 실시하며 공기와 물 그리고 토양을 대상으로 한 3대 전투를 목표 책임으로 삼아 샤오캉사회의 전면적 건설을 보장하고 오염방제 공격전의 승리를 보장해야 한다.

제2장

녹수청산이 바로 금산은산

작금의 시대는 자원 긴축의 시대이다. 환경오염이 심각하고 생태계가 엄중하게 퇴화되어 있다. 인류사회의 지속발전은 심각한 도전에 직면하고 있다. 이에 생태환경 문제 해결과 도전에 적극 대응하기 위해 20세기 70년대 초부터 세계적으로 환경보호와 지속가능 발전, 그리고 녹색경제 등과 관련된 학술 사조와 사회운동과 정부의 움직임, 그리고 시장의 탐색이 시작되었다. 인류는 산업문명 방식과 전통적 조방형 발전방식에 대하여 반성하며 사람과 자연과의 관계를 새롭게 살피고 정의하며 지속가능한 발전의 길을 탐색하고 있다. 생태문명건설은 바로 중국공산당이 이와 같은 거시적 배경속에서 선택한 전략적 혁신과 선도적 실천이다. 동 이론의 기초 및 지도사상의 핵심은 바로 시진핑이 제기한 '양산론(兩山論)', 즉 '녹수청산도 필요하겠지만 금산은산도 필요하다. 금산은산을 마다할지언정 녹수청산을 포기하지는 않을 것이다. 녹수청산이 바로 금산은산이다.'라는 것이다. 동 이론은 10년의 발전과 실천 속에서 점차 성숙되었고 나아가 중앙문건으로 채택되었다.[1] '양산론'은 중국이 생태문명건설의 속도를 높이는

---

1   2005년 당시 저장성 당서기로 있었던 시진핑은 안지(安吉)현 톈황핑(天荒坪)진 위춘(餘村)마을을 돌아보면서 "과거에는 녹수청산도 요구하고 금산은산도 요구한다고 하였는데 사실 녹수청산이 바로 금산은산이다." '양산론'은 이렇게 처음으로 제기되었다. 그후 칼럼에 글

중요한 지도사상이자 기존 당중앙 정부의 국정운영 사상의 중요한 구성부분이기도 하다.

1. 녹수청산이 필요하지만 금산은산도 필요

'녹수청산'은 양질의 생태환경과 이와 관련된 생태제품을 가리킨다. '금산은산'은 경세소득과 소득 및 성장수준과 관련된 민생복지를 가리킨다.

을 발표하여 '양산론'을 완정하게 논술했고 '녹수청산도 필요하겠지만 금산은산도 필요하다. 금산은산을 마다할 지언정 녹수청산을 포기하지는 않을 것이다. 녹수청산이 바로 금산은산이다.라고 제기했다.' [시진핑: 「카자흐스탄 나자르바예프대학 연설시 질문에 답하여(在哈薩克斯坦納扎爾巴耶夫大學演講時的答問)」(2013년 9월 7일), 『시진핑의 사회주의생태문명건설에 대한 논술발췌(習近平關於社會主義生態文明建設論述摘編)』, 중앙문헌출판사, 2016, 171면] 시진핑은 "실천속에서 녹수청산과 금산은산 이 '두개의 산'간의 관계에 대한 인식은 3개 단계를 경과했다: 첫번째는 녹수청산으로 금산은산을 바꾸는 단계로 환경의 감당능력을 고려하지 않거나 적게 고려하면서 자원을 취하기만 한 단계이다. 두번째는 금산은산을 요구할 뿐더러 녹수청산도 필요한 단계이다. 경제발전과 자원의 결핍, 환경악화간의 모순이 부각되기 시작했고 환경은 우리가 생존하고 발전하는 근본이고 푸른 산이 있어야 땔 나무도 있게 됨을 알게 되었다. 세번째는 녹수청산은 금산은산을 끊임없이 가져다 줄 수 있고 녹수청산은 곧 금산은산임을 인식한 단계이다. 우리가 심은 상록수는 곧 돈나무이고 생태우세가 경제우세로 되었으며 혼연일체, 화합과 통일의 관계를 형성한 이 단계는 더욱 높은 경지이다."(『실속있게 앞장에 선다-저장성의 새로운 발전을 추진할 데 대한 사고와 실천(干在實處 走在前列-推進浙江新發展的思考興實踐)』, 중공중앙당교출판사, 2016, 198면) 그 후, 더욱이 공산당 18대 이래 시진핑은 '양산론'에 대해 보다 심도깊은 설명을 했고 체계적으로 개선시키면서 국내 및 국제적으로 거듭하여 "녹수청산도 필요하겠지만 금산은산도 필요하다. 금산은산을 마다할 지언정 녹수청산을 포기하지는 않을 것이다."라고 제기하면서 "녹수청산이 바로 금산은산이다"를 강조했다. 2015년 3월, 시진핑은 중앙정치국회의를 소집하고 『생태문명건설을 서둘러 추진할 데 대한 의견(關於加快推進生態文明建設的意見)』를 통과시키고 "녹수청산이 바로 금산은산이다"는 이념을 중앙의 문건에 포함시켰다.

그러므로 '녹수청산'과 '금산은산'은 본질적으로 환경보호와 경제발전과의 관계 범주에 속한다. 그러면 '협력과 통일'이라는 양자의 관계를 어떻게 볼 것인가? 당시 저장(浙江)성 당위서기로 재임 중이었던 시진핑은, "우리는 사람과 자연의 화합을 얻고자 한다. 경제와 사회의 화합을 쉽게 말하자면 바로 녹수청산과 금산은산을 모두 얻는 것이라고 할 수 있다"라고 제기했다.[2] 이는 사람과 자연, 경제와 사회의 관계를 한마디로 요약한 것으로 인류문명의 발전 지침이 바로 '사람과 자연의 화합, 경제와 사회의 화합'임을 제기한 동시에 전면적이고 심화된 개혁과정에서의 경제 발전과 생태환경 보호에 대한 변증법적 관계를 해석했고 경제도 발전시켜야 하겠지만 생태환경도 보호해야 함을 설명한 것이다. 작금의 중국사회의 주요 모순은 이미 인민의 아름다운 생활에 대한 수요와 불균형 및 불충분한 발전 간의 모순으로 전환되었다. "우리가 건설하려는 현대화는 인간과 자연이 조화롭게 공생하는 현대화이다. 물질적 부(富)뿐만 아니라 정신적 부를 창조하여 인민의 날로 증가하는 아름다운 생활에 대한 수요를 충족시켜야 하고, 보다 개선된 양질의 생태제품을 제공하며 인민의 아름다운 생태환경에 대해 날로 커지는 수요를 충족시켜야 한다."[3]

발전은 유일한 진리이다. 경제사회와 환경보호가 조화롭게 발전하려면 사람의 발전과 자연생태계의 동적 평형을 전체적으로 잘 지켜야 한다. 이

---

2   시진핑: 「녹수청산이 바로 금산은산이다(綠水靑山也是金山銀山)」, 『지강신어(之江新語)』, 저장인민출판사, 2013, 153면.

3   시진핑: 『샤오캉사회를 전면적으로 실현하는 데서 결정적인 승리를 이룩하고 신시대 중국특색의 사회주의 위대한 승리를 이룩하자-중국공산당 제19차 전국대표대회에서 한 보고(決勝全面建成小康社會 奪取新時代中國特色社會主義偉大勝利-在中國共産黨第十次全國代表大會的報告)』, 인민출판사, 2017, 50면.

는 인류사회가 생긴 이래로 변함없이 이어왔던 주제이다. 단지 인류사회 발전의 다양한 단계에서 주요 모순과 이차적 모순에 대한 주요 표현형식과 모순의 주요 측면과 이차적 측면의 상호 전환 형태가 서로 달랐을 뿐이다. 마르크스는, '인류역사의 첫 번째 전제는 생명이 있는 개인의 존재임이 분명하다. ……어떠한 역사기재를 막론하고 이 같은 자연적 기초와 역사적 진척 과정에서 사람들의 활동으로 비롯된 변경에서 시작되었다.'[4], '오직 사회에서만 자연계는 비로서 인간 존재의 기초가 될 수 있다. 오직 사회에서만 사람이란 자연 존재가 인간 존재로 될 수 있다.'[5]고 했다. 그러므로 녹수청산도 필요하겠지만 금산은산도 필요하다. 양자는 인류경제사회 발전의 중요한 요소로 어느 한쪽으로도 치우쳐서는 안 된다.

의식주행은 항상 인류가 생존하는 4대 기본수요이다. 이를 훌륭히 만족시키려면 사회제품 중에서 무엇을 생산하고 어떻게 생산하며 어떻게 유통시키고 배당할 것인가 라는 문제를 해결해야 한다. 경제발전은 인류사회가 진력해오던 목표라 발전을 첫 번째 자리에 놓는다. 단, 발전이란 무엇이고 어떻게 실현해 나갈 것인가 하는 것은 각항의 업무 추진과 적절한 행동을 취하는 관건이다. 세상에는 화수분도 돈나무도 없으며 우렁각시의 밥상도 동화 속에서나 가능하다. 부는 어디서 오는 것일가? 옛 사람들은 민생은 근면함에서 오고 근면하면 물자가 결핍하지 않다고 했다, 마르크스 유물사관은 사회 부의 창조와 축적은 인류의 근면한 노동을 거쳐 대자연에서 창조된 것이라고 주장한다. 인류사회가 시작된 이후 인류는 장기적

---

4   『마르크스엥겔스선집(馬克思恩格斯選集)』제1권, 인민출판사, 1995, 67면.

5   『마르크스엥겔스전집(馬克思恩格斯全集)』제42권, 인민출판사, 1979, 122면.

의 생산과 생산실천, 그리고 과학실천 속에서 자연을 인식하고 자연을 이용하며 자연을 개조하는 활동을 멈추지 않았다. 또한 자연 속에서 인류의 이익을 도모하며 인류사회의 발전을 밀고 나갔다.

인류사회는 단계별로 발전 목표와 수요의 치중점이 각기 달랐다. 어떠한 발전단계를 막론하고 발전에 진력해야 하고, 발전이 없으면 모든 것은 의미가 없게 된다. 이는 갖은 고난이 끊이지 않았던 근현대 중국의 경제사회에서 더욱 그러했다. 빈곤과 낙후로 인해 중화민족은 근현대 사회에서 뼈속까지 아픈 고난과 발전의 아픔을 겪었고 이는 중국인의 발전에 대한 열망을 더욱 뜨겁게 하였다. 개혁개방 이후 산업화 및 도시화 진척이 급박하게 이루어졌고 산업문명의 발전 방식이 주류로 자리잡았다. 경제사회의 발전과 종합국력, 그리고 국제영향력은 역사적 도약을 실현했다. 중국인민은 근면하고 강인한 품성과 뛰어난 지혜로 세계경제 발전 역사에서 '중국기적'을 이루어냈다. 국가통계국의 중화인민공화국 건국 65주년 데이터를 예로 보면, 1953-2013년 사이 중국의 GDP는 불변가격으로 122배 성장했고 연평균 8.2%의 성장률을 기록했다. 1952년 중국의 GDP는 679억 위안에 불과했으나 1978년에는 3,645억 위안을 달성하여 세계 10위권에 진입했다. 개혁개방 이후 중국의 GDP는 연평균 9.8% 성장했고, 성장속도 및 고성장이 지속된 시간은 모두 경제비약 시기의 일본과 한국을 초월했다. GDP는 거듭 새로운 단계로 올라섰고, 1986년에는 1조 위안을 초과하고 1991년에는 2조 위안을 초월했으며 2001년에는 10조 위안을 돌파했다. 2010년에 중국의 GDP는 40조 위안에 이르러 일본을 추월하여 G2 국가로 올라섰다. 2013년 중국의 GDP는 568,845억 위안으로 글로벌 GDP의 12.3%를 차지했다. 중국의 1인당 GDP는 1952년의 119위안에서 2013년에

41,908위안(약 6,767달러)까지 이르렀다. 세계은행의 기준에 의하면 중국은 이미 저소득 국가에서 중등소득 국가에 들어섰다. 하지만 이와 같은 과정 속에서 광산채굴과 공장건설 등이 무절제하게 이루어졌고 '적은 투자로 단기수익을 올리는' 경제효과를 노렸으며 '오염과 에너지 소모가 크고 수준은 낮은(2高 1低)' 프로젝트가 보편적으로 시행되었다. 경제의 과성장에 수반하여 나타난 불균형과 비조화, 그리고 지속불가능의 모순이 날로 부각되었다. 전체적으로 볼 때 동 시기는 시진핑이 제기했던 "녹수청산도 필요하지만 금산은산도 필요하다"는 단계였다. 이에 대해 시진핑은, "중국의 생태환경 모순은 역사적으로 축적된 것으로 하루이틀 사이에 생겨난 것이 아니다. 하지만 우리 손에서 더욱 나빠지게 할 수는 없다. 공산당원은 이와 같은 흉금과 의지를 갖고 있어야 한다."[6]라고 말했다.

경제사회 발전의 뉴노멀화 속에서 녹색발전과 저탄소발전, 그리고 순환발전은 경제사회 발전의 주류 목소리이자 실천 지침이다. 하지만 녹색, 저탄소, 순환 혹은 생태를 막론하고 모두 발전을 목표로 하고 있다. 당대 중국에서 발전은 여전히 공산당 국정운영의 첫 번째 임무이다. 시진핑은, "국내외 정세에 근본적인 변화가 없는 한 경제건설 중심은 바꿀 수도 바꾸어서도 안된다. 이는 공산당의 기본노선을 100년간 동요하지 않고 견지하는 것에 대한 근본적 요구이자 당대 중국의 모든 문제를 해결하는 근본적 요구이다."[7] 이와 함께 우리가 유념해야 할 것은 금산은산의 근본적 원천

---

6   시진핑: 「중앙재경영도소조 제5차회의에서 한 연설(在中央財經領導小組第五次會議上的講話)」
    (2014년 3월 14일), 『시진핑의 사회주의생태문명건설에 대한 논술 발췌』, 중앙문헌출판사,
    2017, 8면.

7   시진핑: 「전반 국면을 염두에 두고 대세를 파악하며 대사에 주안점을 두자. 선전업무를

인 녹수청산은 인류의 지속가능발전의 기초로 반드시 결연하게 지켜야 한다는 것이다. 시진핑은 18기 중앙정치국 상무위원회 회의에서, "조방식 발전이 계속된다면 GDP 2배 증가목표를 달성한다 할지라도 환경오염은 또 어떤 형국으로 치달을 것인지? 그때에 가서는 자원환경이 더 이상 감당해 내지 못할 것이다."라고 제기했다[8] 이는 인간의 탐욕을 절제하고 대자연에 대한 경외심을 품고 있어야 하며 자연의 법칙에 따라 처리해야 함을 경고하는 것이다. 이와 함께 녹수청산과 금산은산의 모순 및 대립의 심층적 원인은 일차원적인 주체와 객체의 대립 이라는 잘못된 사고방식과 선형적 발전 방식에서 비롯된 것이라 천명했다.

발전은 자연의 법칙을 따르는 지속가능한 발전이어야 한다. 이는 무수한 경험과 교훈의 축적 끝에 얻어낸 필연적 결과이자 중국이 개혁을 심화시킨 필연적 결과이다. 중국은 반드시 산업화와 경제성장의 경계선을 감안해야 한다. 무절제한 개발과 자원이용으로 인해 우리는 시장에서 인정되지 못한 자연자원의 선택가치와 존재가치를 잃게 될 것이며 인류의 발전 또한 결국 이어지기 어렵게 된다.

중국이 추진하는 생태문명건설의 목표는 사람과 자연의 조화로운 발전으로, 발전 속의 보호를 지향하는 것이다. 원시적 생산생활 방식이나 산업문명을 이어가며 이익극대화를 노리는 발전모델이 아닌 생태가치를 포함

보다 잘하기 위해 노력하자(胸懷大局把握大勢着眼大事 努力把宣傳工作做得更好)」, 『시진핑 총서기 8.19 중요 연설을 학습(學習習近平總書記8.19重要講話)』, 인민출판사, 2013, 1-2면.

8   시진핑: 「제18기 중앙정치국 상무위원회의에서 한 1분기 경제형세에 대한 연설(在十八屆中央政治局常委會會議上關於第一季度經濟形勢的講話)」(2013년 4월 25일), 『시진핑의 사회주의 생태문명건설에 대한 논술 발췌』, 중앙문헌출판사, 2017, 5면.

한 경제, 생태, 사회가치의 극대화를 지향한다. 자연법칙을 따르고 자연을 존중하고 자연에 순응하며, 자연을 보호하고 자원환경의 감당 능력을 기반으로 발전하는 생산과 부유한 생활, 그리고 양호한 생태문명 사회를 건설하며 지속가능 발전을 도모하는 것이다. '양호한 생태는 문명의 발전을, 파괴된 생태는 문명의 쇠락을 가져온다'[9] 이는 '경제건설·정치건설·문화건설·사회건설·생태문명건설의 일체화된 전면건설(5위1체)'의 총체적 배치와 '전면적 샤오캉사회 건설, 전면적 심화 개혁, 전면적 의법치국, 전면적 종엄치당(네 가지 전면)'의 전략적 배치에 따라 '녹색발전'을 견지하고 절약우선과 보호우선을 부각시키고, 발전과정에서 보호하고 보호과정에서 발전하며 경제사회 발전과 환경보호를 함께 발전시켜 대중이 경제발전을 통해 실익을 누리는 동시에 생활 및 노동환경의 개선을 느낄 수 있게 함으로써 인민의 행복지수를 전면 향상시키는 것이다.

시진핑의 '녹수청산도 필요하지만 금산은산도 필요하다.'는 논단에서 중국공산당원의 발전이념을 알 수 있다. 이는 발전의 내포에 대한 새로운 인식이자 과거 조방식 발전에 대한 반성이다. 시진핑의 논단은 중국이 가려는 녹색발전에 대한 선택 의지를 한층 더 다져주었다. 생태학방법[10] 이념이 확고하게 받쳐주고 있는 동 논단은 마르크스주의 철학의 이분법과 체계이론의 사고방법을 혁신적으로 응용했고 발전이 첫 번째 임무임을 명확

<hr />

9   시진핑: 「제18기 중앙정치국 제6차 집단학습시의 연설(在十八屆中央政治局第六次集體學習時
    的講話)」(2013년 5월 24일), 『시진핑의 사회주의생태문명건설에 대한 논술 발췌(習近平關於
    社會主義生態文明建設論述摘編)』, 중앙문헌출판사, 2017, 6면.

10 생태적 방법론, 생태계 각 성분간의 보편적 연계와 상호작용에 대한 전체적 관점이다. 생
    태계 물질은 끊임없이 순환하고 전환한다는 관점, 생태계 물질의 입력과 출력 평형의 관
    점이다.

히 했다. 보호는 발전의 길에 대한 정확성 여부를 판단하는 중요한 표준이자 발전의 안목으로 새로운 생태문명 시대의 도래를 이끌 것을 요구하고 있다.

2. 금산은산을 마다할지언정 녹수청산을 포기하지 않아야

경제발전과 환경보호, 이 두가지 대립 및 통일에 대한 화제가 동시에 제기되자 시진핑은, "중국은 생태환경 보호를 보다 중요한 자리에 명확히 가져다 놓았다. 녹수청산이 필요할뿐더러 금산은산도 필요하다. 금산은산을 마다할지언정 녹수청산을 포기하지는 않을 것이다. 녹수청산이 바로 금산은산이다. 생태환경의 희생을 대가로 경제의 일시적 발전을 추구할 수는 없다."고 하였다.[11] 경제발전과 생태보호에 충돌과 모순이 발생할 시 단호하게 생태보호를 우선적 위치에 놓아야 하고 녹수청산으로 금산은산을 바꾸는 옛 길을 절대로 다시 갈 수는 없다. 이는 공산당 중앙이 환경보호를 강화하는 것에 대한 흔들림없는 의지와 결심이며 중국 특색 사회주의 법칙에 대한 중국공산당 당원의 인식이 한층 더 심도있게 발전되었음을 표명하는 것이다.

인류의 생존공간에서 사회시스템과 경제시스템, 그리고 자연시스템은 인류 활동을 통해 복합적인 생태계, 즉 인류사회 생태계로 결합되었다. 동

---

11   시진핑: 「카자흐스탄 나자르바예프대학 연설시 질문에 답하여(在哈薩克斯坦納扎爾巴耶夫大學演講時的答問)」(2013년 9월 7일), 『시진핑의 사회주의생태문명건설에 대한 논술발췌(習近平關於社會主義生態文明建設論述摘編)』, 중앙문헌출판사, 2017, 20-21면.

시스템에서 각 요소는 서로 의존하고 제약하며 작용한다. 인류의 경제활동은 자연 생태계 용량의 제한을 받고 인류 경제활동의 결과,사회시스템과 경제시스템은 자연 생태계에 역으로 작용한다. 각 시스템은 각자 독립성과 개방성을 갖고 있고 자체의 작동법칙이 있을 뿐만 아니라 기타 시스템의 영향과 제약을 받는다. 각 시스템이 서로 적응하고 입력과 출력이 총체적으로 대응할 때에만 전체 복합생태계는 균형을 이룰 수 있으며 안정되고 지속적으로 선순환 할 수 있다. 환경요소는 통상적으로 경제성장 분석 과정에서 투입 대비 산출에 대한 분석을 명확히 포함하지 않으나[12] 환경의 경제시스템에 대한 제약은 시종일관 존재한다. 더욱이 경제성장과 더불어 자원이 소진되는 속도는 자원의 재생속도를 초과하고 폐기물 배출이 자원의 자정능력을 초과할 시 환경문제는 격화되고 부각된다. 기술의 발전으로 인해 경제발전이 환경에 가하는 부담이 감당 가능한 수준을 보장할 수 없을 경우, 환경의 자원 제공 능력은 더 이상 환경 쿠츠네츠 곡선이 현시하는 퇴화로 나타나는 것이 아니라[13] 생산 및 재생산 능력을 철저히 상실하는 것으로 나타난다. 이렇게 되면 생태계의 균형은 파괴당하하고 큰 힘을 들여 복원하더라도 본래의 생태계를 회복할 수 없다. 이것이소

---

12 신고전파 경제성장이론은 경제성장을 자본, 노동, 토지 등 외생변수가 투입되어 증가된 결과라고 보았다. 신고전파 경제성장이론은 기술진보가 경제성장에 대한 영향에 대해 인식이 있기 시작했지만 기술진보를 외생변수에 귀결시켰다. 뢰머(Romer)의 지식확산모델은 인적자본은 경제성장을 촉진하는 효과가 있다고 제기했다. 후에 발전되기 시작한 제도경제학파는 제도를 경제성장의 내생변수를 도입시켰다. 환경요소는 오랜 시간동안 연구분야에 도입되지 못했다.

13 쿠츠네츠곡선은 환경의 질은 소득의 증가와 더불어 증가되고 소득수준이 일정한 수준까지 상승하면 소득의 증가와 더불어 개선됨을 보여주었다. 즉 환경의 질과 소득의 관계는 역U모양 곡선과 같다.

위 '환경의 불가역성'이다.

이와 관련하여 중국의 고대인은 풍부한 생태학 지식을 보유하고 있었다. 중국의 철학가는, '이 천지도 나와 함께 태어났고 만물은 나와 함께 하나이다(天地與我幷生, 而萬物與我爲一)'라는 생태계론적 철학사상을 내 놓았다. 『일주서(逸周書)』에는 '이러면 땅은 그 힘을 잃지 않게 되고 만물은 그 용도를 다하게 될 것이며 사람은 그 직분을 잃지 않게 된다. 게다가 계절이 틀림 없다면 여러 재부를 이룰 수 있게 된다.(夫然則土不失其宜, 萬物不失其性, 人不失其事, 天不實其時, 以成萬財)'[14]라고 적혀 있다. 인류는 자원 및 환경과 조화를 이루어야만 생존하고 발전할 수 있다. 생태환경은 인류가 생존하고 발전하는 중요한 생태적 보장이자 국가 혹은 지역의 중요한 종합경쟁력 중의 하나이다. 자연을 존경하고 경외하고 보호한다면 경제사회는 건전하게 발전할 것이고 자연을 적으로 삼고 자연법칙 위에 군림한다면 자연계로부터 보복을 당하고 말 것이다.

현 시대 생산력의 거대한 진보와 생산기술의 중요한 돌파로 말미암아 자연자원의 소진속도는 자체 재생속도를 훨씬 초월하고 인류활동으로 발생한 대량의 생산생활 쓰레기와 유해독성 물질은 환경의 흡수능력, 즉 우리가 흔히 말하는 생태환경 수용력을 초월했다. 인류의 생존환경이 끊임없이 악화되고 깨끗하던 공기와 수자원이 오염되었고 중금속에 오염된 토양에서 생산된 유해독성 농산물은 사람들의 건강에 영향을 주었다. 또한 대기 온난화와 자원고갈, 그리고 생태의 퇴화와 빈부격차가 확대되고 있

---

14   『일주서·4권·대취해(逸周書·卷四·大聚解)』참조.

다[15]. 도시 변두리가 무절제하게 확장되고 태풍, 홍수, 가뭄, 지진 등의 자연재해가 인위적 영향 속에서 매년 증가되며 인류사회 발전은 지속이 어려운 도전에 직면하고 있다. 생태계의 악화 추세로 미루어, 흔히 보는 비생물계통의 유해독성 물질로 야기된 대기, 물, 토양 성분의 변화위험이 있을 뿐더러 오존 홀과 온실가스 배출로 비롯된 글로벌 기후변화 등 세계적 위험이 존재하고 있다. 이밖에 석탄 및 석유 등 재생불가 자원의 파괴적, 낭비적 채굴사용과 생물계통 자원의 파괴로 인한 멸종, 생물 다양화 감소 등과 생물계 및 비 생물계 파괴가 상호 영향을 미치며 생태계의 악화시켜 지구의 생태환경이 인류 생존환경의 극한에 이르도록 하고 있다.

13억 인구를 가진 인구대국 중국이 유럽이나 미국이 현대화 국가를 건설하기 위해 걸었던 옛 길을 다시 걷는 것은 결코 바람직 하지 않다. 에너지 자원이 상대적으로 결핍하고 생태자원의 감당능력이 부족한 것은 현 중국의 실정이다. 선진국에서 100년이나 200년 후에 나타날 환경문제가 중국은 40년 간의 빠른 발전과정 속에서 집중적으로 노출되었고 구조형, 압축형, 복합형 등과 같은 특징을 뚜렷하게 보였다. 오래된 환경문제가 해결되기도 전에 새로운 환경문제가 잇달아 발생했다. 과거에 걸었던 길인, 무절제한 자원소모와 대가를 따지지 않았던 환경오염은 사회발전 지속을 어렵게 만들고 있다. 이에 대하여 시진핑은 다음과 같이 말한 바 있다. "산을 끼고 산다하여 산에만 의지하면 산은 곧 결딴 날 것이다. 이곳의 생태가 파괴되면 나라 전체에 영향을 미치게 될 것이다.[16] 생태가 오염되고 파괴된

---

15   판자화(潘家華), 『중국의 환경 거버넌스와 생태건설(中國的環境治理與生態建設)』, 중국사회과
      학출판사. 2015. 34면.

16   『시진핑총서기, 임지의 변혁에 관심을(林區轉型, 習近平總書記牽挂)』참조, 신화망 베이징

후에야 비로서 건설하면 이미 늦은 것이다.", "생태환경을 파괴하는 행위에 대한 처벌은 결단력이 있어야 하고 봐주기는 없어야 한다."[17] 이는 자연을 존중하고 자연에 대한 경외심을 시종일관 품고 있어야 하며 자연의 법칙에 따를 줄 알아야 함을 명시한 것이다. 사람은 자연계의 산물로 자연계의 일부분이다. 인류의 생존과 발전은 자연환경을 떠날 수 없다. 자연을 보호하는 것은 바로 인류 스스로를 보호하는 것이고 사회와 생산의 발전을 근본적으로 보장하는 것이다.

과거, 환경보호와 부의 성장은 상호 독립, 심지어 대립의 관계라는 인식은 매우 오랜 시간동안 지속되어 왔다. 이는 인식의 오류였다. 완비되지 못한 평가체계와 잘못된 정치실적관의 유인 속에서 일부 지방은 발전과정에서 GDP만 쫓고 이를 통해 간부의 우수성을 판단했으며 녹수청산으로 금산은산을 바꾸어 자원 파괴와 낭비가 심각했다. 환경평가도 단지 형식에 그쳤고 오염기업을 허가했으며 인허가를 주지 말아야 할 프로젝트도 허가를 내 주며 심각한 환경오염 사건은 빈번하게 발생했다. GDP지상주의 발전방식으로 인해 극히 적은 일부 소수는 이익을 취득했으나 광범위한 인민의 근본적 이익에는 손해를 끼쳤다. 생태환경의 파괴로 비롯된 피해는 오랜 시간이 지난 뒤에야 비로서 발견되거나 악화된다. 오염물질은 대기, 하천, 토양을 거쳐 전파될 수 있는 확산성이 있어 단기적으로는 검사 및 측정이 되지 않을 수도 있다. 인체가 소량으로 섭취한 오염물질은 즉시 반응

2016년 5월 24일.

17 시진핑: 「제12기 전국인민대표대회 3차회의 장시 대표단 회의에서 한 연설(在参加十二届全國人大三次會議江西代表團審議時的講話)」 (2015년 3월 6일), 『시진핑의 사회주의생태문명건설에 대한 논술발췌(習近平關於社會主義生態文明建設論述摘編)』, 중앙문헌출판사, 2017, 107면.

을 보이지 않을 수도 있지만 서서히 축적되며 부작용이 점차 나타나게 된다. 그러므로 우리는 녹수청산을 파괴하여 금산은산을 바꾸는 식의 근시안적 국면을 중단해야 한다. 시진핑은, "절대 생태환경의 희생을 대가로 경제의 일시적 발전을 추구할 수 없다."고 누차 강조했다.[18]

녹수청산은 중요한 생산요소이다. 녹수청산을 파괴한 것은 바로 생태환경을 파괴하는 것이고 경제발전의 기본조건을 상실하는 것이며 금산은산이 의지하고 있었던 기초를 상실하는 것이다. 푸른 산이 있으면 땔나무 걱정이 없다. 녹수청산은 영속적 발전의 기초로 녹수청산, 즉 생태환경을 생산력으로 내재화시킬 수 있으며 생태우세를 경제우세로 전환할 수 있다. 녹수청산은 금산은산을 가져올 수 있으나 금산은산으로 녹수청산을 살 수는 없다. '녹수청산'이 없다면 '금산은산'도 얻을 수 없다. 양자 간에 모순이 있다면 녹수청산을 원할지언정 금산은산은 마다해야 하며 환경이란 최저 기준선을 지켜야 한다. 생태환경이란 생산력 요소를 보다 중시하고 자연생태의 발전법칙을 보다 중시하며, 생태환경을 보호하고 이용해야만 더욱 훌륭한 생산력을 발전시킬 수 있고 보다 더 높은 차원에서 사람과 자연의 조화를 이루게 할 수 있다.

시진핑의 '금산은산을 마다할지언정 녹수청산은 포기하지는 않을 것이다.'라는 주장은 생태건설과 환경보호를 우선 위치에 놓을 것을 강조한다. 동 이론은 '녹수청산을 지켜내는' 기초로부터 지속발전을 실현하는 것을 강조한 것으로 '녹수청산도 필요하겠지만 금산은산도 필요하다.'는 사상을

---

18 시진핑: 「카자흐스탄 나자르바예프대학 연설시 질문에 답하여」 (2013년 9월 7일), 『시진핑의 사회주의생태문명건설에 대한 논술발췌』, 중앙문헌출판사, 2017, 21면.

한층 승화시켰다. 이는 마르크스주의 철학의 '이분법'과 '중점론'을 통일시
킨 것으로 사람과 자연의 조화로운 발전, 즉 사람은 자연을 존중하고 자연
에 순응하며 자연을 보호해야 한다는 기본이념이 관통되고 있다. 이는 경
제발전의 법칙을 따를 뿐더러 자연발전의 법칙도 따라야 하고 자연발전 법
칙을 따르는 것을 우선적 지위에 놓을 것을 요구하는 것이다. 경제발전 법
칙과 자연발전 법칙 간에 충돌이 있을 경우에는 정확한 선택을 해야 한다.
즉 경제발전은 자연발전의 법칙을 따르는 것을 전제로 해야 한다.

3. 녹수청산이 바로 금산은산

환경 보호의 중요성은 이미 세계적인 공통인식으로 자리 잡았지만 그
방법에서는 서로 간의 차이를 보이고 있다. 우선 한가지는 소극적이고 수
동적인 방법이 있다. 이 방법은 자연을 개조하는 속도를 늦추고 원시림으
로 돌아가 날 것을 먹고 짐승의 피로 목을 추기는 '자연 원시적' 환경보호
생활을 영위할 필요도 없이 현대 제조업이 완성한 문명 성과를 누리는 것
이다. 하지만 중국 경제는 이미 뉴노멀화 시대에 들어섰고 글로벌적 국제
경쟁도 백열화 되고 있는 상태다. 비록 일종의 옵션이 될 수도 있겠지만 우
리의 선택이 되어서는 안 된다. 우리에게 필요한 것은 적극적인 보호와 발
전 속의 보호이고 과학기술 수단과 전방위적 혁신에 의존하고 있는 보다
높은 차원의 보호이다. 시진핑은 '녹수청산이 바로 금산은산이다'는 이론
을 제기하여 녹수청산을 금산은산으로 바꾸고자 했다.

과거 우리에게는 두 가지 그릇된 관점이 있었다. 첫 번째는 발전은 반드

시 환경의 파괴를 가져온다는 관점으로, 이는 'GDP유일 이론'의 사상적 기반이다. 두 번째는 보호를 중시하는 것은 발전의 희생 혹은 포기를 대가로 한다는 관점이다. 이 관점은 게으른 정치를 변명하기 위한 구실이다. 시진핑이 제기한 '녹수청산이 바로 금산은산이다'는 이론은 녹색발전 방식의 변화를 제기했고 생태 사고 방식을 확립했으며 상기 나열한 잘못된 인식을 바로잡는데 중요한 이론적 의의와 실제적 지도 가치가 있다. '녹수청산이 바로 금산은산이다'는 논단은 생태문명건설 중에서 생태가치를 실현하고 부가가치를 창출하는 법칙을 심도있게 밝혔고 마르크스주의의 가치이론을 한층 더 발전시키고 개선시켰다.

마르크스 노동가치 이론은 사람과 사람 관계에 대하여 다음과 같은 해석을 펼친 바 있다. 인류의 사회이익 관계의 본질은 곧 가치관계이다. 사람과 자연의 관계에서, 사람이 자연계의 산물이라는 객체인 경우나 자연을 인식하고 개발하여 이용하는 자연의 주체인 경우를 막론하고 모두가 가치관계로 나타난다. 이는 인류사회의 기초이자 전체 생태계가 계속 이어질 수 있는 핵심이다. 마르크스주의 고전이론은 자연자원의 가치를 매우 중요시 해 왔다. 녹수청산이라는 이미지로 대신한 자연 생태환경 자원은 자기 내부적 가치순환을 가지고 있고 생태계의 안정과 균형 발전에 중요한 역할을 하며 인류의 생존조건을 창조해 준다. 사실 자연자원은 경제재화를 만들어 내는 외에도 산소와 깨끗한 수자원을 공급하고 폐기물을 수납하고 처리해 주며 환경을 아름답게 하고 그 속에 사는 사람들의 행복감을 향상시켜 줄 수 있다. 자연자원은 경제적 가치 뿐만 아니라 생태가치와 사회가치도 갖고 있다. 중국은 생태문명건설을 적극 추진하고 있다. 중국은 생태문명건설을 적극 추진해야 할뿐더러 생태관의 변화와 혁신을 추진해야 하며 사람과 자연 관계의 본질에 대한 인식의 깊이를 깊게 해야 한다. 생태 가치와 부 등의 속성을 고도로 중요하고 환원시키며 신시대 생태문명건설의 사상적 토대를 튼튼히 다져 나가야 한다.

가치지향은 발전방향에 영향을 미친다. 다양한 발전단계에서 사람의 자연자원에 대한 가치 부여가 다르고 가치지향과 대응되는 행위선택에 큰 차이를 보이게 된다. 산업혁명 이후 자연자원 가치에 대한 편파적 인식과 마르크스주의에 대한 기계적 분석으로 인해 자원가치 개념의 외연이 인위적으로 축소되었다. 금산은산을 위해 녹수청산을 파괴했고 그 결과 GDP는 성장했지만 자원의 결핍과 환경오염, 그리고 생태 불균형 등 일련의 문제를 불러일으켰다. 과도한 개발이용과 자연가치 약탈로 자연가치가 심각하고 과도하게 소모되었고 글로벌 생태위기를 야기하며 자연가치는 적자를 보는 방향으로 발전하고 있다.

'녹수청산이 바로 금산은산이다'이라는 시진핑의 논단은 자연을 존중하고 자원가치를 중시하며 사람과 자연의 조화로운 발전을 도모하는 가치이념을 충분히 보여주었다. 동 논단은 마르크스주의 핵심가치이론을 승계하고 발전시킨 것이고 당대 중국의 동양적 지혜이기도 하다.

발전의 시각에서 볼 때, 녹수청산을 실현하는 것은 곧 금산은산을 취득하는 것이고 그 본질은 경제생태화와 생태경제화를 실현하는 것이다. 가난은 생태문명이 아니고 발전을 도모한다며 환경을 파괴해서는 안 된다. 생태의 보호와 환경의 복원을 도모하려면 더 이상 자원의 대량 소모와 파괴를 대가로 한 경제성장이 아닌 생태를 원동력으로 하는 생태우호형 발전, 즉 경제의 생태화를 이끌어야 한다. 다른 한편으로, 양호한 생태환경을 주민의 화폐소득으로 전환하고 환경의 희소성에 따라 합리적인 시장가격을 부여하며 환경의 생태가치를 존중하고 나아가 가치와 보상의 거래 및 이용이 있어야 한다. 즉 생태의 경제화를 실현해야 하는 것이다. 경제생태화의 발전은 정확한 가치관을 수립하여 구조조정을 수단으로 방식을 바꾸어 구조를 조정하고 방향을 바꾸며 실적 성장을 하는 것이다. 생태경제화의 추진은 재산권 제도화를 필요로 하고 용수권, 광권, 임업권, 어업권, 에너지권 등 자연재산권의 유상사용과 거래제도를 실시하고 생태권, 오물배출권 등 환경자원 재산권의 유상 및 거래 제도를 실시하며 탄소 배출권과 탄소싱크 등 기후자원의 유상사용과 거래제도 등을 실시하는 것이다.

오늘날 생태환경은 생산력 발전의 중요한 원천이자 보장으로 자리잡고 있다. 시진핑은 공산당 19차 당대회의 구이저우(貴州)성 대표단과의 토론에서, 중국 특색 사회주의는 신시대에 진입했고, 신시대의 요구에 따라 보다 많은 생태제품을 제공하여 날로 성장하는 인민의 수요를 충족시키고 전면적 발전을 추진하며 인민 전체가 함께 부유할 수 있도록 추진해야 한다고 제기했다. 마르크스주의의 생산력 가설은 생산력이 노동자인 사람과 그의 창조력을 포함할 뿐더러 외부의 생태환경도 포함하고 있다고 보았다. 이를테면 자원을 집약적으로 이용하고 생태환경의 우세를 바탕으로 녹색산업을 발전시키며 양호한 생태환경으로 하이테크 인재와 하이테크를 핵심으로 한 현대산업을 유치할 경우, 아름다운 생태환경은 중요한 '천연 자본'이 되어 보다 많은 발전의 기회가 생기고 발전의 저력 또한 커지며 새로운 모멘텀을 형성하고 생태 프리미엄을 창출하며 녹수청산이 끊임없이 부를 가져다 주는 것이다. '양산(兩山) 이론'을 모범적으로 실천했던 저장(浙江)성은 '팔팔(八八) 전략'[19]을 실천했다. 환경 보호와 생태경제 추진을 서로 접목시켜 양자 간의 대립을 해소하고 환경보호와 기업경영형태의 전환 및 고도화, 그리고 정부의 관리방식을 바꾸며 자원의 재산권 제도를 추진하는 것 등을 연결하여 녹수청산이 금산은산으로 될 수 있음을 검증하는데 성공했다. 또한 환경 보호와 부의 성장이 상호 촉진되는 선순환 단계로 들어가 보다 높은 질적 성장과 지속가능한 경제성장을 실현하여 전통 제조업의 경제체제 속에서는 해결할 수 없었던 여러 가지 난제를 해결하고 자연자본의 가치상승과 환경 개선이 건전하게 작용하는 생태경제의 새로운 패턴을 내 놓았다.

실제에 입각하여 혁신하고 생태적 강점과 경제적 강점을 파악하여 녹색

---

19 2003년 7월, 중공 저장성 당위원회가 소집한 제11기 4차 전원(확대)회의는 저장성의 경제발전 경험을 바탕으로 저장성 발전의 8가지 강점을 체계적으로 총화하여 미래발전의 8가지 조치를 제기했다: 첫째, 저장성의 체제적 강점을 진일보 활용하여 공유제 중심의 다양한 소유제 경제의 공동한 발전을 적극 촉진하고 사회주의 시장경제 체제를 계속하여 개선해 나간다. 둘째, 저장성의 지역적 강점을 한층 더 발휘하여 상하이시와 능동적으로 연결하며 양쯔강 델타지역과의 협력과 교류에 적극 동참하고 대내·대외에 대한 개방수준을 지속적으로 향상시킨다. 셋째, 저장성 블록형 산업의 강점을 한층 더 발휘하여 선진제조업기지의 건설을 다그치며 신형 산업화의 길을 걷는다. 넷째, 저장성에서 도시와 농촌의 균형적 발전 강점을 한층 발휘하여 도농일체화를 적극 추진한다. 다섯째, 저장성의 생태적 강점을 한층 더 발휘하여 생태적 저장성을 건설하며 '녹색 저장성'을 조성한다. 여섯째, 저장성이 보유하고 있는 산·바다의 자원을 활용하여 해양경제를 적극 발전시키고 미발달지역의 도약식 발전을 촉진하며 해양경제와 미발달지역을 저장성 경제의 새로운 성장점이 되게 한다. 일곱째, 저장성의 환경 분야 강점을 한층 더 발휘하여 '5대 백억'공정을 주요 내용으로 하는 중요한 건설을 적극 추진하며 법치·신용·정부효율의 건설을 확실히 강화한다. 여덟째, 저장성의 인문적 강점을 한층 더 발휘하여 과학기술과 인재를 통한 발전을 적극 도모하며 문화 대성(大省)으로 건설한다. 이곳이 곧 '팔팔전략'이다. '여덟가지 우세'를 충분히 발휘하고 '8가지 조치'를 심층적으로 실시하는 것은 서로 연계되고 촉진하는 유기적인 정체이다. '팔팔정책'은 저장성의 전면적·균형적·지속적 발전을 내실있게 추진했고 녹수청산을 금산은산으로 변화시키면서 특화된 발전의 길을 개척했다.

산업과 아름다운 경제를 발전시키고 생태제품의 공급을 증가하며 녹수청산을 금산은산으로 바꾸는데는 '모든 상황에 모두 적합한' 만능 모델이 있을 수 없고 구체적 문제는 구체적으로 분석하는 것이 필요하다. 각지는 현지의 실제에서 출발하여 적극적으로 탐색하고 혁신적으로 발전하며 특화된 발전모델을 견지해야 한다. '산업화는 도처에 공장을 세우는 것이 아니라 제조업이 적합하면 제조업을, 농업이 적합하면 농업을, 개발이 적합하면 개발을, 보호가 적합하면 보호를 하는 것이다.'[20] 이와 관련하여 시진핑은, '녹수청산의 경제적 효과를 충분히 보여주는 것은 파괴가 아닌 보다 훌륭하게 보호하는 것이다. 관건은 정확한 구상에 따라 발전하고 구체적 실정에 맞게 산업을 발전시키는데 있다.'라고 강조한 바 있다.[21]

중국은 아직까지 산업화를 완성하지 못하고 있다. 경제체제전환을 이미 마친 탈산업화국가와 다르고 생산요소에 대한 가격 우세가 있는 산업화 초기 단계의 국가와도 다르다. 발전과 산업화 요구와 함께 중등소득국가 함정으로 빠지지 않기 위해 노력해야 하는 시점이다. 또한 부족한 자원, 오염된 환경, 퇴화된 생태, 아름다운 생활에 대한 인민의 소망, 국제경쟁이란 다섯 가지 도전에 직면하고 있다. 중국은 10여 억의 인구를 책임져야 하는 개도국이다. 중국은 발전이념과 발전방식의 근본적 변화를 불러와야 한다. 녹수청산을 금산은산으로 바꾸고 녹색발전체제로 전환하고, 경제구조를

---

20 시진핑: 「'두개의 산'으로 본 생태환경(從 "兩座山"看生態環境)」 (2006년 3월 23일), 『지강신어(之江新語)』, 저장인민출판사, 2007, 186면.

21 시진핑: 「제12차 전국인대 2차회의 구이저우대표단심의에 참가하여 한 연설(在參加十二屆全國人大二次會議貴州代表團審議時的講話)」 (2014년 3월 7일), 『시진핑의 사회주의생태문명건설에 대한 논술발췌』, 중앙문헌출판사, 2017, 23면.

조정하는 것은 자원과 환경의 병목 문제를 넘어서 지속발전을 실현하는 데 있어 필연적 선택이다. 시진핑은 '녹수청산과 금산은산은 모순되지 않는다. 관건은 사람과 사고방식에 있다.'[22] 사람의 주관적 능동성은 반드시 법칙에 맞아야 한다는 전제가 있어야 긍정적인 효과를 거둘 수 있다. 반드시 자연을 부정하고 정복하여 개조하려는 기계적 관점을 경계하고 버려야 한다. 생산력의 새로운 발전은 당대 사람들과 자손 후대가 생존하고 발전하는 절박한 수요이자 생산력을 해방하고 내포를 확장 발전시키는 중요한 전략적 수요이다. 산과 물의 푸르름을 되찾아주어야만 인민에게 부를 가져다 줄 수 있다. 녹수청산이 바로 금산은산이다. 시진핑은 19차 당대회 보고에서 '생태문명을 건설하는 것은 중화민족이 영원히 발전하는 천년 대계이다. 녹수청산이 바로 금산은산'이라는 이념을 세우고 실천해야 한다. 발전된 생산과 부유한 생활, 그리고 양호한 생태문명 발전의 길로 흔들림 없이 나아가 아름다운 중국을 건설하고 인민을 위한 양호한 생산과 생활 환경을 창조하고 글로벌 생태안전을 위해 기여해야 한다.'라고 제기했다.

시진핑의 '녹수청산이 바로 금산은산이다.'는 이론은 '녹수청산도 필요하겠지만 금산은산도 필요하다'와 '금산은산을 마다할지언정 녹수청산을 포기하지는 않을 것이다'의 변증법적 통일이다. 이는 발전이론에 대한 혁신이고, 마르크스주의 이론을 새로운 단계로 발전시킨 동시에 마르크스주의 발전관을 풍부히 하고 확장시킨 중국 특색 사회주의 이론의 큰 혁신이라고 볼 수 있다.

---

22   시진핑: 「제12차 전국인대 2차회의 구이저우대표단 심의에 참가하여 한 연설(在參加十二屆全國人大二次會議貴州代表團審議時的講話)」 (2014년 3월 7일), 『시진핑의 사회주의생태문명건설에 대한 논술발췌』, 중앙문헌출판사, 2017, 23면.

시진핑의 '녹수청산도 필요하겠지만 금산은산도 필요하다. 금산은산을 마다할 지언정 녹수청산을 포기하지 않을 뿐만 아니라 녹수청산이 바로 금산은산이다'라는 '양산론'은 현실에 입각하여 일반인이 더욱 관심을 두는 문제에서 지방의 발전과 실천을 바탕으로 점진적으로 총결되고 추진되었다. '양산론'은 쉬운 말로 깊은 뜻을 담아냈고 체계적이며 생동적인 발전과 보호라는 모순의 통일적 관계를 요약했다. '양산론'은 과학적인 발전관·생태관·가치관 및 정치실적관의 변화와 고도화를 반영했다. '녹수청산도 필요하겠지만 금산은산도 필요하다.'는 경제발전과 환경보호를 빠짐없이 고려하고, 발전은 공산당 국정운영의 가장 중요한 과제임을 부각시켰다. '금산은산을 마다할지언정 녹수청산을 포기하지는 않을 것이다'는 생태건설과 환경보호를 우선 위치에 놓을 것임을 강조한 것이다. '녹수청산이 바로 금산은산이다'는 생태환경의 진정한 가치를 밝히고 사람의 자연생태 가치에 대한 인식의 귀환을 반영했다.

이밖에도 '양산론'은 발전과 보호 간의 주차적 모순과 모순의 주차적 분야를 객관적으로 분석하며 사람과 자연의 관계라는 복잡한 문제에 대한 해결법을 제시했고 '이분법'과 '중점론'의 통일을 달성했다. 이는 중화문명 중의 '천인합일(天人合一)' 사상을 승계하고 한층 더 발전시킨 것이며 중국의 경제발전 실천에 대한 경험을 총결하고 지속가능발전 이론을 승화시킨 것이다. '양산론'의 제기는 이론과 실천을 연결하고 이론으로 실천을 지도하는 사상적 혁신이자 혁명적 성과이다. 이는 시진핑의 생태문명사상이 초보적 모습을 갖추는 중요한 지표이자 당대 중국 마르크스주의의 새로운 발전으로 아름다운 중국에 대한 건설방향을 제시한 것이라고 볼 수 있다.

제3장

환경이 바로 민생이자 생산력

생태환경은 한 국가 및 지역이 갖고 있는 종합경쟁력의 중요한 구성부분으로 민중의 기본적 생존조건과 삶의 질을 보장하고 반영한다. 환경보호는 민생 및 발전과 관계되고 대중의 기본적 발전기회와 능력과 권리, 그리고 이익과 관련된다. 또한 당대에 혜택을 줄 수 있으며 자손 후대까지 복지를 가져다 줄 수 있다. 사회의 진보와 인민생활의 향상과 더불어 사람들의 양호한 생태환경에 대한 수요와 요구 또한 지속적으로 증가하고 있으며 생태환경이 인민의 생활행복 지수에서 차지하는 지위 또한 날로 높아지고 있다. 공산당의 18대 이후 당중앙은 환경보호를 중요한 민생과 발전의 전략으로 간주하고 높은 관심을 보여왔다. 시진핑은, '양호한 생태환경은 가장 공정한 공공제이자 보편적 특혜의 민생복지이다.'[1]라고 말한 바 있다. '환경이 민생이고 청산은 아름다움이며 푸른 하늘은 행복이다. 우리의 눈동자를 아끼듯 생태환경을 보호하고 생명을 아끼듯 생태환경을 아껴야 한다.'[2] 이는 환경 보호를 중요한 민생문제로 간주하고 환경보호의 본질과

---

1   시진핑(習近平): 「하이난 고찰 업무완료 시의 연설(在海南考察工作結束時的講話)」 (2013년 4월 10일), 『시진핑의 사회주의생태문명건설에 대한 논술 발췌(習近平關於社會主義生態文明建設論述摘編)』, 중앙문헌출판사, 2017, 4면.

2   같은 책, 8면.

최종목표를 심도있게 밝힌 것이다. 또한 인민대중의 근본이익을 중심으로 하는 시진핑의 위민(爲民) 사상을 보여주는 대목이다. 이인위본(以人爲本, 인간을 근본으로 삼다. 역자주)의 구체적 표현이자 민생의 기본적 내포를 풍부히 하고 발전시킨 것이다.

1. 양호한 생태환경은 보편적 특혜의 민생 복지

환경은 대중생활의 기본 조건이자 사회생산의 기본 요소이며 가장 광범위한 인민의 근본적 이익이 있는 곳이다. 환경을 잘 보호하면 공민 전체가 혜택을 입게 되고 환경이 파괴되면 사회 전체가 해를 입게 된다. 환경의 상태와 질은 사람들의 생존 상태에 직접적인 영향을 미치고 사회의 발전 수준을 결정하고 문명의 흥망성쇠를 결정한다. 시진핑은, "우리 인민은 생활을 사랑하고 보다 훌륭한 교육, 안정된 직업, 만족스러운 소득, 믿음직한 사회보장, 높은 수준의 의료 보건 서비스, 쾌적한 거주조건, 아름다운 환경을 소망하고 후대가 더욱 건실하게 성장하고 일을 잘하며 살아가기를 바란다. 인민의 아름다운 생활에 대한 바램이 바로 우리의 분투 목표이다."[3], "생태문명건설을 보다 중요한 위치에 두어야 하며 이는 인민의 뜻이기도 하다."[4] 라고 말한 바 있다. 인민의 불만은 GDP 성장이 아닌 열악한 생태

---

3   『18차 당대회 이후 중요한 문헌 선집(十八大以來重要文獻選編)』(상), 중앙문헌출판사, 2014, 70면.

4   시진핑: 「18기 중앙정치국 상무회의에서 한 1분기 경제형세에 대한 연설(在十八屆中央政治局會議上關於第一季度經濟形勢的講話)」(2013년 4월 25일), 『시진핑의 사회주의생태문명건설

환경이다. 우리가 반드시 알아야 할 것이 있다. 우선, 사회발전이 낮은 단계에서는 사람들이 생존에 집중하고 배불리 먹고 따뜻하게 입는데 관심이 높다. 이 단계의 주안점은 빈곤 및 낙후로부터 탈출하는 것이다. 다른 한편, 노동력 수준의 제한으로 환경에 대한 개발이용 속도가 생태환경의 자정속도에 미치지 못하고 있고 환경문제의 민생 속성이 아직은 뚜렷이 부각되지 못하고 있다. 근현대의 과학기술 발전은 인류의 생산 및 생활에 큰 편리를 제공하고 이로 인해 인류사회 또한 끊임없이 발전하게 된다. 하지만 자연자원의 과도한 개발과 무리한 사용, 그리고 소모가 재생속도를 초월하여 오염배출이 환경용량을 초과하는 환경문제가 지속적으로 발생하며 인민의 생명건강을 위협하고 있다.

환경보호는 발전과 관련될뿐더러 민생과도 직결된다. 맑은 공기와 담수는 모두가 마시고 호흡하고, 오염되지 않은 토양은 식량을 생산하는 기본 조건이다. 생태환경은 특수공공제로 기타 어느 공공제에 비해 중요하다. 하지만 공기, 물, 토양의 질을 유지하고 지키는 것은 강한 외부성(Externality)이 있다. 오염으로부터 지키려면 소집단의 경제적 이익과 충돌할 수 있고 공유지의 비극(tragedy of the commons)이 일어날 수 있다. 소집단이 국부적 이익에만 눈이 어두워 생태환경을 사회 책임이자 국가 책임이라고 주장하거나 모두가 근린궁핍화적으로 자기발전에만 급급할 경우, 나라 전체는 물론 인류전체의 생존환경에 피해를 주거나 심지어 완전히 파괴시킬 수도 있다. 깨끗한 물을 마시고 맑은 공기를 호흡하며 믿을 수 있는 식품을 섭취하는 것은 대중의 소박한 소망이지만 이를 실현하기에는 어려움이 있다.

에 대한 논술 발췌』, 중앙문헌출판사, 2017, 83면.

이는 이론적 곤경과 실천의 어려움을 설명하고 있다.

2007년, 공산당 17차 당대회는 처음으로 '생태문명'을 대회 보고서에 포함시켰다. 당시 사회의 각 계층은 '생태문명'을 '발전된 생산, 양호한 생태, 행복한 생활' 이란 세 마리 토끼를 동시에 잡을 수 있는 새로운 문명형태라고 분석했다. 18차 당대회는 생태문명건설을 국가발전전략에 편입시켰다. 시진핑은, "경제발전과 GDP 증가는 우리가 노력하는 목표의 전부가 아니다. 이외에도 우리는 사회 진보와 문명 흥성에 대한 지표를 중시해야 한다. 특히 인문지표와 자원지표, 그리고 환경지표에 대한 관심을 가지고 있어야 한다. 오늘의 발전을 위해 노력해야 함은 물론 내일의 발전을 책임지면서 앞으로의 발전을 위한 양호한 기반과 영속적으로 이용할 수 있는 자원 및 환경을 제공해야 한다."[5] 2016년 8월, 시진핑은 전국 보건 및 건강대회에서 다음과 지적했다. "녹색발전 이념에 따라 가장 엄격한 생태환경 보호 제도를 실행하여 환경과 건강에 대한 모니터링과 조사, 그리고 위험 평가 제도를 구축하고 공기, 토양, 물오염에 집중하여 국토녹화를 가속하고……인민군중의 건강에 영향을 미치는 환경문제를 실제적으로 해결해야 한다."[6] 시진핑은 환경보호를 민생과 중대 전략 차원으로 고도화 시키며 높은 관심을 보였다. 이는 시진핑의 위민(爲民) 사상과 공산당의 취지를 잘 보여준 것이다. 또한 이것은 시진핑 신시대 중국 특색 사회주의 사상체계

---

5 「녹수청산이 바로 금산은산이다-저장 취임기간 중요한 논술 발췌(綠水靑山就是金山銀山-習近平同志在浙江期間重要論述摘編)」, 『저장일보』, 2015년 4월 17일, 제3면.

6 시진핑: 「전국 보건과 건강대회에서 한 연설(在全國衛生與健康大會上的講話)」 (2016년 8월 19일), 『시진핑의 사회주의생태문명건설에 대한 논술 발췌』, 중앙문헌출판사, 2017, 90-91면.

88 ──────── 생태문명 건설 이론 확립 및 실천 모색

중의 생태문명사상에 대한 핵심적 요지이다.

경제발전이나 환경보호는 모두 인민의 근본 이익을 출발점과 종착점으로 간주해야 한다. 고전적 후생경제학의 정의 체계는 인류의 노동이 없이 무료로 획득이 가능한 공기와 물은 공공제에 포함시키지 않고 사회가 노력하여 제공하는 의료 서비스와 교육자원, 그리고 취업기회 등을 가리킨다. 양호한 생태환경은 맑은 공기, 깨끗한 수원, 안전한 식품, 풍부한 물산, 아름다운 경관을 뜻한다. 생태환경이 파괴되면 가난한 사람이나 부자를 막론하고 그 피해를 비껴갈 수 없다. 그러므로 생태환경은 뚜렷한 보편적 혜택과 공정성이 있는 것이다. 생태환경 문제가 날로 심각해지고 사회생활에 대한 영향이 커지면서 생태환경의 공공제란 속성이 갈수록 뚜렷이 부각되고 있다. '가장 공정한 공공제'는 관리 결과의 중요성을 강조할 뿐더러 관리 과정의 주체적 책임을 강조하고 있다. 환경 관리 주체의 책임을 이행하는 것은 각급 정부의 기본 의무이자 중요 기능이다. 그러므로 반드시 사전에 기획하고 이끌어 나가는 능동성으로, 친환경 이념을 경제 관리의 전체 과정에 관통시켜야 한다. 오직 이렇게 해야만 선진국의 교훈을 흡수하고 큰 대가를 치르는 무질서한 친환경 발전을 피해 갈 수 있으며 수동적인 것을 능동적인 것으로 바꿀 수 있다. 시진핑은 인민이 보다 행복하고 아름다운 생활을 누리는 목표에서 출발한다면 양호한 생태환경이 가장 공정한 공공제이자 가장 보편적인 민생복지라고 간주하였다. 이는 새로운 역사적 조건에서 민생에 대한 공산당의 사상을 개선시키고 풍부하게 만들었으며 발전시킨 것이다. 인민의 깨끗한 물과 공기, 안전한 식품, 아름다운 환경에 대한 요구가 날로 강해지고 있다. 생태환경보호는 늦출 수도 기다릴 수도 없는 것이다.

현 시대 중국의 생태문명건설은 중대한 진척과 적극적인 성과를 거둔 반면에 자원은 날로 고갈되고 생태계는 날로 퇴화되는 형세가 갈수록 심각해 지고 있는 것도 사실이다. 대기오염과 수질오염, 그리고 토양오염 등 환경오염 사건이 빈번히 발생하여 민중이 누리는 복지에 영향을 주고 있을 뿐만 아니라 기본적인 민생에서 조차 영향을 미치고 있다. 도농 일체화 과정 중의 생태문명건설을 놓고 볼 때, 환경보호에 대한 중시가 미흡하여 주민들이 집중적으로 거주하는 지역은 환경보호 인프라 시설이 부실하고 전답은 화학비료의 무절제한 사용으로 인해 심각하게 파괴되어 있다. 이에 농업과 생태환경은 심각한 피해를 입었고 수원은 오염되고 부 영양화가 가속되고 농업과 목축업, 그리고 수산업 관련 제품의 잔류 독성과 유해물질은 기준을 초과했다. 또한 안전하지 못한 식품은 인민의 건강에 위해를 끼치고 이는 민생의 기초 보장에 대한 위기로 나타나고 있다.

생태환경 문제는 대중 생활의 질과 기본적 민생복지에 영향을 미쳐 중요한 정치문제로 부각되고 있는 동시에 사회의 화합과 안정에도 영향을 미치고 있다. 환경오염은 이미 사회의 불공정과 모순적 충돌을 유발하는 숨겨진 우환이 되었으며 만약 적절하게 대응하지 못한다면 사회 안정에 심각한 영향을 미치고 정부의 권위와 공신력을 약화시킬 것이며 개혁개방과 경제사회 건설에서 취득한 성과를 상쇄시킬 수도 있다. 시진핑은, "생태환경의 보호에서 크게 보고 멀리 보며 전체적으로 보고 복합적으로 평가해야 한다. 작은 것 때문에 큰 것을 잃고, 앞당겨 소진하거나 눈앞의 성공과 이익에 급급해서는 안된다."[7]고 말한 바 있다. 또한 "생태환경 문제

7   시진핑: 「윈난 현지조사시 연설(在雲南考察工作時的講話)」 (2015년 1월 19일-21일), 『시진핑의

는……나라와 인민, 그리고 자손후대에 이로운 중요한 사업인 바, 중요성을 강조하고 큰 소리로 구호를 외치다가 실천의 시점에 공회전이 되어 버려서는 안된다."[8], "생산공간, 생활공간, 생태공간을 과학적으로 배치하고 생태환경 보호를 내실있게 추진하여 아름다운 생태환경이 인민의 질적 성장의 성장점이 되도록 해야 한다."고 제기했다.[9]

전심전력으로 인민을 위해 봉사하는 것은 중국공산당의 취지이자 당 최고의 가치지향이다. 시종일관 인민의 이익을 위해 봉사하여 가장 광범위한 인민대중의 지지를 받는 것은 당의 노선과 방침, 그리고 정책의 정확성 여부를 가늠하는 최고 기준이다. 인민의 요구에 적극 부응하여 인민의 기대를 실현하고 만족시키기 위해 노력하는 것은 각급 간부들이 모든 문제를 생각하는 출발점이자 발판이며 업무추진의 중심이다. 환경보호를 강화하고 생태문명을 건설하는 것은 인민의 복지와 관련되고 민족의 미래와 관련되는 장구한 대계이다. 환경 상황과 질은 사람들의 생존상태에 직접적인 영향을 미친다. 생태환경을 보호하는 것은 바로 민생을 보장하는 것이고 생태환경을 개선하는 것은 민생을 개선하는 것이다. 생태환경 보호 업무는 민생업무의 중요한 구성부분임을 각급 정부는 반드시 고도로 중시하고 냉철한 인식을 유지해야 한다. 광범위한 인민의 이익을 환경보호 업무의 출발점과 발판으로 삼아 인민의 생명건강에 관심을 기울이며 가장

　　사회주의생태문명건설에 대한 논술 발췌』, 중앙문헌출판사, 2017, 8면.

8　시진핑, 「중앙경제사업회의에서 한 연설(在中央經濟工作會議上的講話)」 (2014년 12월 9일), 『시진핑의 사회주의생태문명건설에 대한 논술 발췌』, 중앙문헌출판사, 2017, 25-26면.

9　시진핑: 「화둥7성 당위원회 주요 책임자 좌담회에서 한 연설 (在華東七省市黨委主要負責同志座談會上的講話)」 (2015년 5월 27일), 『시진핑의 사회주의생태문명건설에 대한 논술 발췌』, 중앙문헌출판사, 2017, 27면.

광범위한 인민을 위해 봉사하고 그들이 가장 관심하고 가장 직접적이며 현실적인 환경문제를 해결하여 인민의 날로 증가하는 환경의 질에 대한 수요를 만족시켜야 한다. 양호한 생태환경이 있어야만 인민의 생존과 발전은 더욱 넓은 발전 공간을 획득할 수 있고 물질적 수준이 지속적으로 개선되고 향상되는 동시에 생활의 질적 향상을 충분히 누리며 정신적 즐거움과 만족을 느끼고 보다 높고 훌륭한 생활 경지에 들어설 수 있다.

2. 샤오캉의 전면성 여부에서 생태환경이 관건

'샤오캉 사회'는 덩샤오핑(鄧小平)이 20세기 70년대 말과 80년대 초에 중국의 경제사회 발전의 청사진을 그리며 제기했던 전략적 구상으로, 2012년 18차 당대회에서 처음으로 '샤오캉 사회의 전면적 건설' 이란 제기법이 대두되었다. 20세기 70년대부터 지금까지 중국의 평균 경제성장률은 두 자리 수에 육박했고 이는 동일 시기 선진국의 3배에 달하는 성장이다. 하지만 생태환경, 특히 대기와 수질, 그리고 토양오염의 심각한 문제는 전면적 샤오캉 사회 건설의 단점으로 뚜렷이 부각되고 있다. 자원 요소를 서슴없이 낭비하는 것을 주요 특징으로 하는 고소모, 고투입, 조방형 성장방식은 이미 지속불가 하다는 것을 실천으로 증명했다. 서방 선진국이 100년의 산업화 과정에서 단계별로 보여주었던 환경문제들이 중국에서 '시공간의 압축' 방식으로 집중 재현되고 있는 것이다. 뉴노멀화 배경 하에서 자원 긴축과 환경의 감당 여력이 취약하고 생태계가 퇴화하는 등 심각한 문제가 발생했고 경제사회의 지속성과 건전한 발전을 제약하는 중대한 요인이 되었으며 인민의 '획득감'과 '행복감'에 영향을 미치는 큰 요인이 되었다. 시진핑은, "전면적 샤오캉의 실현 여부에서 생태환경의 질은 매우 관건적이다."라고 제기한 바 있다.[10]

양호한 생태환경은 전면적 샤오캉 목표에 반드시 포함되어야 할 부분이다. 전면적이란, 투입하는 힘과 깊이, 그리고 폭에 대한 요구 사항으로 적용하는 지역, 대상, 영역의 전면성에서 반영된다. 이는 정치, 경제, 사회, 문화, 생태 등에서 전체적으로 발전하는 전면적 샤오캉이다. 인민의 생활수준을 지속적으로 향상시키고 민생을 개선하며 인민들이 푸른 하늘과 맑은 물을 향유하고 건강한 심신과 다채로운 문화생활을 즐길 수 있게 하는 것이다. 이를 가늠하는 잣대에는 '물건'에 대한 기준이 있어야 하지만 '사람'에 대한 기준도 포함되어야 한다. 볼 수 있는 지표를 통한 과학적·합리적 체계로 취득한 성과물을 평가해야 할 뿐더러 보이지 않는 지표도 활용하여 살펴보는 인민의 만족 여부를 중요한 평가 기준으로 삼아야 한다. 이것이야말로 지역과 도시, 그리고 농촌을 불문하고 모두 함께 나눌 수 있는 전면적 샤오캉이며 인민들이 눈으로 볼 수 있고 만질 수 있으며 느낄 수 있고 충분히 인정할 수 있는 샤오캉이라 할 수 있다. 중국이 이루고저 하는 샤오캉 사회는 개혁 발전의 성과가 10여 억에 달하는 인민에게 진정으로 혜택을 가져다 줄 수 있는 샤오캉 사회이고 경제, 정치, 문화, 사회, 생태가 전면적으로 발전하는 샤오캉 사회이다. 시진핑은, "양호한 생태환경이 인민들 생활의 성장 출발점이자 중국의 양호한 이미지를 보여줄 수 있는 매

---

10   시진핑: 「제12기 전국인대 제2차회의 구이저우 대표단 심사회의에서 한 연설(在參加十二屆全國人大二次會議貴州代表團審議時的講話)」(2014년 3월 7일), 『시진핑의 사회주의생태문명건설에 대한 논술 발췌』, 중앙문헌출판사, 2017, 8면.

력의 발산점이 될 수 있게 해야 한다. 인민들이 맑은 공기를 호흡하고 맑은 물을 마시고 안전한 음식을 먹고 살기 좋은 환경 속에서 살며 경제발전이 가져다 주는 실질적 환경 효과를 누릴 수 있도록 해야 한다. 중화의 땅이 하늘은 더욱 맑고 산은 보다 푸르며 물은 더욱 깨끗하고 환경은 보다 아름답게 생태문명의 신시대로 발전 해야 한다."[11]

생태문명건설은 인민대중의 성취감을 높이는 데 이롭다. 경제건설과 사회발전의 궁극적 목표가 인민의 '행복감'을 높이고 민생 복지의 극대화를 실현하는 것이라는 경제학 이론이라면 생태문명건설은 인민의 '행복감'을 높이는 보다 직접적인 효과를 볼 수 있다. 중국은 이미 전면적 샤오캉 사회를 건설하는 결정적 단계에 들어섰다. 환경문제가 부각되고 환경표준을 상향 조정해야 할 시점에 이르렀으며 환경 공공서비스의 공급과 수요의 모순을 해결하는 것이 시급하다. 중국은 주요 오염물과 이산화탄소 배출량이 세계 1위인 국가로, 고배출 정체기에 처해 있다. 지하수와 토양, 그리고 대중 건강에 대한 부정적 영향은 고공 행진 중이고 생태계 기능은 매우 취약하다. 비록 주요 오염물 배출 증가폭이 효과적으로 억제되었지만 지속적으로 증가하는 배출량은 환경 용량을 초월했고 산업구조와 에너지 구조의 전략적 조정은 아직까지 미완성인 상태로 환경 스트레스가 환경의 감당 능력을 훨씬 초과하고 있다. 그러므로 "13·5" 기간 동안 주요 오염물의 배출 총량에 대한 통제를 계속해서 실시해야 한다. 향후 미래 10년간 절

---

11 시진핑: 「성·부급 주요 지도자의 당의 18기 5중전회 정신을 학습·관철하는 것을 주제로 한 연구토론회에서 한 연설(在省部級主要領導幹部學習貫徹黨的十八屆五中全會精神專題研討班上的講話)」(2016년 1월 18일), 『시진핑의 사회주의생태문명건설에 대한 논술 발췌』, 중앙문헌출판사, 2017, 33면.

대 다수의 오염물 배출량은 '최고치'를 넘어설 것인바 생태계통은 개선될 수도 있을 것이다. 향후 인민의 환경 질과 환경 건강안전에 대한 요구는 날로 높아지고 환경의 질과 인민 기대치 사이의 차이는 더욱 커지며 환경의 질이 전면적 샤오캉 사회의 가장 취약한 부분이 될 수 있다. '전면적' 이란 과연 무엇을 의미하는지, 인민이 그 과정에서 '개혁으로 인한 행복감'을 느끼고 있는지 여부는 전략적 목표의 성과와 관련된다. 계획된 시간 동안 전면적 샤오캉 사회를 건설하고 생태문명건설의 취약점을 보완하며 생태환경의 질에 대한 전체적 개선을 실현하는 것은 극히 중요하다.

일반인의 행복감을 깊이 들여다 보면 다양한 내용이 포함되어 있다. 안정된 취업과 소득성장이 있을 수 있고 좋은 의료와 양로보장, 그리고 생존환경도 포함되어 있다. 생태환경은 인민의 생활과 깊은 상관 관계에 있다. 인민의 양호한 생태환경에 대한 새로운 기대를 충족시키는 것은 전면적 샤오캉 사회 건설의 기본적 요구이다. 소득수준의 향상과 중등소득층 수량의 증가와 더불어 인민들은 행복의 의미에 대하여 새로운 인식을 가지게 되었고 생명 및 건강과 긴밀한 상관 관계에 있는 환경 이슈에 대한 관심은 날로 높아지고 있다. 맑은 하늘과 푸른 산, 그리고 맑은 공기와 물에 대한 기대가 더욱 증가되는 반면에 날로 성장하는 환경 공공서비스에 대한 수요와 뒤처진 공급 간의 모순은 갈수록 커지고 있다. 생태환경이란 보장이 없으면 발전성과의 가치는 떨어질 수 밖에 없고 인민의 행복감은 진정으로 높아질 수 없는 것이다. 생태문명건설을 적극 추진하고 인민대중의 환경 질에 대한 수요를 충족시키며 경제사회발전의 생태기반을 튼튼히 다져야만 진정한 의미의 전면적 샤오캉을 실현할 수 있고 나아가 인민의 아름답고 행복한 생활에 대한 꿈을 현실로 만들어 줄 수 있다.

생태환경건설은 전면적 샤오캉 사회의 실현과 관련된다. 샤오캉 사회 건설의 취약 부분인 생태환경과 관련하여 인식의 수준을 높이는 동시에 실천에 옮겨야 한다. 시진핑은, '중대한 생태복원 공정을 실시하여 생태제품의 생산력을 높여야 한다.'[12]고 제기한 바 있다. 환경 보호와 관리는 군중의 건강에 피해를 주는 뚜렷한 환경문제를 해결하는 것에 비중을 두어 예방중심과 복합적 관리를 주축으로 물, 대기, 토양 등에 대한 오염방제를 강화하며 주요 유역 및 지역의 수질오염 방제를 적극 추진하고 중요한 산업과 지역의 대기오염을 적극 통제해야 한다. 공산당 19기 5중전회는 '절약 우선과 보호 우선, 그리고 자연 복원 중심의 기본방침을 견지하고 효과적인 조치를 취해 생태문명건설이 중점적인 돌파 속에서 전체적 추진을 실현해야 한다.'[13]고 제기했다. 시진핑의 중요 논술의 기본 요구에 따라 예방을 중심으로 예방과 퇴치를 결합하여 대중 건강을 위협하는 문제부터 해결해야 한다. 여러 가지 방법을 동시에 적용하여 생태문명건설의 이념과 원칙, 그리고 목표를 경제사회발전의 여러 분야에 융합시키며 각급의 각종 계획과 각종 업무 속에서 실천해야 한다. '13·5' 계획의 명확한 요구에 따라 녹색발전 이념을 관철하고 주체기능지구 기반의 정책과 차별화된 실적평가를 개선하여 지역별로 주체기능지구에 따라 발전방향을 확정하는 것을 추진해야 한다. 생태환경 보호를 우선으로 자연복원을 중심으로 산·

---

12 시진핑: 「제18기 중앙정치국 6차 집단학습에서 한 연설(在十八屆中央政治局第六次集體學習時的講話)」》(2013년 5월 24일), 『시진핑의 사회주의생태문명건설에 대한 논술 발췌』, 중앙문헌출판사, 2017, 46면.

13 시진핑: 「제18기 중앙정치국 6차 집단학습에서 한 연설」(2013년 5월 24일), 『시진핑의 사회주의생태문명건설에 대한 논술 발췌』, 중앙문헌출판사, 2017, 9면.

수·임·전·호의 생태를 보호하고 복원시키며 생태환경의 체계적인 안정성을 높이고 생태안전에 대한 보호벽을 튼튼히 쳐야 한다. 또한 경제발전의 방식을 바꾸고 자원 절약형과 친환경 사회의 각 항목 제도를 서둘러 완비시켜 나가야 한다. 샤오캉 사회의 전면적 실현을 보장하고 인민이 개혁개방의 성과를 확실히 누릴 수 있고 생태문명건설의 성과로부터 성취감과 행복감을 얻을 수 있도록 해야 한다.

3. 환경 개선은 바로 생산력을 발전시키는 것

환경은 생산력이고 생산력은 또한 민생의 가장 관건적 요소이기도 하다. 시진핑은, "세계의 발전역사를 살펴보면 생태환경을 보호하는 것은 곧 생산력을 보호하는 것이고 생태환경의 개선은 곧 생산력의 발전이다."라고 말했다.[14]

생산력은 사람들이 자연에 적응하고 사회를 개조하는 능력이다. 사람의 생산력에 대한 인식은 지속적으로 깊어진다.[15] 인류사회의 발전과정에서 생산력의 내포는 지속적으로 깊어지고 있고 그 외연 또한 확장되고 있다. 생산관계와 상층건축이 지속적으로 변하고 있고 생산력과의 관계도 날로 복잡하다. 생산력의 발전에는 양적인 확장이 포함되어 있을뿐더러 질과

---

14   시진핑: 「하이난 현지조사를 마감하면서 한 연설(在海南考察工作結束時的講話)」(2013년 4월 10일), 『시진핑의 사회주의생태문명건설에 대한 논술 발췌』, 중앙문헌출판사, 2017, 4면.

15   생산력은 노동자, 생산수단, 노동대상 등 기본요소로 구성된 복잡한 시스템, 인류가 자연을 인식하고 개조하며 이용하고 보호하는 복합적 능력이다.

구조의 변화도 자주 일어난다. 생태환경은 인류를 위해 생산수단의 토지와 노동대상의 삼림 및 지하자원 등 생산력의 3대 기본요소 중인 자연요소를 제공했다. 생산력 시스템의 작동 과정에서 사람들은 스스로의 활동을 통해 사람과 자연 간의 물질 및 에너지의 전환을 일으키고 조정하며 통제한다. 즉 생산력 시스템의 작동은 사람들이 자연을 이용하고 개조하고 자연으로부터 끊임없이 부를 취하며 스스로의 욕구와 수요를 충족시키는 과정이다. 해당 과정에서 생산력 요소인 사람은 기본적 요소인 외부 생태환경과 서로 영향을 미치고 상호 작용한다. 산업혁명 시대의 사람들은 자연법칙에 대한 인식의 제한으로 인해 자연에 대한 약탈과 정복, 그리고 승리만 부각시키며 경제사회의 발전을 이루었으나 동시에 환경 오염, 자원결핍, 물종 멸절, 기후 온난화 등 글로벌적 생태재난과 위기를 수반했다. 생태문명 시대에 진입한 이후 사람들은 외부 생태 환경을 보호하는 것에 대한 중요한 의의를 인식하기 시작했고 생태환경이 생산력의 구조와 구도, 그리고 규모, 나아가 이로 인한 생산력의 운영효과 및 이익에도 영향을 미친다는 것을 알게 되었다.

다른 한편으로, 생산력의 자연에 대한 역할을 살펴보면 일정한 역사적 조건하에서 기능의 업그레이드, 즉 기존 기능이 대폭 증강되는 동시에 새로운 기능이 나타난다는 것을 알 수 있다. 현대사회와 미래발전을 살펴보면 자연을 알고 개조하며 이용하는 것을 제외하고, 생산력의 내부에서는 생산력(생태평형과 복원 능력, 원시 생태보호 능력, 환경 모니터링 능력, 오염 방제 능력 등을 포함)을 보호하는 능력이 생겨났음을 알 수 있다. 이로부터 신시대에 들어서 생산력이라는 마르크스 유물론의 핵심요소의 내포에 대한 새로운 인식이 있게 되었다. 생산력은 인류가 자연을 알아가고 개조하며 활용하고 보호하는 종합적 능력이어야 하고 이 네가지 기능이 일체화되면서 인류와 자연이 조화롭게 어울리는 생산력을 구성한다. 실제 생산력은 자연을 떠날 수 없고 생산환경 역시 생산력에 속하는 것이다.

이밖에 경제 시스템과 자연생태 시스템의 관계 범주에서 보면 경제 시스템과 자연 시스템 사이에는 대립과 통일의 관계가 존재한다. 경제 시스템과 자연생태 시스템으로 구성된 생태경제 시스템에서 경제 시스템은 자연생태 시스템을 기초로 하고, 인류의 경제활동은 자연생태 시스템의 용량 제한을 받게 된다. 양자는 전체 이익과 국부적 이익, 장기적 이익과 눈앞의 이익, 근본적 이익과 표상적 이익 간의 모순을 공동으로 반영하고 있다. 이 두가지 시스템이 서로 원활하게 적응하면 생태경제의 평형을 이룰 수 있고 자연과 인류의 화합 및 통일이 가능해져 복합적 시스템은 안정되고 지속발전은 가능하다. 이것이 우리가 적극적으로 노력하고 있는 선순환 상태이다. 하지만 두가지 시스템이 충돌 한다면 생태경제의 평형을 잃게 되고 순환이 파괴될 것이며 복합적 시스템은 불안정하여 지속은 불가하다. 생태경제의 조화로운 발전 법칙은, 인류가 스스로의 경제활동 수준에서 적절하게 '도(度)'를 유지하며 생태경제 시스템의 조화로운 발전을 실현해야 하는 것이다.[16] 이와 관련하여 중국은 아픈 교훈을 갖고 있다. 이를 테면 감찰부가 통보한 생태환경 파괴 책임 추궁 10대 사례[17]만 보아도 기

---

16   선만홍(沈滿洪), 『생태경제학(生態經濟學)』, 중국환경과학출판사, 2008, 29면.

17   2013년 10월 24일, 감찰부는 광시성, 톈진시, 허베이성, 산둥성, 상하이시, 허난성 등에서 발견된 생태환경파괴 책임추궁 10대 사례를 통보하고 생태문명건설을 추진하고 생태환경을 보호하는 것은 각급 정부와 기능 부서의 중요한 책임임을 강조하고 각급 감찰기관에 감독검사를 보강하여 지방정부와 관련 부서가 생태환경보호와 감독관리 직책을 성실히 이행토록 독려하고 인민과 자손만대의 환경권익을 잘 지켜낼 것을 주문했다.

업이 불법 배출한 오염물질은 현지는 물론 심지어 유역 내부에 있는 인민들의 생명건강에도 위협을 주었다. 또 다른 예로 최근 몇 해 동안의 장마철에 중국의 많은 도시가 침수사태를 겪었는데 이는 도시발전 과정에서 호수와 강을 마구 메우며 생태공간을 침식한 것으로부터 비롯된 것이다.

아주 오랜 기간동안 우리는 사람과 생산 도구가 바로 사회생산력인 듯 사고하며 생산력이 인류가 자연을 정복하고 개조하는 힘이라고 보았다. 하지만 마르크스주의는 자연생태환경을 사회생산력의 구성요소 밖으로 배제시킨 적이 없었다. 마르크스는 『자본론(資本論)』에서 '노동의 각종 사회 생산력', '노동의 모든 사회생산력', '노동의 자연생산력' 등의 개념을 통해 생산력의 풍부한 내포를 알리고있다. 마르크스주의의 생산력 개념에는 사람의 노동과 창조력이 포함될뿐더러 인류가 생존하고 의존하는 노동의 상대인 자연계도 포함된다. 특히 인류가 생태문명의 신시대로 접어들면서 생태환경과 관련된 모든 면이 생산력과 관계 있으며 아울러 중요한 생산력이 되고 있다. 시진핑은, "우리는 자연을 존중하고 친환경적으로 발전하는 생태계를 구축해야 한다. 인류는 자연을 이용하고 자연을 개조할 수 있지만 결국은 자연의 일부분이다. 자연을 소중히 지켜야 하고 자연 위에 군림해서는 아니된다."라고 말한 바 있다[18]. 생태환경의 대체품은 없고 사용할 때는 느낌이 없지만 잃게 되면 생존이 어려워 진다.

과거 중국은 발전의 본질에 대한 인식이 미흡했던 까닭에 발전을 GDP의 성장, 즉 노동제품을 생산하는 것으로 단순하게 보았다. 생태제품 역시

---

18 시진핑: 「협력과 상생의 파트너를 구축하고 한마음으로 인류운명공동체를 조성하자(携手構建合作共贏伙伴,同心打造人類命運共同體)」(2015년 9월 28일), 『시진핑의 사회주의생태문명건설에 대한 논술 발췌』, 중앙문헌출판사, 2017, 131면.

인류가 생존하고 발전하는 필수품의 하나임을 의식하지 못했고 생태환경의 자연가치와 자연자본에 대한 개념이 없었으며 자연환경과 자원을 개발이용하는 과정에서 사람과 자연의 관계를 정확히 처리하지 못했다. 그리하여 개발 행위에 대한 절제가 없었고 결국 생태환경은 파괴되었다. 경제발전 없이 환경보호만 해서도 안되고 생태환경 파괴를 대가로 일시적 경제발전을 꾀할 수도 없음을 실천은 증명했다. 과학적인 보호를 전제로 환경용량의 범위 내에서 경제생태화와 생태경제화를 적극 추진하여 경제발전과 환경보호가 공생하도록 해야 한다. 큰 그림으로 멀리 그리고 전체적으로 보아야 하며 자원절약과 환경보호를 기본 국책으로 삼아 눈을 보호하듯 생태환경을 보호하고 생명을 지키듯 생태환경을 지키며 환경을 보호하는 것으로 발전의 지속가능성을 보장해야 한다. 경제사회의 지속가능발전을 통해 보다 훌륭한 생태환경을 창조하고 환경보호와 경제발전의 조화와 융합, 그리고 통일을 실현해야 한다.

생태환경이 바로 생산력이라는 시진핑의 과학적 논단은 실천 속에서 녹색발전 이념을 고수할 것을 요구한다. 중화민족은 끊임없이 발전해야 하고 사회는 진보해야 하며 경제는 안정하게 성장해야 하며 환경은 개선되고 민생은 제고되어야 한다. 이와 같은 어려운 임무를 완수하는 관건이 바로 녹색발전을 견지하는 것이다. 녹색발전과 지속가능 발전은 시대적 조류이고 중국의 녹색발전 이념은 국제사회가 창도하는 녹색발전 및 지속가능발전과 고도로 일치하다. 국제적으로 창도하는 녹색발전은 발전방식의 녹색 전환으로 이는 과학기술 및 진보라는 두가지를 주요 특색으로 한다. 생태환경은 이미 국가 및 지역의 종합경쟁력의 중요한 구성부분이 되었고 녹색발전은 종합실력과 국제경쟁력을 보강하는 데 있어 필수적인 길이다.

중국의 녹색발전은 중화민족이 세계의 민족들 속에서 국제적 경쟁력을 높이는 수단이다. 또한 국제적으로 중국에 대한 양호한 이미지를 제고하고, 발전하고 전환하는 중국모델을 구축하여 인류의 지속가능발전을 위한 중국만의 노하우를 제공하며 글로벌 생태 안전을 위해 새로운 기여를 해야한다.

뿐만 아니라 즉시 실천에 옮겨 '최대의 결심'으로 녹색발전을 추진하고 지속가능한 발전의 길과 관리 모델을 탐색해야 한다. 시진핑은 조화로운 발전과 녹색발전은 이념일뿐더러 조치이기도 하다고 정확한 정책을 적확하게 실시해야 한다고 제기했다.[19] 한편 녹색발전의 기초작업은 생산공간과 생활공간, 그리고 생태공간을 과학적인 배치이다. 녹색발전을 견지하는 것은 곧 자원을 절약하고 환경을 보호하는 기본국책을 견지하는 것이고, 지속가능한 발전을 견지하여 사람과 자연이 조화롭게 발전하는 현대화 건설의 새로운 구도를 형성하며 자원을 아끼고 친환경적 생산과 생활방식이 주류를 이루는 것이다. 19차 당대회 보고서는 '돌출된 환경문제를 해결하는 데 진력해야 한다. 전민이 함께 다스리고 원천적으로 방제하며 대기오염 방지를 지속적으로 실시하여 '푸른 하늘 보위전'에서 승리를 거둔다. 수질오염 방제에 속도를 올려 유역환경과 연안, 그리고 해역에서 복합적으로 다스린다. 오염토양에 대한 관리와 통제, 그리고 복원을 강화하고 농업분야에 대한 오염 방지를 강화하며 농촌 거주환경에 대한 관리 및 보호를 추진한다. 고체 폐기물과 쓰레기에 대한 처리를 강화한다. 오염배출 기준

---

19   리페이(李裴), 「생태문명 이념으로 녹색발전을 선도한다(以生態文明理念引領綠色發展)」, 『인민일보』, 2015년 6월 9일, 제7지면.

을 높이고 오염물 배출자의 책임에 대한 관리 수위를 높이고 환경보호 신용평가와 정보 공개 의무화, 그리고 엄격 처벌하는 제도를 건전히 해야 한다.'[20], '엄격한 생태환경 보호제도를 실시하고 녹색발전 방식과 생활방식을 만들어가며 발전된 생산과 부유한 삶, 그리고 양호한 생태 특징을 갖춘 문명발전의 길을 흔들림없이 견지하고아름다운 중국을 건설하여 인민들에게 양호한 생산 및 생활 환경을 창조해 주고 글로벌 생태안전을 위해 기여한다.'[21]는 것을 명시했다. 마르크스는, '사회는 사람과 자연계가 완성한 본질적 통일이자 자연계의 진정한 부활이다.'[22] 라고 말한 바 있다. 사람과 자연의 관계는 주인과 종의 관계, 대항의 관계가 아닌 함께 호흡하고 명운을 함께 하는 관계인 것이다.

'생태환경을 보호하는 것이 바로 생산력을 보호하는 것이고 생태환경을 개선하는 것이 바로 생산력을 발전시키는 것이다'라는 시진핑의 논단은 생태건설과 생산력의 발전은 상극의 관계가 아닌 상생의 관계로, 상호 촉진하며 조화롭게 발전할 수 있음을 밝히고 있다. 생산력의 발전은 외부 생태환경을 떠날 수 없고 생태환경은 생산력의 구조와 구도, 그리고 규모에 영향을 미치는 결정적인 요소로 생산력 시스템의 작동과 효과에 직접적으로 관계된다. 다른 한편으로는 양호한 생태환경을 이용하여 보호를 기반으로 현지 상황에 맞게 생물자원 개발과 생태관광, 그리고 환경보호 등의

20　시진핑: 『샤오캉사회를 전면적으로 실현하는 데서 결정적인 승리를 이룩하고 신시대 중국특색의 사회주의 위대한 승리를 이룩하자–중국공산당 제19차 전국대표대회에서 한 보고(決勝全面建成小康社會 奪取新時代中國特色社會主義偉大勝利-在中國共産黨第十次全國代表大會的報告)』, 인민출판사, 2017, 51면.

21　위의 책, 24면.

22　『마르크스엥겔스선집(馬克思恩格斯選集)』, 인민출판사, 2009, 187면.

산업을 발전시켜 생태우세가 경제우세로 바뀌게 할 수 있다. 특히 현대 경제사회의 발전과 더불어 환경에 대한 의존도가 날로 높아지고 있는데 환경이 좋을수록 생산요소에 대한 관심도와 집중력이 높아져 경제사회 발전에 대한 감당 능력도 커지게 된다.

'환경이 바로 민생이고 환경이 바로 생산력이다'라는 시진핑의 논단은 인민을 위한 정치를 펼치려는 그의 의지를 반영하고 있으며 마르크스주의의 생산력 관점과 사람 및 자연의 발전관을 이어받아 업그레이드시킨 것이며 사람과 자연의 관계에 대하여 보다 깊게 들여다 본 것이다. 시진핑의 생태문명사상을 근본적 근거로 삼아 생태환경을 보호하고 환경오염을 다스리는 것이 시급하고 어려운 일임을 명확히 인식하고 생태문명건설의 중요성과 필요성을 명확히 깨달아 인민과 자손 만대에 대한 높은 책임감으로 생태 생산력을 해방하고 발전시켜 흔들림없이 환경오염을 퇴치하는 생태환경을 건설하고 사회주의 생태문명의 신시대로 매진하며 인민에게 양호한 생산 및 생활환경을 제공하고 양호한 생태환경을 창조해야 한다. 양호한 생태환경은 영속적 발전을 위한 필요 조건이자 인민의 아름다운 생활에 대한 기대와 노력에 대한 중요한 반영인 것이다.

제4장

사람과 자연의 조화로운
공생 촉진

당대 생태문제와 관련하여 서양인들은 뛰는 놈이 있으면 나는 놈이 있
듯이 한 가지 기술로 다른 한 가지 기술난제를 극복할 수 있다고 생각하는
데 이는 정복자의 군림이다. 전체 제조생산은 쉼없이 돌아가는 거대한 기
계마냥 순환 왕복한다. 일부분은 제품을 생산하고 다른 일부분은 폐기물
을 정화 후 폐기한다. 하지만 결과적으로 바로잡기 어려운 적폐가 쌓이는
더 큰 문제를 안게 된다. 미국의 환경윤리학회 창립자 홈즈 롤스턴(Holmes
Rolston)은, "전통적인 서양 윤리학은 인류 주체를 제외한 사물의 가치를 고
려한 바 없다. ……반면에 이와 관련하여 동양에는 밝은 미래가 있다. 동양
의 이와 같은 사상은 사실과 가치 사이 혹은 사람과 자연 사이에 경계선을
두지 않았다. 서양에서 자연계는 고유의 가치를 박탈당하고 도구로서의
가치만 남아있다."라고 한 바 있다.[1] 시진핑의 '자연을 존중하고 자연에 순
응하며 자연을 보호하여 사람과 자연의 조화로운 공생을 촉진한다'는 논
술은 중화민족 선현들의 생태에 대한 지혜와 동방의 지혜가 당대에 승계
된 것으로 생태문명의 이념을 인지하고 사람과 자연의 천연적 일치와 화

---

1   츄런쭝(邱仁宗) 책임 편집: 『외국자연과학철학문제(國外自然科學哲學問題)』, 중국사회과학출
     판사, 1994, 252면.

합을 느끼는 정신적 화원이며 생태문명건설의 본질을 찾아가는 데 사상과 문화적 토양을 제공하고 있다.

1. 생태문명건설은 생태계관을 갖추어야

생태계는 일정한 지역 내에서 생물과 비생물환경(물리환경)사이에서 연속적으로 에너지와 물질이 교환되며 형성된 생태학 기능의 단위이다. 생태계를 놓고 볼 때, 생태평형은 전체 생물권이 정상적 생명과 시스템을 유지하는 중요한 조건이다.

생태계관은 시진핑 생태문명사상의 중요한 구성부분으로 이미 오래 전에 형성되었다. 1989년, 당시 푸젠성 닝더(寧德)시 당서기로 있었던 시진핑은 『인민과 긴밀히 연계하는 것은 간부의 기본적 내공이다(幹部的基本功-密切聯系人民群衆)』라는 글에서 생태계관을 밝혔다. 시진핑은, "예로 제방을 만들어 사람과 마차가 통과하는 문제는 해결했지만 환류를 시키지 않아 생태평형은 파괴되었다. 지열수를 대량으로 사용하여 치료와 목욕 여건은 좋아졌지만 지면 건축물이 침강하고 해결하기 어려운 문제들이 쏟아져 나왔다. 이처럼 바보스러운 일은 절대로 해서는 안된다"고 소박한 언어로 풀어냈다.[2]

시진핑의 생태계관은 아래 몇가지로 정리할 수 있다.

첫째, '산·수·임·전·호·초는 하나의 생명 공동체이다'라는 이념을 제기

---

2   시진핑(習根平), 『빈곤에서 벗어나다(擺脫貧困)』, 푸젠인민출판사, 1992, 14면.

했다. 지구상의 생태계는 삼림, 초원, 사막, 동토, 하류, 해양, 호수, 농경지, 도시 등 여러 가지 요소를 포함하고 있다. 요소별로 기능이 축소된 아생태 시스템과 서브 생태 시스템을 구성한다. 시진핑은 한 지역의 생태평형을 유지하려면 우선 하나의 생명체로 간주하고 고민해야 한다고 보았다.

둘째, '자연을 중시하고 자연에 순응하며 자연을 보호하는' 이념의 확산과 실천을 중시한다. 지속발전이 가능한 생태계를 건설하는 것은 생태문명건설의 중요한 내용이다. 시진핑은 조화로운 생태계를 구축하려면 자연을 존중하는 것이 중요한 조건이 되며 맹목적이고 인위적인 생태계를 구축해서는 안 된다고 보았다. "중국은 자연을 존중하고 자연에 순응하며 자연을 보호하는 것을 이념으로 삼아 자원을 아끼고 환경을 보호하는 기본 국책을 관철하면서 녹색발전과 순환발전, 그리고 저탄소발전을 보다 자발적으로 추진해야 한다."[3]

셋째, 시스템 이론의 시각에서, 생태보호와 환경관리의 길을 찾아 나간다. 생태보호와 환경관리는 여러 가지 분야와 관련되는데 정책 조치에 빈틈이 생길 경우 '조롱박을 누르니 바가지가 뜬다'는 것처럼 이것을 해결하면 저곳에서 또 다른 문제가 나타난다. 시진핑은 생태보호와 환경관리는 체계적인 공정이라고 누차 강조해 왔다.

시진핑의 생태문명사상은 시진핑 신시대 중국 특색 사회주의 사상의 중요한 구성부분이다. 시진핑 신시대 중국 특색 사회주의 사상은 '혁신·조화·녹색·개방·공유'라는 새로운 발전이념을 제기했다. 공산당 18기 5중전

---

3   시진핑: 「생태문명 구이저우 국제포럼 2013년 연례회의에 보낸 축하편지(致生態文明貴州國際論壇二零一三年年會的賀信)」(2013년 7월 18일), 『시진핑의 사회주의 생태문명건설에 대한 논술 발췌』, 중앙문헌출판사, 2017, 20면.

회는 혁신과 조화, 그리고 녹색개방 공유에 대한 발전 이념이 뉴노멀 시대에 들어선 중국경제와 세계경제의 복구를 위해 내 놓은 처방전이라고 제기했다. 새로운 발전이념이 바로 지휘봉으로 이를 흔들림없이 관철해야 한다. 새로운 발전이념에 적응하지 못하여 적합하지 않고 심지어 어긋나는 인식은 즉시 바꾸어 나가야 하고, 새로운 발전이념에 적응하지 못하여 적합하지 않고 심지어 어긋나는 행위는 흔들림없이 바로잡아야 하고, 새로운 발전이념에 적응하지 못하여 적합하지 않고 심지어 어긋나는 관행은 철저히 버려야 한다. 새로운 발전이념은 분리시킬 수 없는 하나로서, 상호 연결되고 관통되어 서로를 촉진한다. 이를 하나같이 견지하고 하나같이 관철하며 이것을 돌보기 위해 저것을 놓치거나 혹은 서로를 대체해 버려서도 안된다.

시진핑은 생태계관을 명백하게 논술하기 위해 노력할뿐더러 생태계관을 실천에 옮기는 것 역시 중시했다. 1973-2006년 사이, 시골의 당지부 서기에서 성(省) 당조직의 서기에 이르기까지 시진핑은 생태건설에 대한 열정과 대자연에 대한 존경심, 그리고 경외의심을 실천으로 보여왔다.

- 아주 작은 메탄가스 탱크라도 생태이념을 우선시 했다. 산시(陝西)성 량자(梁家) 마을에 있는 동안 시진핑은 자비로 쓰촨(四川)성을 찾아가 경험을 전수 받은 후 마을로 돌아와 산베이(陝北, 산시성 북부) 최초의 메탄가스 탱크를 설치했다. 마을사람들을 이끌고 산시(陝西)성 최초로 메탄가스를 사용하는 마을을 건설했으며 주민들의 밥짓기와 조명 문제 등 일련의 난제들을 해결했다. 이밖에 주민들과 함께 두개의 우물을 파고 밭을 논으로 바꾸었다. 이어서 지리적 조건을 바꾸어 차례로 다섯개의 댐을 쌓고 농지를 조성했다.

- 돈을 못 벌지언정 오염을 택하지 않는다. 허베이(河北)성 정딩(正定) 현에서 근무하고 있던 1985년, 『정딩 현 경제·기술·사회·발전 총계획』을 제정하고 20세기 말 이전까지 시행할 환경보호사업의 기본목표를 명확히 제기했다. 자연환경 파괴를 제지하고 새로운 오염이 발생하는 것을 방지했으며 기존의 오염원을 다스려 갔다. '돈을 못 벌지 언정 오염을 택하지 않고 오염원의 이동을 엄격히 통제하여 시골로 전이되는 것을 방지'할 것을 특별히 강조했다.

- 자원개발은 사회경제생태 등 요소의 조화로운 개발을 중시해야 한다. 푸젠(福建)성 닝더(寧德) 시에서 근무하는 동안, 자원개발이란 단일한 것이 아니라 복합적인 것으로 단순한 경제효과가 아닌 사회·경제·생태 등 3자의 조화로운 효과에 이르러야 한다고 강조했다. 시진핑은 임업자원 개발을 푸젠성 동부를 진흥시키는 전략적 문제로 간주했다. 현지인들의 "푸젠성 동부의 산이 푸르게 변하는 날이 오면 이것이 바로 부유해 지는 날이다"는 말처럼 임업을 발전시키는 것은 푸젠성 동부가 빈곤에서 벗어나 부유해 지는 중요한 길임을 설명했다.

- 양호한 생태는 문명의 발전을, 파괴한 생태는 문명의 쇠락을 가져온다 저장(浙江)성에서 재임하고 있을 때 시진핑은, '양호한 생태는 문명의 발전을, 파괴한 생태는 문명의 쇠락을 가져온다'라고 제기한 바 있다. 생태의 중요성을 모르는 정부는 명석하지 못한 정부이고 생태를 중시 않는 지도자는 자리에 적합하지 못한 지도자이다. 생태를 중시 않는 기업은 희망이 없는 기업이고 생태를 중시 하지 않는 공민은 현대문명의식을 갖춘 공민이라고 할 수 없다. 2001년 당시 푸젠성 성장이었던 시진핑은 푸젠성 생태건설지도 소조의 주임을 맡아 '생태의 성(省)'을 건설하는 것에 대한 구상

을 밝혔다. 이로부터 푸젠성의 유사이래 가장 큰 규모의 체계적인 생태보호공정이 시작되었다.

국가 정상이 된 이후 시진핑은 생태계 건설과 관련하여 지방의 구체적 업무에 대한 중요한 지시를 내렸다. 예로 양쯔강 경제벨트 발전과 관련, "양쯔강 경제벨트는 유역경제로 물, 도로, 항만, 연안, 생산 도시, 생물, 습지 환경 등 각 분야를 하나의 전체로 삼아 전면적으로 계획해야 한다. 체계적인 사고를 강화하고 각지의 개혁발전, 지역간 정책, 분야별 건설, 각종 자원요소를 총괄적으로 기획하고 양쯔강 연안에 있는 각 성과 시의 협력 역할을 부각시켜야 한다. 이를 통해 양쯔강 경제벨트에서 상·중·하류 협력발전을, 동·중·서부 간의 상호 협력을 촉진하고 양쯔강 경제벨트를 중국 생태문명건설의 혁신을 원동력으로 하고 조화로운 발전을 지향하는 선행 시범 벨트로 건설한다. 기존의 하안선 사용효율을 최적화하고 수질안전, 홍수방지, 오염퇴치, 항만하안, 교통, 경관을 하나로 융합시켜 하안에 있는 제조업과 항구, 그리고 항만하안의 무질서한 발전을 서둘러 해결해야 한다. 양쯔강 경제벨트의 도시군 배치구도를 개선하여 대·중·소 도시가 결합하고 동·중·서가 연동하며 양쯔강 델타지역과 양쯔강 중류, 그리고 청두(成都) 및 충칭(重慶) 등 3개의 도시군에 의지하는 양쯔강 경제벨트 발전을 촉진해야 한다."[4] 라고 지시한 바 있다.

---

4   시진핑: 「양쯔강 경제벨트의 발전을 추진할 데 대한 간담회에서 발표한 연설(在推動長江經濟帶發展座談會上的講話)」(2016년 1월 5일), 『시진핑의 전면적인 샤오캉사회를 건설할 데 대한 논술 발췌(習近平關於全面建成小康社會論述摘編)』, 중앙문헌출판사, 2016, 57면.

2. 산·수·임·전·호·초는 하나의 생명 공동체

시진핑은, "산·수·임·전·호는 하나의 생명공동체이다. 생동적으로 표현한다면 인간의 생명은 전(田, 전답)에 달렸고 전의 생명은 수(水, 물)에 달렸으며 수의 생명은 산에 달렸고 산의 생명은 토지에 달렸으며 토지의 생명은 나무에 달렸다……산을 파괴하고 숲을 모두 벌목하면 물을 파괴하게 된다. 산은 민둥산으로 물은 홍수가 되고 흙과 모래가 떠내려 오며 땅은 양분없는 불모지가 되고 수토는 유실되고 골짜기는 종횡으로 뻗어 나간다."[5]고 말한 적이 있다. 공산당 19대 보고서에서 시진핑은, '산·수·임·전·호'를 '산·수·임·전·호·초'로 업그레이드 했고 '자원절약과 환경보호의 기본국책을 견지하며 생명을 아끼듯 생태환경을 보호하고 산·수·임·전·호·초의 시스템을 복합적으로 관리해야 한다.'라고 제기했다.

자연계의 그 어떤 생물군집도 고립적으로 존재하지 않는다. 그들은 에너지와 물질의 교환을 통해 생존하고 있는 환경과 긴밀하게 연결되고 상호 작용을 통해 통일된 집단을 형성하는데 이를 우리는 생태계라고 부른다. 완전한 생태계에는 산(山), 수(水), 임(林), 전(田), 호(湖), 초(草) 등의 요소가 포함되어 있고 이들 요소 간의 평형은 인류사회가 지속적으로 발전하는 중요한 보장이다. 마르크스는, "자연계는 스스로 인간의 신체를 놓고 말하는 것이 아니라 인간의 무기적인 신체이다. 사람은 자연에 의존하여 생활한다. 즉 자연계는 인간이 죽음에 이르지 않기 위해 반드시 지속적으

---

5   시진핑: 「중앙재경영도소조 제5차회의에서 한 연설(在中央財經領導小組第五次會議上的講話)」 (2014년 3월 14일), 『시진핑의 사회주의 생태문명건설에 대한 논술 발췌(習近平關於社會主義生態文明建設論述摘編)』, 중앙문헌출판사, 2017, 55-56면.

로 번갈아 작용하는 과정에 있는 인간의 신체이다. 인간의 육체 및 정신 생활이 자연계와 결부된다는 것은 자연계가 인간과 서로 결부되는 것을 가리킨다. 사람이 자연의 일부분이기 때문이다."라고 한 바 있다.[6]

시진핑은 산·수·임·전·호·초 등 요소의 생태계에 대한 중요성에 대해 수 차례 논술 혹은 중요한 지시가 있었다. 첫째, '산'과 관련하여 예를 들자면, 산시(陝西)성 친링(秦嶺)의 북쪽 산기슭에 있는 산간지대에 100여 채에 달하는 별장을 불법으로 지은 적이 있었다. 이 공사로 말미암아 산은 심각하게 파괴되었고 생활 오수가 배출되었으며 어떤 곳은 산기슭을 깎아 평지로 만들었고 임야를 차지하면서 생태환경이 심하게 파괴되어 현지 주민들의 원성이 높았다. 시진핑은 해당 사건을 보고 받고 지시를 내려 오랜 시간동안 해를 끼치던 불법 건축물을 일거에 허물어 버렸다. 둘째, '수(水)'와 관련하여 숲과 호수, 그리고 습지는 천연 저수지로 물을 보존하고 홍수를 방지하며 수질과 공기를 정화시키는 기능이 있다. 하지만 10제곱킬로미터 이상 규모의 호수 200여 개가 이미 줄어든 상태이다. 전국에서 간척으로 인해 사라진 천연호수는 1,000개에 달한다. 전국적으로 매년 1.6조km^3에 달하는 강물이 직접 바다로 흘러 들어 이용할 수 없게 되었다. 이와 관련하여 시진핑은, "수원을 부존하는 능력을 갖고 있는 숲, 호수, 습지 등의 생태공간을 보호하지 않고 기준치 이상으로 지하수를 사용할 경우 자연은 더 큰 힘으로 보복해 올 것이다."[7], "물이 부족한 중요한 원인은 수원을 보존

---

6   『마르크스 엥겔스 선집(馬克思恩格斯選集)』 제1권, 인민출판사, 1995, 45면.

7   시진핑: 「베이징시 현지조사 마감시에 한 연설(在北京市考察工作結束時的講話)」(2014년 2월 26
     일), 『시진핑의 사회주의 생태문명건설에 대한 논술 발췌(習近平關於社會主義生態文明建設論
     述摘編), 중앙문헌출판사, 2017, 52면.

하는 생태공간의 면적이 감소되고 물을 담을 수 있는 '그릇'이 날로 적어져 강수를 부존할 수 없고 남겨둘 수 없기 때문이다."라고 지적했다.[8] 물을 다스리는 문제와 관련하여 과거에 체계적인 연구가 부족했기 때문에 오늘날 전체적인 시각에서 새로이 다스리는 법을 찾아가는 것이 필요하게 되었다. 머리가 아프면 머리를 치료하고, 발이 아프면 발을 치료하는 것은 타당치 못한 방법이다. 티벳지역의 생태를 보호하여 중화의 배수탑을 잘 지켜야 한다. 참깨를 붙잡고 수박을 놓치듯 작은 것을 추구하다 큰 것을 잃어버리는 생태문제 대처 방법은 취할 바가 못되는 것이다.[9] 셋째, '임(林)'과 관련하여 시진핑은 "숲은 육지 생태계의 주체이자 중요한 자원이고 인류가 생존발전하는 중요한 생태보장이다. 숲이 없다면 지구의 인류는 어떤 모습을 하고 있을 지 상상하기 어렵다. 전체 사회적으로 18차 당대회가 제기한 아름다운 중국을 건설하는 것에 대한 요구에 따라 생태의식을 제고하고 생태환경보호를 강화하며 중국을 생태환경이 양호한 국가로 건설한다."[10]. 넷째, '전(田)'과 관련하여 시진핑은, "국토는 생태문명건설의 공간적 매개체이다……인구자원 환경의 균형성과 경제사회 생태효과의 통일원칙에 따라 국토공간의 개발을 전체적으로 기획하고 자연에 보다 많은 복

---

8 선하이슝(愼海雄) 책임편집, 『시진핑 개혁개방사상 연구(習近平改革開放思想研究)』, 인민출판사, 2018, 265면.

9 돤즈푸(段芝璞), 뤄부츠런(羅布次仁), 가오징(高敬), 장징핀(張京品): 『녹색 지속가능한 발전의 길을 따라서 전진하자-티벳에서 중요한 생태안전의 장벽을 구축한 실기(沿着綠色可持續發展道路前行-西藏構築重要生態安全屛障紀實)』, 신화매일전신, 2017년 6월 12일.

10 시진핑: 「수도의 의무식수 활동에 참가하여 한 연설(在參加首都義務植樹活動時的講話)」(2013년 4월 2일), 『시진핑의 사회주의 생태문명건설에 대한 논술 발췌』, 중앙문헌출판사, 2017, 115면.

구의 공간을 남겨두어야 한다."라고 제기했다.[11] 다섯째, 호수와 관련하여 2013년, 12기 전인대 1차 회의 기간 동안 시진핑은 2012년 7월에 쑤저우(蘇州)를 다녀왔던 일을 회상하며 "'천당'이 아름다운 것은 태호(太湖)가 아름답기 때문이다. 『태호미(太湖美)』이라는 노래도 있다. 쑤저우시가 태호를 위해 더욱 많은 아름다움을 만들어 주기 바란다"[12]고 하였다. 여섯째, '초(草)'와 관련하여 시진핑은 2014년, 네이멍구(內蒙古) 현지 조사 시 생태환경에 대한 두 가지 길을 제기했다. 첫번째 길은 중대한 생태복원 공정을 계속하여 조직적으로 실시하여 베이징-텐진에 대한 풍사를 원천적으로 다스리고, 3북(서북·화북·동북)방호림 체계를 건설하며 경작지를 삼림으로 환원하고 방목을 중지하여 초원으로 환원하는 것 등의 중요공정 건설을 내실있게 추진해야 한다. 두번째의 길은 생태문명제도를 적극 구축하기 위해 부단히 노력하는 길이다.[13]

산·수·임·전·호·초는 상호 의존하며 서로의 활력을 활성화시키는 복잡한 관계이자 하나의 생명공동체를 구성하여 상호 역할을 불러 일으키며 안정된 평형상태에 이른다. 어느 한 가지 요소에 극단적 변화가 일어날 경우 일련의 연쇄반응이 일어나며 생태평형이 파괴 된다. 엥겔스는, "우리가

---

11 시진핑: 「제18기 중앙정치국 제6차 집단학습에서 한 연설(在十八屆中央政治局第六次集體學習詩的講話)」(2013년 5월 24일), 『시진핑의 사회주의 생태문명건설에 대한 논술 발췌』, 중앙문헌출판사, 2017, 43-44면.

12 차오린(曺林)의 『환경운동가, 압력을 치욕을 씻는 동력으로 돌려(環保人, 請將壓力轉化爲雪恥動力)』을 인용, 신화매일전신, 2013년 3월 22일.

13 『넓은 초원을 질주하는 아름다운 꿈-시진핑을 핵심으로 하는 당중앙이 네이멍구의 발전을 관심한 실기(美好夢想, 奔馳在遼闊草原-以習近平同志爲核心的黨中央關心內蒙古發展紀實)』, 신화사, 2017년 8월 6일.

생태문명 건설 이론 확립 및 실천 모색

접하는 전체 자연계는 하나의 체계를 구성한다. 즉, 각종 물체가 상호 연결되어 있는 총체이다. 여기서 말하는 물체는 모든 물질의 존재를 가리키고 있는데 하늘의 별과 원자, 그리고 향후 우리가 그 존재를 확인한다면 입자까지 포함될 수 있는데 이와 같은 물체는 특정된 연결 속에 존재하고 있다. 이에 우리는 다음과 같이 이해해 볼 수 있다. 이들은 서로 작용하고 있다……우주는 하나의 체계이고 각종 물체는 서로 연결되는 총체임을 인식한다면 이와 같은 결론을 내리지 않을 수 없다."라고 제기한 바 있다.[14]

개혁개방 이후 중국은 매우 짧은 시간임에도 불구하고 서양국가가 수백년에 걸쳐 이룬 성과에 버금가는 업적을 달성했다. 또한 놀라울 정도의 폭발적 성장을 이루며 발전의 성과를 소화하는 과정에서 일시적 체증 현상을 겪기도 했다. 하지만 닥치는 대로 대응하는 방식으로는 끊임없이 발생하는 문제들을 해결하기에 역부족이고 환경오염을 다스리는 데 힘을 집중하는 것이 시급하다. 예로 오염방제기능은 환경보호부문 외에도 해양, 항만 사무 감독, 어업 행정 등의 부서에 분산되어 있다. 또한 자원보호기능은 광업, 임업, 농업, 수리 등의 부서에 분산되어 있고 종합 조정 및 제어기능은 발전개혁위원회, 재정부, 국토부 등의 부서에 분산되어 있다. 이는 여러 부서의 협동이 필요한 환경보호 대계를 실천하려면 실제 조율을 위해 많은 힘을 들여야 한다는 것을 말해준다. 시진핑은, "한 부서가 영토 범위 내의 모든 국토공간의 용도에 대한 관리 및 통제를 총괄하며 산·수·임·전·호에 대하여 통일적 보호와 복구를 실시하는 것이 매우 필요하다."라고

---

14   『마르크스 엥겔스 선집』 제4권, 인민출판사, 1995, 347면.

말한 바 있다.[15] 산·수·임·전·호·초는 서로 다른 권익이 있지만 동시에 생명공동체이기도 하다. 개발과 이용 과정에서 '게임사고 방식(game thinking)'을 버리고 '부문 이익'을 내려놓아 보다 높은 수준의 협력 메커니즘을 구축하여 각종 생태자원을 하나의 관리 틀에 포함시켜야 한다.

3. 자연을 존중하고 자연에 순응하며 자연을 보호

시진핑은 자연을 존중하고 자연에 순응하며 자연을 보호하는 이념을 수립할 것을 누차 강조해 왔다. "생태문명건설을 추진함에 있어서 18차 당대회의 취지를 전면 관철하여 실천해야 한다. 덩샤오핑(鄧小平) 이론과 '3가지 대표' 중요 사상, 그리고 과학적 발전관을 지침으로 자연을 존중하고 자연에 순응하며 자연을 보호하는 생태문명의 이념을 수립해야 한다. 자원을 절약하고 환경을 보호하는 기본국책을 견지하고 절약우선과 보호우선, 그리고 자연복구 중심의 방침을 견지해야 한다. ……생태 관념을 수립하고 생태제도를 개선하며 생태안전을 지키고 생태환경을 개선하기 위해 진력하고 자원을 아끼고 환경을 보호하는 공간적 구도와 산업구도, 그리고 생산 방식과 라이프 스타일을 조성해 나가야 한다."[16]

---

15 시진핑: 「개혁을 전면적 심화할 데 대한 약간의 중대한 문제의 결정에 대한 중공중앙의 설명(關於〈中共中央關於全面深化改革若干重大問題〉的說明)」(2013년 11월 9일), 『시진핑의 개혁의 전면적 심화에 대한 논술 발췌(習近平關於全面深化改革論述摘編)』, 중앙문헌출판사, 2014, 109면.

16 시진핑: 「제18기 중앙정치국 제6차 집단학습에서 한 연설(在十八屆中央政治局第六次集體學習時的講話)」(2013년 5월 24일), 『시진핑의 사회주의 생태문명건설에 대한 논술 발췌』, 중앙문

인류사회의 발전과정에서 인간과 자연의 관계는 인류의 영원한 주제이다. 역사적으로 볼 때, 인간과 자연의 관계이념에 대한 발전은 '자연이 인간을 이기는(天定勝人)' 단계와 '인간이 자연을 이기는(人定勝天)' 단계, 그리고 '인간과 자연의 조화롭게 공생' 하는 단계 등 세 가지로 나누어 볼 수 있다. 사람과 자연의 조화로운 발전을 지속적으로 촉진하는 것에 대한 시진핑의 이론은 넓은 흉금과 글로벌적 시각으로, 역사로부터 역사를 향해 나아가며, '자연을 존중하고 자연에 순응하며 자연을 보호하는' 인식의 경지에 대한 세 가지 도약을 끊임없이 실현하는 것이다.

우선, '자연이 인간을 이기는' 단계를 살펴 보자. 이는 생산력이 상대적으로 낙후된 시대에 존재한다. 주로 산업혁명 이전의 원시사회와 농업사회 시기를 가리킨다. 기나긴 시간을 거쳤던 이 단계에서 자연의 힘과 비교해 볼 때, 인류의 힘은 미약했다. 수많은 자연현상에 대해 과학적으로 인식할 수도 없었고 대응할 수 있는 힘도 없었던, 자연에 대한 개조가 초급 단계에 머물러 있던 시간이었다. 마르크스는, "최초의 자연계는 철저하게 배타적이였고 무한한 위력과 정복할 수 없는 힘으로 인간과 대립적인 위치에 있었다. 인간과 자연의 관계는 동물과 자연계의 관계와 다를 바 없었다. 인간은 짐승처럼 자연계에 순종했다. 이는 자연계에 대한 동물적 의식이다."라고 말했다.[17] 자연에 대한 인간의 무력감으로 인해 자연계의 많은 현상 및 물체가 신격화 혹은 신비화 되었으며 각종 '자연의 신'(예로 태양의 신, 달의 신 등) 앞에서 작고 미약한 존재로 전락되었다. 이 단계에서는 인류의

헌출판사, 2017, 19면.

17   『마르크스 엥겔스 선집(馬克思恩格斯選集)』1권, 인민출판사, 1995, 81-82면.

자연에 대한 개조 역시 신화적 색채를 갖게 되었는데 그 예로 중국 고대신화 속에 나오는 홍수를 다스린 대우(大禹)와 산을 옮겼다는 우공(愚公) 등이 있다.

두번째는 '인간이 자연을 이기는 단계' 이다. 산업혁명 시대, 18세기 80년대의 제니 방적기와 와트 증기기관사용을 지지로 하는 영국의 산업혁명은 기계적 대생산의 생산 방식을 개척했을뿐더러 인류의 '인간이 자연을 이기고', '하늘 및 땅과 싸우는' 신기원을 개척했다. 하지만 인류가 자연자원을 과도하게 개발하고 비정상적으로 이용한 결과, 자연생태의 정상적 진화를 교란했을 뿐만 아니라 전체 자연생태계의 평형과 안정을 파괴했으며 글로벌 범위에서 생태위기를 유발시켰다. 오존층 파괴, 온실 효과, 산성비, 토지사막화, 수질, 토양, 대기의 오염문제가 세계적인 생태위기로 대두되었다. 삼림 남벌과 과도 경작으로 인해 세계 4분의 1에 달하는 경작지가 심각하게 퇴화되었고 3분의 1이상의 토지가 사막화에 직면해 있다. 각종 오수배출과 토양오염 또한 오염을 날로 격화시켰다. 현재 전세계의 3분의 1에 달하는 인구가 안전한 물 부족에 시달리고 매일 만 여명에 달하는 사람들이 수질 오염과 관련된 원인으로 사망하고 있으며 식품중독 사건은 빈발하고 있다. 인간과 자연의 관계가 심각하게 파괴된 원인은 다양하나 주로 자연법칙을 지키지 않거나 약탈에 가까운 개발과 과도한 개발이 그 중요한 원인으로 꼽을 수 있다.

세번째는 '인간과 자연이 조화롭게 공생하는' 단계이다. '인간이 자연을 이기는' 이념의 부족한 부분을 깊이 깨달았기에 사람과 자연의 관계에 대한 인식에서 당대 중국은 '인간과 자연이 화합하고 공생하는' 단계로 들어섰고 현 사회의 주류사상으로 자리잡게 되었다. 인간과 자연의 전면적 화

생태문명 건설 이론 확립 및 실천 모색

합 공생과 조화로운 발전 관계가 성립되려면 인류는 단지 자연의 일부분에 지나지 않고 만물의 기준이 아님을 먼저 인식해야 한다. 이에 대해 시진핑은 다음과 같이 제기했다. "생태환경과 관련된 빚은 빨리 갚을 수록 좋다. 일찍 갚으면 좀더 능동적으로 움직일 수 있다. 그렇지 않으면 후세에 넘길 것이 없게 된다. 환경을 잘 대우하면 환경은 우호적으로 대할 것이나 환경을 더럽힌다면 환경은 어느 날 반드시 우리에게 반목할 것이고 사정없이 보복할 것이다. 이는 자연계의 객관적 법칙으로 사람의 의지로는 바뀌어 지지 않는다. 환경오염을 퇴치하는데 과감하게 투자하며 그 빚을 갚아야 한다."[18]

관계의 범주로 살펴보면, '인간과 자연이 조화롭게 공생' 하는 이념은 '자연이 인간을 이기는' 관념과 구별된다. 인간과 자연의 생태문명에 대한 인식은 실천과정에서 형성된 것을 지도하는 노하우와 문화, 그리고 의식에서 비롯된다. 이와 관련하여 엥겔스는, "우리의 자연계에 대한 모든 통치력은 우리가 기타 모든 생물에 비해 뛰어나기 때문이고 자연의 법칙을 인식하고 적절하게 응용할 수 있는 것에서부터 비롯된다. 실제 우리는 매일 자연의 법칙을 보다 정확히 이해하는 것을 습득하고 있고 우리가 자연계를 대상으로 한 간섭이 가까운 오늘날 혹은 먼 미래에 가져다 주게 될 결과를 습득하고 있다."라고 한 바 있다.[19] 이는 '인간이 자연을 이기는' 관점과는 다른 관점임이 분명하다. 이는 인간이 자연을 개조하는 과정에서 자연을 존중하고 자연에 순응하며 자연을 보호할 것을 강조하는 관점으로

---

18   시진핑: 「친환경형 사회를 노력하여 건설하자(努力建設環境友好型社會努力建设环境友好型社会)」(2005년 5월 16일), 『지강신어(之江新語)』, 저장인민출판사, 2007, 141면.

19   『마르크스 엥겔스 선집』4권, 인민출판사, 1995, 384면.

'인간중심주의(anthropocentrism)' 이념에 대한 반성이기 때문이다.

특히 언급해야 할 점은, 작금의 중국에서 사람들이 '인간과 자연이 조화롭게 공생' 하는 것에 대한 중요성과 필요성을 인식하고 있으나 실천 중에서는 가짜의 생태문명 모습, 심지어 반생태적 현상이 많이 존재하고 있다는 것이다. 소위 '가짜 생태문명건설'에 대한 뚜렷한 특징은 자연의 법칙을 어기고 생태계가 감당할 수 있는 능력과 환경용량을 초월하여 건설하는 것이다. 예로, 도시의 녹지와 관련하여 일부 도시에서는 도시 미화와 삼림률 향상 목적을 빨리 달성하기 위해 거액의 자금을 투입하여 큰 나무, 심지어 고목을 도시로 옮겨 심는 경우가 있다. 이런 방식은 큰 나무 혹은 고목이 원래 있던 곳을 놓고 보면 생태 약탈이라고 할 수 있고 새로 옮겨진 곳에서 새로운 생태환경이 만들어진다는 보장도 없다. 또 다른 사례로는, 물이 부족한 도시가 거대 인력과 자금, 그리고 물자를 투입하여 인공호수를 만들고 인공잔디 조성하는 것 등 물을 많이 소모하는 시설을 건설하는 경우가 있다. 이는 자연법칙에 어긋나는 '녹수청산' 이며 생태환경에 대한 심각한 파괴일뿐더러 생태문명건설에 있어 자연을 존중하고 자연에 순응해야 한다는 초심과 어긋나는, 지속가능성이 떨어지는 행동이다. 세번째 사례는 일부 지방에서 생태문명을 건설한다는 명의로 '오늘은 잔디밭을, 내일은 화원을, 다음날에는 큰 나무를 심는 등 생태를 끊임없이 건드리나 아무 가치도 창출하지 못하는 경우가 많은데 이는 비용이 엄청나고 생태문명건설에 대한 초심과는 반대의 길을 걷는 것이다.'[20] 시진핑은 이와 같은

---

20 천명메이(陳夢玫): 「'의사생태문명건설'의 풍조를 길러서는 안된다('僞生態文明建設'之風不可長)」, 『경제참고보』, 2014년 12월 24일, 제1지면.

현상을 예리하게 포착하고, "물이 부족한 도시가 이렇게 많은 원인은 무엇인가? 시멘트가 깔린 땅이 지나치게 많은 것이 중요한 원인이다. 수원을 품을 수 있는 임지, 잔디, 호수, 습지가 모두 점용되고 자연의 물 순환을 단절시켰다. 비가 내리면 오수와 함께 배출해 버리고 지하수는 과도하게 사용하여 그 용량이 갈수록 줄어들고 있다. 도시의 물 부족 문제를 해결하려면 반드시 자연에 순응해야 한다. 이를테면 도시의 배수 시스템을 업그레이드시키는 동시에 한정된 강수를 가두어 둘 수 있는 것을 우선 고려하는 것이다. 자연의 힘을 빌어 배수시키고 자연적으로 축적·삼투·정화하는 '스펀지 도시'를 건설하는 것이다."[21] 따라서 "발전은 반드시 경제법칙을 따르는 과학적 발전과 자연법칙을 따르는 지속가능한 발전, 그리고 사회법칙을 따르는 포용적인 발전이어야 한다."[22]라고 제시하였다.

18차 당대회 이후, 시진핑은 자연을 존중하고 자연에 순응하며, 자연을 보호하고, 인간과 자연이 조화롭게 발전하는 현대화 건설의 새로운 구도를 갖추어 나갈 것을 누차 주문했다. 여기에는 국내 현지 조사를 사례로 들 수 있다. 윈난(雲南)성 현지 조사 시, 새로운 농촌 건설은 농촌의 실정에 맞는 길을 걸어야 하고 향촌 자체발전의 법칙을 따라야 하며 농촌의 특장점을 충분히 살리고 향토의 멋을 살리며 향촌의 모습을 보류시켜 녹수청산을 남기고 '향수(鄕愁)를 기억할 수'[23]있게 해야 한다. 칭하이(青海)성 현지

21 시진핑: 「중앙 도시화 업무회의에서 한 연설(在中央城鎮化工作會議上的講話)」 (2013년 12월 12일), 『시진핑의 개혁의 전면적 심화에 대한 논술 발췌』, 중앙문헌출판사, 2014, 110면.

22 『중국경제의 거선을 이끌고 먼 바다로 떠나: 시진핑동지를 총서기로 하는 당중앙이 추진하는 경제사회의 지속적이고 건전한 발전 논평(引領中國經濟巨輪揚帆遠航: 以習近平同志爲總書記的黨中央推動經濟社會持續健康發展述評)』, 인민출판사, 2014, 7면.

23 시진핑: 「중앙 도시화 업무회의에서 한 연설」 (2013년 12월 12일), 『시진핑의 사회주의 생

조사 시, 시진핑은 자연을 존중하고 자연에 순응하며 자연을 보호하며 나라의 생태안전 장벽을 튼튼히 쌓아야 한다고 강조했다.[24]

한편 생태문명이념은 지구촌과도 관련된다. 시진핑은 많은 국제장소에서 사람과 자연의 화합에 대한 이념을 언급하며 당대 중국이 인간과 자연의 조화로운 발전을 실현하려는 흔들림없는 의지를 밝힌 바 있다. 예로 유엔 본부의 제70회 유엔총회 일반토론에서, 자연을 존중하며 친환경으로 발전하는 중국의 생태이념을 밝혔다. 이는 세계를 향해 포스트산업시대 중국의 발전목표, 즉 '산업문명이 가져온 모순을 해결하고 인간과 자연의 조화로운 공생을 목표로 세계의 지속발전과 인류의 전면적 발전을 실현해야 한다.'는 것이다. 또한 국제적 책임을 다하려는 중국의 결심, 즉 '생태문명건설은 인류의 미래와 관련된다. 국제사회는 함께 손잡고 나아가며 글로벌 생태문명건설의 길을 도모해야 한다. 자연을 존중하고 자연에 순응하며 자연을 보호하는 의식을 확고히 세우고 녹색과 저탄소, 그리고 순환과 지속가능 발전의 길을 걸어야 한다. 중국은 책임감 있게 계속 기여할 것이다.'[25] 라고 밝혔다. 2015년 11월, 제21기 유엔기후변화 대회 개회식에서 시진핑은, '협력과 공생, 그리고 공정하고도 합리적인 기후변화 관리 메커니즘을 다함께 구축하자'라는 제목의 연설을 발표했다. 이는 "만물은 각

태문명건설에 대한 논술 발췌』, 중앙문헌출판사, 2017, 49면.

24 시진핑: 「자연을 존중하고 순응하며 보호하자 국가생태안전의 튼튼한 장벽을 드림없이 구축하자(尊重自然順應自然保護自然 堅決築牢國家生態安全屏障)」, 『인민일보』, 2016년 8월 25일, 제1지면.

25 시진핑: 「협력과 공생의 파트너를 구축하고 한마음으로 인류운명공동체를 조성하자(携手構建合作共贏伙伴,同心打造人類命運共同體)」(2015년 9월 28일), 『시진핑의 사회주의 생태문명건설에 대한 논술 발췌』, 중앙문헌출판사, 2017, 131면.

자 스스로 화합하고 성장한다. 하나하나 자양하고 성숙하며 각자 이와 같은 자양을 얻어 성숙한다(萬物各得其和以生, 各得其養以成). 예로부터 중화문명은 천인합일(天人合一)을 강조했고 자연을 존중했다. 중국은 생태문명건설을 '13·5' 계획의 중요한 내용으로 편입시켰고 혁신·조화·녹색·개방·공유의 발전이념을 실천하고 있다. 과학기술와 체제 메커니즘의 혁신을 통해 산업구조를 최적화하고 저탄소 에너지체계를 구축하며 녹색건축과 저탄소 교통을 발전시키고 전국적으로 탄소배출 거래시장을 구축하는, 일련의 정책조치를 취해 인간과 자연이 화합하여 발전하는 현대화 건설의 새로운 구도를 조성한다."[26]는 것이다.

4. 생태 보호와 환경 관리는 체계적인 공정

인류 사회가 자연을 개조하는 능력이 강화되면서 인류사회의 활동은 자연의 자체 복원능력을 날로 초과하고 있다. 경제성장과 생태환경보호 역시 상호 모순되고 있다. 선진국의 경우 대부분 '선 오염, 후 관리'의 발전과정을 거쳐왔다. 매우 풍부한 사회적 부를 갖추는 동시에 혹독한 생태환경의 대가를 치루었다.

중국은 선진 자본주의 국가가 발전과정에서 겪어던 교훈을 거울로 삼아야 한다. 하지만 개혁개방 이후 경제의 빠른 성장과 더불어 중국의 환경오

---

26   시진핑: 『협력하고 공생하며 공정하고 합리한 기후변화 거버넌스 메커니즘을 함께 구축하자(携手構建合作共贏、公平合理的氣候變化治理機制-在氣候變化巴黎大會開幕式上的講話)』, 인민출판사, 2015, 6면.

염문제 역시 갈수록 부각되고 있다. 많은 지방 및 영역에서 경제발전과 생태환경 보호와의 관계를 적절히 처리하지 못하고 있다. 자원을 마구 낭비했고 환경파괴를 대가로 경제성장을 거듭해 왔으며 이로 인해 에너지자원과 생태환경 문제가 날로 부각되었다. 우리가 기대했던 선진국의 '선 오염, 후 관리'라는 발전의 길은 결국 실현하지 못했고 심지어 '오염과 관리를 병행하는' 방식으로 가고 있다. 하지만 이 같은 경제발전 방식을 바꾸지 못하면 자원환경은 중국의 지속가능한 발전을 받쳐줄 수 없을 것이다.

생태보호와 환경관리는 생태문명건설의 중요한 내용이다. 시진핑은 여러 장소에서 자연 생태보호와 환경관리에 대한 중요성을 누차 강조해 왔다.

광둥(廣東)성 현지 조사 시, 시진핑은 '생태환경과 관련된 가불이 너무 많다. 지금부터라도 단단히 붙잡지 않는다면 미래에 더욱 혹독한 대가를 치르게 될 것이다.'라고 지적한 바 있다.[27] 윈난(雲南)성의 얼하이(洱海)에서 시진핑은, '생태보호는 장기적 과제로 꾸준한 노력이 필요하다'[28] 얼하이를 잘 지켜 '청산은 수묵으로 그리지 않아도 천고의 그림이고, 얼하이는 타는 현이 없어도 만고의 거문고이다(蒼山不墨千秋畵, 洱海無弦萬古琴)'라는 시구가 담은 풍경을 영원히 인간 세상에 남겨둘 것을 주문했다.

장기적 지방업무 경험이 있는 시진핑은 생태보호와 환경관리는 복잡하고 체계적인 공정이자 중대한 민생 분야에 대한 사안 임을 잘 알고 있다.

---

27   시진핑: 「18기 중앙정치국 6차 집단학습에서 한 연설(在十八屆中央政治局第六次集體學習時的講話)」 (2013년 5월 24일), 『시진핑의 사회주의 생태문명건설에 대한 논술 발췌』, 중앙문헌출판사, 2017, 7면

28   시진핑: 「윈난 현지조사시의 연설(在雲南考察工作時的講話)」 (2015년 1월 19일-21일), 『시진핑의 사회주의 생태문명건설에 대한 논술 발췌』, 중앙문헌출판사, 2017, 26면.

지엽적인 것과 근본적인 것을 함께 다스리고 특별 관리하는 것을 병행하고 노멀화 관리와 비상 배출감소 조율, 그리고 현지 오염퇴치와 지역의 조화를 상호 촉진하는 여러가지 정책을 병행하고 여러 곳에서 협력하며 사회전체가 함께 행동해야 하는 것이다. 베이징 현지 조사 시 시진핑은, '베이징과 같은 특대 도시의 환경관리는 체계적인 공정이자 중요한 민생사실로 간주하여 관리를 더욱 강화해야 한다.'[29] 라고 지적했다.

시진핑의 생태에 대한 체계적 보호와 환경 관리에 대한 중요한 논술은 아래 몇가지 분야에서 나타난다.

첫째, 정치적인 시각에서 생태보호와 환경관리의 문제를 중시한다. 시진핑은, "경제는 발전했지만 인민의 행복감은 줄어들고 심지어 불만 정서가 증폭되었다면 이는 어떤 형국인가? 생태문명건설과 생태환경보호를 강화하고 녹색 저탄소 라이프 스타일을 제창하는 것을 단순한 경제문제로 다루어서는 안된다. 여기에는 중요한 정치문제가 내포되어 있다"[30], "최근 들어 베이징의 스모그가 심각해졌다. 높은 하늘까지 먼지가 날린다고 해도 과언이 아니다. 이는 인민의 건강에 해롭고 공산당과 정부의 이미지에 심각한 영향을 미치고 있다."[31] 라고 말한 바 있다.

---

29 『시진핑의 베이징 현지조사-수도건설에 대한 다섯가지 요구사항(習近平在京考察 就建設首善 之區提五點要求)』, 신화망, 2014년 2월 26일.

30 시진핑: 「18기 중앙정치국 상무위원회 회의에서 한 1분기 경제형세에 대한 연설(在十八屆 中央政治局常委會會議上關於第一系度經濟形勢的講話)」(2013년 4월 23일), 『시진핑의 사회주의 생태문명건설에 대한 논술 발췌』, 중앙문헌출판사, 2017, 5면.

31 시진핑: 「허베이성 상무위원회 상무위원들의 민주생활회의에서 한 연설(在參加河北省常委 班子專題民主生活會時的講話)」(2013년 9월 23일-25일), 『시진핑의 사회주의 생태문명건설에 대한 논술 발췌』, 중앙문헌출판사, 2017, 85면.

둘째, 정책법규와 메커니즘 건설을 중시한다. 시진핑은, "가장 엄격한 제도와 가장 엄밀한 법치를 실행해야만 생태문명건설을 위한 신뢰성있는 보장을 제공할 수 있다."[32], "책임추궁제도를 구축해야 한다. 여기서 책임추궁제도란 지도자의 책임에 대한 것이다. 생태환경은 아랑곳 하지 않고 맹목적으로 의사결정을 내려 심각한 결과를 초래한 자에 대해서는 반드시 그 책임을 추궁하고 아울러 평생토록 추궁해야 한다."[33], "생태문명을 건설하고 자원이 궁핍한 문제와 환경오염이 심각한 문제, 그리고 생태계가 퇴화되는 문제를 해결하는 과정에서 강력한 조치를 취하고 내실있게 추진해야만 효과를 볼 수 있다."[34]라고 했다. 공산당 18기 5중 전회는 '환경 관리를 강화하고 환경의 질을 향상시키는 것을 핵심으로, 가장 엄격한 환경보호제도를 실시하며 대기, 물, 토양 오염 방제 행동 계획을 심층적으로 추진하고 성(省)급 이하 환경보호기구의 감측과 감찰, 그리고 법집행에 대한 수직적 관리제도 실행'을 제시했다.

셋째, 'GDP지상주의'의 정치실적관처럼 과도한 성장 추구를 바로잡는 것을 중시해야 한다. 중국의 생태환경은 '파괴-관리-재파괴-재관리'라는 악순환을 장기적으로 거듭해 왔다. 그 중요 원인은 바로 'GDP지상주의'이다. 반드시 정치실적관을 새롭게 정립할 필요가 있다. 허베이(河北)성 상무위원회 상무위원의 군중노선 교육실천활동 민주생활 회의에서 시진핑은,

---

32   시진핑: 「제18기 중앙정치국 제6차 집단학습에서 한 연설」(2013년 5월 24일), 『시진핑의 사회주의 생태문명건설에 대한 논술 발췌』, 중앙문헌출판사, 2017, 104면.

33   같은 책, 100면.

34   『18차 당대회 이후 중요한 문헌 선집(十八大以來重要文獻選編)』(중), 중앙문헌출판사, 2016, 782면.

"당신들의 손발을 묶었던 밧줄을 풀어 드린다. 생산 규모가 7위, 8위로 떨어진다 하더라도 녹색발전 분야가 개선되었고 대기오염을 다스리고 스모그를 해결하는데 기여했다면 영예를 얻을 수 있다. 반대로 오로지 생산 규모만을 위해 노력하는 가운데 생태환경 문제는 날로 심각해 지거나 개선되지 않고 원래 모습을 유지한다면 비록 생산이 향상되더라도 다른 평가를 받아야 할 것이다."[35] 볼쇼이우수리스키섬 현지 조사 시 시진핑은 볼쇼이우수리스키섬을 개발구와 공사구, 그리고 오락장으로 만들지 말 것을 부탁하며 섬에 건설한 기초시설은 생태에 대한 보호역할을 해야 하고 생태를 보호하며 흰종이처럼 깨끗한 공간을 남겨야 한다고 강조했다.[36]

넷째, 생태보호와 환경관리, 그리고 경제효과가 발휘하는 것을 결합시키는 것을 중시해야 한다. 시진핑은, "전면적 샤오캉 실현 여부를 판단함에 있어서 생태환경의 질이 바로 관건이다."[37]고 했다. 발전의 사고방식을 혁신하고 후발주자의 이점을 살려야 한다. 현지상황에 맞게 발전시켜야 할 산업을 선택하여 '녹수청산' 정책이 경제사회에서 효과를 거두고 경제적 효과와 사회적 효과, 그리고 생태적 효과를 모두 향상시켜 부유한 백성과 아름다운 생태라는 두 마리 토끼를 동시에 잡아야 한다.

---

35   시진핑: 「허베이성 상무위원회 상무위원들의 민주생활회의에서 한 연설」(2013년9월23일-25일), 『시진핑의 사회주의 생태문명건설에 대한 논술 발췌』, 중앙문헌출판사, 2017, 21면.

36   『시진핑이 볼쇼이우수리스키 섬에 오르다: 생태를 보호하여 깨끗한 종이 한장을 남겨주어야 하다(登上黑瞎子島: 保護生態, 留一張白紙)』, 신화망, 2016년 5월 25일.

37   시진핑: 「제12기 전국인대 2차회의 구이저우대표단 심의에서 한 연설(在參加十二屆全國人大二次會議貴州代表團審議時的講話)」(2014년 3월 7일), 『시진핑의 사회주의 생태문명건설에 대한 논술 발췌』, 중앙문헌출판사, 2017, 8면.

다섯째, 백성의 소리를 귀담아 듣고 인민의 수요를 관심있게 살펴보아야 한다. 시진핑은 인민의 맑은 공기와 물, 그리고 환경에 대한 수요가 날로 절실해 지고 있는 가운데 생태환경은 날로 귀중해 지고 있다고 보았다. 반드시 인민군중의 양호한 생태환경에 대한 기대에 순응하여 녹색 저탄소 순환발전의 새로운 방식을 추진하며 그 과정에서 새로운 성장점을 찾아야 한다. 생태환경문제는 나라와 인민, 그리고 우리의 후대에게 모두 이로운 중요한 일로 구호에만 그칠 것이 아니라 내실있게 실천으로 옮겨야 한다.

여섯째, 생태보호와 환경관리의 중요성과 필요성을 강조해야 한다. 시진핑은, "생태환경의 보호와 환경오염 퇴치의 긴박성과 어려움을 분명하게 인식해야 하고 생태문명건설의 중요성과 필요성을 분명하게 깨달아야 한다. 결심을 단단히 내리고 환경 오염을 퇴치하고 생태환경을 건설하여 인민을 위한 훌륭한 생산 및 생활 환경을 창조해야 한다."[38]라고 제기한 바 있다.

일곱째, 장기적인 안목에서 시작해야 한다. 나라를 위한 장기적 그림을 그릴 수 없다면 일시적 총명함이라도 근시안적인 것이고 미미한 것에 불과하다(不謀萬世者, 不足謀一時). 큰 그림을 그리지 못하는 자는 작은 지역도 다스릴 수 없다(不謀全局者, 不足謀一域). 시진핑은, "생태보호는 장기적 과제로 꾸준한 노력이 필요하다."[39]라고 말한 바 있다.

여덟째, 시간은 기다려주지 않음을 강조했다. 시진핑은, "생태환경과 관

---

38 시진핑: 「제18기 중앙정치국 제6차 집단학습에서 한 연설」 (2013년 5월 24일), 『시진핑의 사회주의 생태문명건설에 대한 논술 발췌』, 중앙문헌출판사, 2017, 7면.

39 시진핑: 「윈난 현지조사에서 한 연설(在雲南考察工作時的講話)」 (2015년 1월 19일-21일), 『시진핑의 사회주의 생태문명건설에 대한 논술 발췌』, 중앙문헌출판사, 2017, 26면.

련하여 가불받은 것이 너무 많다. 지금부터라도 단단히 붙잡지 않는다면 미래에 더욱 혹독한 대가를 치르게 될 것이다."[40]라고 강조했다.

아홉째, 구체적 생태환경 관련 공정 추진을 중시해야 한다. 시진핑은, "중대한 생태복원 공정을 추진하여 생태제품의 생산능력을 보강해야 한다."[41] 환경보호와 관리에서 인민의 건강에 해를 끼치는 중요한 환경문제에 비중을 두고 예방중심으로 복합적으로 관리해 나가야 한다. 물·대기·토양 등에 대한 오염방제 공정을 강화하고 중요 유역 및 지역의 수질오염 방제 공정을 적극 추진하며 주요 산업 및지역의 대기오염퇴치 공정에 진력해야 한다.

열째, 종합적으로 퇴치하는 것을 중시해야 한다. 시진핑은, "각급 당위원회와 정부는 '업적을 반드시 재직기간에 달성하지 않아도 된다'는 흉금으로 산·수·임·전·호의 오염퇴치를 총괄적으로 추진하고 도시와 농촌의 녹화 일체화 건설에 대한 발걸음을 재촉하며 녹화면적 증가와 삼림의 질을 향상시키고 생태보호를 지속적으로 강화하여 중국의 생태환경 건설을 함께 건설하고 보호해야 한다."[42]라고 제시했다.

열한째, 미시적 차원에서 생태보호와 환경관리에 대한 구체적 방법 제기를 중시해야 한다. 시진핑은, "예로 도시 배수 시스템을 업그레이드 시킬 때 제한된 빗물을 남겨둘 수 있는 방법을 우선적으로 고려하고, 자연에

---

40 시진핑: 「광동 현지조사에서 한 연설(在廣東考察工作時的講話)」(2012년12월 7일-11일), 『시진핑의 사회주의 생태문명건설에 대한 논술 발췌』, 중앙문헌출판사, 2017, 3면.

41 시진핑: 「제18기 중앙정치국 제6차 집단학습에서 한 연설」(2013년 5월 24일), 『시진핑의 전면적인 샤오캉 사회의 건설에 대한 논술 발췌』, 중앙문헌출판사, 2016, 167면.

42 시진핑: 「수도 의무식수 활동에서 한 연설(在參加首都義務植樹活動時的講話)」(2013년 3월 29일), 『시진핑의 사회주의 생태문명건설에 대한 논술 발췌』, 중앙문헌출판사, 2017, 76면.

제4장 사람과 자연의 조화로운 공생 촉진　　——— 131

의해 축적하고 자연에 의해 침투하며 자연에 의해 정화하는 '스폰지 도시'를 건설해야 한다. 생태도시 슬로건은 제기하지만 큰 나무를 도시에 옮겨 심고 숲을 베고 농토를 개척하거나, 인조 경관을 만들고 호수와 바다를 메우는 것 등의 사고에 묶여 있다. 이는 생태문명이 아니라 자연생태를 파괴하는 것이다."[43] 라고 지적했다.

열두째, 지역협력을 강조해야 한다. 시진핑은, "체계적인 사고를 보강하여 지역별 개혁발전, 지역간 정책, 영역별 건설, 자원별 요소를 통일적으로 계획해야 한다"[44], "생산요소의 지역간 유동을 촉진하고 발전의 총괄성과 전체성, 그리고 협업성과 지속가능성을 증강하고 생산요소의 배치 효율을 제고시켜야 한다."[45] 라고 지적했다.

5. 중국의 전통적 생태 지혜를 승계

시진핑의 생태계관을 전면적이고 심도있게 이해하고 파악하려면 중화전통문화의 생태지혜로부터 시진핑 생태문명사상의 중화전통문화적 감정까지 들여다 보아야 한다.

작금의 시대에서 자원은 날로 궁핍해 지고 환경오염은 갈수록 심각해

---

43 시진핑: 「중앙 도시화 업무회의에서 한 연설」 (2013년 12월 12일), 『시진핑의 사회주의 생태문명건설에 대한 논술 발췌』, 중앙문헌출판사, 2017, 49면.

44 시진핑: 「양쯔강 경제벨트의 발전을 추진할 데 대한 간담회에서 발표한 연설」(2016년 1월 5일), 『시진핑의 사회주의 생태문명건설에 대한 논술 발췌』, 중앙문헌출판사, 2017, 69면.

45 시진핑: 「양쯔강 경제벨트의 발전을 추진할 데 대한 간담회에서 발표한 연설」(2016년 1월 5일), 『시진핑의 사회주의 생태문명건설에 대한 논술 발췌』, 중앙문헌출판사, 2017, 70면.

지고 있다. 생태계의 퇴화는 전세계적인 생태 난제로 이에 대한 사회 각계 각층의 관심이 높아지고 있다. 중국의 전통문화에는 체계적이고 풍부한 생태지혜가 포함되어 있고 오늘날까지도 당대 생태문명건설을 위한 시사점을 주며 소중한 귀감이 되고 있다. 당대 인류는 수 많은 난제에 직면하고 있는데 이와 같은 난제를 해결하려면 오늘날 발견하고 발전시킨 지혜와 힘이 필요할뿐더러 역사적으로 축적된 지혜와 힘도 필요하다.[46] 유가사상을 포함한 중국의 우수 전통문화 속에서 당대 인류가 직면하고 있는 난제를 해결하는 중요한 단서를 찾아볼 수 있다. '날로 긴장되는 인간과 자연의 관계'라는 당대 생태문명건설이 어려움에 봉착한 가운데, '도법자연(道法自然, 도는 순전히 자연에 맡긴다)', '천인합일(天人合一, 하늘과 사람은 일체)'을 포함한 중화문화의 "풍부한 철학사상, 인문정신, 교화사상, 도덕이념 등을 통해 세계를 인식하고 개조하는데 유익한 가르침을 주고 국정운영을 위한 시사점을 주며 도덕건설을 위한 유익한 계발을 얻을 수 있다."

'천지인화(天地人和)', '원형이정(元亨利貞)'의 자연화합관은 중화전통문화의 기본 정신의 하나이다. '천지인화'는 『주역(周易)』의 우주의 구조와 우주 전체에 대한 관점이다. 『역서괘전(易序卦傳)』은 '삼재(三才)는 하늘과 땅, 그리고 사람이다'라고 하였고 『주역』의 기본이념인 '원형이정(元亨利貞, 하늘은 원시 창조, 형통과 창달, 조화와 이로움, 바름과 굳음을 갖추고 있음)'은 만물의 조화와 굳음을 유지하며 절정에 이를 수 있다고 하였다. 『역·건괘(易·乾卦)』는, "건괘는 하늘을 상징하고 하늘은 원시 창조, 형통과 창달, 조화와 이로

---

46 시진핑「민족문화의 혈맥을 이어가는 속에서 개척하고 전진하며 문명의 교류와 융합 그리고 상호귀감을 추진한다(從連續民族文化血脈中開拓前進 推進各種文明交流交融, 互學互鑒)」, 『저장(浙江)일보』, 2014년 9월 25일, 제5지면.

움, 바름과 굳음 이라는 네 가지 덕행을 갖추고 있다(乾, 元亨利貞)"라고 했다. 이 두가지는 화합 및 통일된 총체이다. '우선 하늘과 땅이 있고 다시 만물이 있었으며 만물이 있은 뒤에 남자와 여자가 있게 되었다', 하늘과 땅, 그리고 사람은 서로 독립되고 각자 '음양화합과 상충상합의 원기를 보전하며 정고를 지켜 나가는 것을 이롭게 하고 있다(保合太和, 乃利貞)'. 화합(和合) 사상은 중국인에게 세상을 비탄하고 백성의 질곡을 불쌍히 여기는 것에 대해 종교에 가까운 의식의 자양분을 제공했다. 이로 인해 중국인의 문화 유전자 속에는 대자연의 생명을 소중히 여기는 태도가 포함되어 있고 이는 또한 중국문화의 발전과정에서 오랜 시간동안 광범위한 영향을 미쳐왔다.

'천인합일(天人合一)'과 '여천지삼(與天地參, 천지와 함께 나란히 서서 셋이 된다)'은 유가사상 중 인간과 자연의 관계에 대한 가장 기본적 사상이다. 한대(漢代)의 동중서(董仲舒)는 '천인지제, 합일위일(天人之際, 合而爲一, 만물이 조화롭게 어울리는 것)' 이라고 하였고 지센린(季羨林)은 이를 '천(天)이 바로 대자연이고 인(人)이 바로 인류, 그리고 합(合)이 바로 서로를 이해하고 우의를 맺는 것이다.'라고 해석했다. 그렇다면 '천인합일'을 어떻게 이루는 것인가? 그 답은 바로 '여천지삼'에서 찾을 수 있다. 『중용』이 이르길, '오직 천하의 지극한 성실함으로만 자신의 본성을 모두 드러낼 수 있다. 자신의 본성을 다 드러낼 수 있다면 사람의 본성을 모두 드러낼 수 있고 사람의 본성을 다 드러낼 수 있다면 만물의 본성을 모두 드러낼 수 있다. 또한 만물의 본성을 다 드러낼 수 있다면 천지가 만물을 만들어 자랄 수 있도록 도울 수 있으며 천지가 만물을 만들어 자라게 함을 도울 수 있다면 천지와 함께 셋이 될 수 있다(惟天下至誠, 爲能盡其性; 能盡其性, 則能盡人之性;能盡人之性, 則能盡物之性; 能盡物之性, 則可以贊天地之化育; 可以贊天地之化育, 則可以與天地參矣)'. 즉 인간이 하늘이 준 '성(誠, 성실함으로 천지의 근본)을 파악하고 인간과 만물의 본성을 발전시킨다면 '만물이 본성을 모두 드러내고(盡物之性)', '사람의 본성을 모두 드러낸다(盡人之性)'. 이로부터 천지만물의 변화와 생장을 도울 수 있고 만물이 끊임없이 생장할 수 있도록 도울 수 있으며, 인간은 하늘 및 땅과 함께 나란히 설 수 있고 하늘과 땅, 그리고 인간의 조화로운 발전을 실현할 수 있다. '천인합일'은 2000여 년간 유가사상의 중요한 명제였다. 이는 중국의 철학과 중화의 전통적 주류정신을 확립했고 중국인 고유의 우주관과 가치추구 및 문제를 생각하고 처리하는 독특한 방법을 보여주고 있다.

'도법자연(道法自然, 도는 순전히 자연에 맡긴다)'과 '도상무위(道常無爲, 도는 영원히 자연에 순응하고 맡긴다)'는 현대 생태문명이념을 포함하고 있다. 『노자(老子)』25장은, '사람은 땅을 본받고, 땅은 하늘을 본받고, 하늘은 도(道)를 본받고, 도는 순전히 자연에 맡긴다(人法地, 地法天, 天法道, 道法自然)'라고 했고 37장은, '도(道)는 영원히 자연에 순응하고 맡기지만 하지 않는 일이란 없다(道常無爲而無不爲)'라고 했다. 전자는 노자사상의 정수로 자연법칙이 우주만물과 인류세계의 최고법칙으로 보았다. 노자는 자연법칙은 어길 수 없고 사람의 이치는 반드시 자연의 이치에 순응하며 인간은 오로지 '하늘과 땅을 본받고(效天法地)', 자연의 법칙을 인간의 준칙으로 전환하며 자연의 이치에 순응해야 한다고 했다. 이는 객관적 법칙인 동시에 인류의 '지극한 덕(至德)'이다. 후자는 도가(道家)학설의 이론적 기초로, 도(道)에서 천지만물이 환생하고 자연적으로 생장하게 것에 아무 것도 하지 않는 무위

(無爲)처럼 보이지만 결과적으로 모든 것에는 생기와 질서가 있다. 그러므로 아무 것도 하지 않는 무위의 도는 유위(有爲)의 결과를 가져오는 것이다. 이는 사람들에게 함부로, 억지로, 제멋대로 움직이는 것이 아니라 자연에 순응하고 정세에 따라 유리하게 이끌며 인간과 자연의 관계를 잘 처리할 것을 타이르고 있다. 18차 당대회에서 제기된, '자연을 존중하고 자연에 순응하며 자연을 보호하는' 생태문명의 이념은 바로 도가의 '도법자연' 사상을 승계하고 발전시켜 적용한 것이다.

한편 '중생평등(衆生平等)'과 '대자대비(大慈大悲)'의 불교사상은 생태문명을 실현하는 중요한 길이라 할 수 있다. 불교는 중생은 평등하다고 주장한다. 『대승현론(大乘玄論)』은, '중생에게 불성(佛性)이 있을뿐더러 초목에도 불성이 있다……중생이 부처가 된다면 모든 초목 역시 부처가 될 수 있다(不但衆生有佛性, 草木亦有佛性。……若衆生成佛時, 一切草木易得成佛).'라며 생명을 존중하는 가운데 함부로 베고 죽이며 생태평형을 파괴하는 것에 반대했다. 그리고 불교는 대자대비를 주장한다. 『묘법연화경(妙法蓮華經)』은, '넓고 큰 자비로움은 게으름 없이 꾸준히 선한 일을 하며 중생에게 이익을 준다(大慈大悲, 常無懈倦, 恒作善事, 利益一切)'라며 이는 죽음에서 구해 줄뿐더러 삶을 지켜준다고 주장한다. 이와 같은 '방생(放生)'의 사고는 생태평형을 지키고 생명의 풍부함과 다양함을 지켜내는데 있어 현실적 의미가 크다.『유엔 생물 다양성 협약』에 대한 체약국은 생물 다양성의 내재적 가치를 깨닫고 생물 다양성 보호가 전인류의 공동 관심 사항임을 인식했다. 불교는 비록 외래문화지만 중국 현지 문화와의 융합을 훌륭히 실현하여 중국에 큰 영향을 미쳤고 나아가 중국 역사에서 긍적적인 불교문화 유산을 남겨준 동시에 중화전통문화의 중요한 구성부분이 되었다.

중화민족의 독특한 생태지혜 혹은 문화 유전자는 '천인합일'과 '도법자연', 그리고'중생평등'으로 요약할 수 있다. 이 같은 지혜와 유전자는 두가지 뚜렷한 특징을 갖고 있다. 첫째, 각각의 생명체는 스스로의 도덕의식의 수양과 실천을 통해 천도와 상계(上契)하고, '위아래로는 하늘 및 땅과 더불어 작용을 함께 한다(上下與天地合流)'. 또한 '천지와 더불어 한없이 넓고 큰 덕행(與天地合其德)'을 완성한다. 둘째, 인류집단이 자연계와 화합하여 공존한다는 것은 하늘이 인류 생명 최초의 뿌리이자 마지막 종착역인 바, 하늘의 이치를 따르고(順天), 받아들이며(應天), 본받고(法天), 바치며(效天), 결과적으로 하늘과 나란히 서는 것이다. 문화 창조력이 뛰어난 민족은 타민족으로부터 관념의 존중과 정서적 친근감, 그리고 행동상의 지원을 보다 쉽게 획득할 수 있다. 시진핑의 생태문명사상을 복합적으로 살펴보면, 이러한 생태문화 형성은 '자연을 존중하고 자연에 순응하며 자연을 보호하는' 생태문명 인지관 수립을 전사회를 향해 요구하는 것에서부터 시작하여 참신한 문명관과 문화형태를 통해 중화전통문명의 신시대적 승화를 이루었고 중화민족의 전면적 부흥을 위한 생태문화와 녹색문명의 기틀을 마련했다. 이와 함께 '인류의 문제를 해결하기 위한 중국의 지혜와 중국해법을 기여했다.'[47]

---

47   시진핑:『샤오캉사회 건설의 전면적 승리를 이룩하고 신시대 중국 특색 사회주의의 위대한 승리를 이룩하자-중국공산당 제19차 전국대표대회에서의 보고(決勝全面建成小康社會 奪取新時代中國特色社會主義偉大勝利-在中國共産黨第十次全國代表大會的報告)』, 인민출판사, 2017, 10면.

제5장

생태와 발전의 두 마지노선 수호

시진핑은 마지노선 사유의 방법을 적절히 적용하여 항시 최악의 상황에 대비하고 가장 좋은 결과를 얻기 위해 적극 노력하며 유비무환은 물론 돌발상황에서도 당황하지 않는 주도권을 꽉 쥐고 있어야 한다고 강조했다. 마지노선 사유능력은 최저목표를 객관적으로 설정하고 최저점에 입각하여 최대의 기대치를 최대한 획득하는 적극적인 사고력이다. 현재 중국의 생태문명건설이 일정한 성과를 거두었지만 문제를 찾는데 보다 집중해야 하고 아직까지 중국의 생태환경이 전체적으로 악화되는 추세는 근본적인 변화가 없는 상황이다. 수 많은 문제앞에서 우리는 노동의 강도를 높여 생태환경이 악화되는 추세를 단호이 억제하고 생태환경이 점차 개선되어 계속해서 최적화되도록 해야 한다. 하지만 중국은 아직까지 사회주의의 초급단계에 머물러있고 향후 그 지속 시간도 결코 짧지 않을 것임을 명확히 인식해야 한다. 또한 발전은 가장 중요한 과제이자 중국의 모든 문제를 해결하는 관건임을 인식하고 있어야 한다. 시진핑은 발전과 생태라는 두개의 마지노선을 지켜낼 것을 주문했다. 이는 발전과 생태문제를 모두 중요한 과제로 삼아 동시에 틀어잡을뿐더러 동시에 효과적인 조치를 시행해야 한다.

1. 생태문명건설에서 두 개의 마지노선 수호

발전과 생태라는 두 개의 마지노선은 시진핑 생태문명사상의 중요한 구성부분으로 통상 '두 개의 마지노선' 이라고 요약해 부른다. '생태 마지노선'은 생태환경 및 자원이 감당할 수 있는 극대치를 가리킨다. 현 단계에서 '발전의 마지노선'은 빈곤에서 탈출하고 이를 철저히 해소하는데 필요한 경제발전 수준을 가리킨다. 발전이 없으면 진정한 생태문명을 건설할 수 없다.

시진핑 생태문명사상은 생태환경에 대한 보호를 중시할뿐더러 발전 또한 중시한다. 시진핑의 '두 개의 마지노선' 이념은 구이저우(貴州)성을 위해 처음으로 제기된 것이다. 2013년 11월, 시진핑은 구이저우성의 업무보고를 경청하고 발전과 생태라는 두 개의 마지노선을 지켜낼 것을 주문했다. 이후에도 여러차례 '발전과 생태환경 보호와의 관계를 정확히 처리하고 생태문명건설체제의 기제개혁 분야를 우선 실행하고 제기된 행동계획을 내실있게 실천에 옮겨, 발전과 생태환경 보호의 협력 추진을 실현해야 한다.'[1], '생태환경보호와 발전의 관계, 즉 녹수청산과 금산은산의 관계를 명확히 처리하는 것은 지속가능발전을 실현하는 내적요구이자 중국의 현대화 건설을 추진하는 중대한 원칙이다.'[2] 라고 강조했다.

---

1   시진핑(習近平): 「구이저우 현지조사에 한 연설(在貴州考察工作時的講話)」 (2015년 6월 16일-18일), 『시진핑의 사회주의 생태문명건설에 대한 논술 발췌(習近平關於社會主義生態文明建設論述摘編)』, 중앙문헌출판사, 2017, 27면.

2   시진핑: 「제12기 전국인대 2차회의 구이저우대표단 심의에서 한 연설(在參加十二屆全國人大二次會議貴州代表團審議時的講話)」 (2014년 3월 7일), 『시진핑의 사회주의 생태문명건설에 대한 논술 발췌』, 중앙문헌출판사, 2017, 22면.

발전과 생태라는 두 개의 마지노선을 지켜내는 것은 시진핑이 구이저우성의 경제사회발전을 위해 제기한 요구이자 전국 각지에 대한 기대이기도 하다. 시진핑의 두 개의 마지노선 이념은 아래 세가지 분야에서 반영된다.

첫째, 발전의 가속 뿐만 아니라 생태도 수호할 수 있다. 발전과 생태보호 사이에는 다소 모순이 있지만 동시에 호환성도 갖고 있다. 관건은 발전방식과 발전의 길을 선택하는 것에 있다. 시진핑은, '지도사상이 정확하고 양자의 관계를 정확히 파악하여 타당하게 처리한다면 발전의 가속도를 올리는 동시에 생태도 잘 수호할 수 있다.'고 보았다.[3]

둘째, 생태의 마지노선 관점을 확고히 수립한다. 생태의 마지노선은 국가 생태 안전의 최후 방어선인 동시에 생명선이기도 하다. 시진핑은, "생태 마지노선 관점을 확고히 수립해야 한다. 우리의 생태환경 문제는 이미 매우 심각한 정도에 이르렀다. 엄격하고 강력한 조치를 취하지 않으면 생태환경이 악화되는 총체적 상황을 근본적으로 역전시킬 수 없고 우리가 구상했던 기타 생태환경 발전에 대한 목표도 실현하기 어렵다. 생태 마지노선의 내용과 제도적인 보장 등을 세심하게 들여다 보고 논증해야 하여 양호한 생태계가 가능한 한 보호되어야 한다. 이를 포함시킨 후, 전체 당과 전국은 한몸이 되어 실천하고 절대 넘어설 수 없다. 생태환경을 보호하는 문제의 경계선을 넘어서는 안되며 그렇지 않을 경우 벌을 받아야 한다."고 강조했다.[4]

---

3   시진핑: 「제12기 전국인대 2차회의 구이저우대표단 심의에서 한 연설」 (2014년 3월 7일), 『시진핑의 사회주의 생태문명건설에 대한 논술 발췌』, 중앙문헌출판사, 2017, 22면.

4   시진핑: 「제18기 중앙정치국 제6차 집단학습에서 한 연설(在十八届中央政治局第六次集體學習時的講話)」 (2013년 5월 24일), 『시진핑의 사회주의 생태문명건설에 대한 논술 발췌』, 중앙문

셋째, 생태 마지노선은 발전의 마지노선이다. 발전은 생활의 질을 보장하고 향상시키는 것을 목적으로 한다. 생태 마지노선을 지키고 개선하는 것은 발전의 내용이자 목표이며 기초선이다. 인민이 맑은 공기를 호흡하고 깨끗한 물을 마시며 안전한 음식을 먹는 것을 보장하는 것은 사실상 환경의 질 안전에 대한 마지막 방어선이다. 이는 인류가 생존하는 기본적 환경의 질을 지켜내는 수요의 안전 방어선이다. 이는 또한 시진핑이 줄곧 관심을 표명해온 사안이기도 하다.

'두개의 마지노선'에 대한 논술은 시진핑 마지노선 사유의 중요한 구성 부분이다. 마지노선 사유는 시진핑 신시대 중국 특색 사회주의 사상의 선명한 이론적 특성이다. 18차 당대회 이래 시진핑은 마지노선 사유를 견지하고 내실있게 업무를 추진할 것을 누차 강조해 왔다. 마지노선 사유의 방법을 활용하여 항상 최악의 상황에 대비하고 좋은 결과를 내기 위해 노력하며 유비무환하고 흔들림 없이 주도권을 확실하게 장악해야 한다.

'마지노선'과 관련하여 중요한 세 가지 종류의 이해가 있을 수 있다. 첫째, 마지노선을 상대적으로 모호한 목표 소구와 일정 한도로 보아야 한다. 둘째, 마지노선을 한 가지 가치개념으로 보아야 한다는 것은 한 가지 일에 대한 능력의 임계치를 가리킨다. 셋째, 마지노선을 공간적 개념으로 이해해야 한다. 이는 주로 확정된 공간적 기초선을 가리킨다. 시진핑 신시대 중국 특색 사회주의 사상의 마지노선 사유는 종합적으로 아래 몇 가지에 반영된다.

첫째, 법적 최저기준선. 법률은 국가 의지를 반영하고 전체 공민의 행위

헌출판사, 2017, 99면.

생태문명 건설 이론 확립 및 실천 모색

규범에 대한 최저기준이다. 법은 당의 주장과 인민의 의지가 통일되어 반영하는 것이고 누구를 막론하고 법률의 틀 안에서 행동해야 한다. 시진핑은, "지도자는 법이란 레드라인을 절대 넘어설 수 없음을 명심해야 한다. 준법의 최전방에서 법에 따라 업무를 집행하고 문제가 있으면 법을 근거로 하며 문제를 해결하는데 있어서는 법을 따르고 법에 의지하여 모순을 해결하는 법치 환경을 조성해야 한다. 업무를 기획함에 있어 법치적 사유를 적용하고 문제를 처리함에 있어 법치의 방식을 적용하며 언행에 앞서 적법성 여부를 고려해야 한다."[5], "규정과 기율을 어기고 법규제도의 레드라인을 딛고 '마지노선'을 넘어 '지뢰밭'에 발을 들여다 놓았을 경우, 엄중하게 처분하고 권력이 크다고 예외 규정을 적용하지 말 것이며 작은 문제라고 관용을 베풀어서는 안된다. 또한 여러 사람이 어기고 있다고 방임해서는 안되고 '비밀 통로'를 남기지 말며 빠져나갈 '천장 창문'도 열어주지 않고 '깨진 유리창 효과'을 확실하게 방지해야 한다."[6] 라고 지적했다.

둘째, 기율의 최저기준선. 나라에는 국법이 있고 집에는 가법이 있다. 향규민약(향촌의 민간공약)은 법률의 최저기준선이 지켜지는 전제이자 기초이다. 부서와 기관, 그리고 집단은 자체의 특징과 업무 수요에 맞춰 대응하는 규정을 제정하여 내부 구성원의 행위를 단속하고 규범화 한다. 중국공

---

5   시진핑: 「성·부급 주요 지도자의 18기 4중전회 정신을 학습관철 및 의법치국 추진 연구토론반에서 한 연설(在省部級主要領導幹部學習貫徹十八屆四中全會精神全面推進依法治國專題研討班上的講話)」 (2015년2월 2일), 『시진핑의 '네가지 전면' 전략배치를 조화롭게 추진할 데 대한 논술 발췌(習近平關於協調推進"四個全面"戰略布局論述摘編)』, 중앙문헌출판사, 2015, 111면.

6   시진핑: 「18기 중앙정치국 제24차 집단학습에서 한 연설(在十八屆中央政治局第二十四次集體學習時的講話)」 (2015년 6월 26일), 『시진핑의 전면적인 종엄치당에 대한 논술 발췌(習近平關於全面從嚴治黨論述摘編)』, 중앙문헌출판사, 2016, 205면.

산당은 집정당으로, 당규 및 당의 기율은 당의 이상과 신념, 그리고 취지를 반영하고 있어 당 관리의 잣대이자 당원이 넘어설 수 없는 최저기준선이다. 『중국공산당기율처분조례(中國共産黨紀律處分條例)』는 당장(黨章)의 기율에 대한 요구를 정치기율, 조직기율, 청렴기율, 군중기율, 업무기율, 생활기율로 취합하고 네거티브 리스트를 제시했다. 이는 규범을 세우고 당조직과 당원이 건드려서는 안되는 최저기준선을 제시한 것으로 그 의미는 매우 크다.

셋째, 정책적 최저기준선. 정책이란 국가정권의 기관과 정당조직, 그리고 기타 사회정치 그룹이 대표하는 계급 및 계층의 이익과 의지를 실현하기 위해 권위적 형식으로 일정한 역사적 기간 동안에 이룩해야 할 목표와 지켜야 할 행동 원칙, 완성해야 할 과제, 실행하는 업무 방식, 취해야 할 일반적 절차, 구체적 조치의 표준화를 규정짓는 것이다. 국가의 정책 방침은 전국적 행동의 준칙이라 각급 조직과 개인이 위반할 수 없고 변통할 수 없는 최저기준선이다. 시진핑은, '당중앙의 제창에 결연히 호응하고, 당중앙의 결정을 흔들림없이 따르고 당중앙이 엄격히 차단한 금지 사안에 대해 위에 정책이 있으면 아래에 대책이 있다는 것을 절대 허용하지 않고 명령 불이행과 금령 위반을 절대 용납하지 않으며 중앙의 의사결정과 배치를 부실하게 관철하고 집행하는 것을 절대 허용하지 않는다.'[7]는 것을 지적했다.

넷째, 도덕적 최저기준선. 도덕적 최저기준선은 사람들이 지켜야 하는 사회공덕의 최저경계선으로 도덕의 가장 기본적 규범이자 행위 주체에 대한 최소한의 도덕적 요구이다. 사회 구성원의 사회도덕에 대한 최저기준

---

7   시진핑: 『쟈오위루식의 현위서기가 되자(做焦裕祿式的縣委書記)』, 중앙문헌출판사, 2015, 6면.

생태문명 건설 이론 확립 및 실천 모색

선은 성실하고 너그러우며 양심을 갖고 타인과 사회에 피해를 주지 않는 것이다. 법률은 가장 기본적인 도덕적 요구사항이다. 중국공산당은 중국의 선진 생산력에 대한 발전요구를 대표하고 중국의 선진문화 발전 방향을 대표하며 중국의 광범위한 인민의 근본 이익을 대표하고 있다. 당원과 당 간부는 법률적 최저기준선과 기율의 최저기준선, 그리고 정책적 최저기준선을 명확히 알고 있어야 하고 인민의 마음 속에 있는 도덕적 최저기준선도 반드시 지켜야 한다. 시진핑은, "청렴하고 자율적인 당 간부의 관건은 최저기준선을 지켜내는데 있다. 인간의 됨됨이와 일처리, 그리고 권력사용과 친구를 사귀는 최저기준선을 지킬 수 있다면 당과 인민이 맡겨준 정치적 책임을 지켜낼 수 있고 정치적 생명선과 명확한 인생 가치관도 지켜낼 수 있다. 모든 지도자는 부패척결을 정치의 필수과목으로 삼아 진지하게 대하고 권력을 개인 혹은 소수인의 사리를 도모하는 도구로 삼아서는 안되며 공산당원의 정치본색을 영원히 지켜내야 한다."[8]고 지적했다. 또한 시진핑은, 당정 간부들에게 정확한 세계관과 인생관, 그리고 가치관을 세워 꿈의 빛을 비추어 주고 정신의 칼슘을 보충하며 마음으로 인민의 실정을 헤아리고, 애정을 갖고 인민을 위해 행복을 가져다 주며 자신을 엄격히 관리하는 최저기준선이 있는 가운데 법과 기율을 지키고 정무에 힘쓰고 진지하게 책임지고 앞장서서 솔선수범하고 몸소 열심히 일하며 개혁 발전을 촉진하여 안정적 지속적으로 민생을 개선하는 것에 대한 책임을 확실

---

8   시진핑: 「법에 따라 부패를 엄격히 징벌하고 군중이 강하게 반영하는 돌출한 문제를 해결하는 데 진력한다(依紀依法嚴懲腐敗, 着力解決群衆反映强烈的突出問題)」, 『18차 당대회 이후(十八大以來重要文獻選編)』(상), 중앙문헌출판사, 2014, 138면.

히 짊어져야 한다.[9]고 강조했다.

2. 발전을 가속하고 생태도 지켜야

'두 개의 마지노선' 관계를 정확히 인식하는 것은 발전과 생태라는 '두 개의 마지노선'을 지키는 전제이다. 발전은 확고한 진리이자 공산당이 집정하여 나라를 부흥하게 만드는 첫 번째 임무로 발전의 마지노선을 지키는 것은 생태 마지노선을 지키는 중요한 보장이다. 18차 당대회는 경제건설에 대한 중심은 중국이 나라를 발전하게 하는 핵심 임무로 발전은 여전히 중국의 모든 문제를 해결하는 관건이다. 현재 중국은 이미 G2로 올라서 세계경제에 대한 영향 및 견인 역할이 지속적으로 높아지고 있지만 여전히 개도국이라는 것도 사실이다. 일인당 GDP수준은 세계의 평균수준과 큰 격차를 보여 선진국 평균수준의 1/5에도 미치지 못하고 있으며 종합적 경제경쟁력은 선진국과 뚜렷한 격차를 나타내고 있다. 그러므로 경제의 지속적이고 건전한 발전을 추진해야만 나라는 번영하고 부강하며 인민은 행복하고 건강하며 사회는 조화롭고 안정된 물질적 기반을 튼튼히 다질 수 있다. 전 당과 전국은 반드시 발전이 확고한 진리라는 전략적 사상을 견지하고 추호의 동요도 없어야 한다.

발전이 없으면 전면적 샤오캉사회와 중화민족의 위대한 부흥이라는 중국몽을 진정으로 실현할 수 없다. 중국이 환경을 보호하고 생태를 복원하

---

9   『시진핑, 전국 우수 현위서기를 회견(習近平會見全國優秀縣委書記)』, 신화망, 2015년 6월 30일.

며 보다 훌륭한 생태를 건설하고 푸른 하늘과 잔디, 그리고 맑은 물이 있는 환경을 실현하려면 거대한 생태적 투입이 지속적으로 필요하며 이 같은 투입은 지속적인 발전에서 올 수 밖에 없다. 양호한 발전을 기반으로 하지 못하고 강력한 생태복구 노력이 없다면 생태건설은 단지 공염불에 지나지 않는다.

생태환경건설은 경제건설의 중요한 버팀목이다. 환경보호를 떠나서 경제발전을 운운하는 것은 못의 물을 퍼내 물고기를 잡는 것과 다름 없다. 지난 오랜 기간 동안 경제건설중심의 지도 하에 적지 않은 지방의 환경보호력이 약화되었고 무절제한 자원 소모와 환경 파괴를 대가로 거둔 경제발전은 에너지자원과 생태환경 문제를 더욱 부각시켰다. 사회경제 발전의 공간 및 저력이 부족하게 되었고 지속발전이 이어질 수 없게 되었다. 이에 시진핑은 일부 간부의 아래와 같은 잘못된 인식에 대해 날카로운 비판을 한 적이 있다. '발전은 확고한 진리이다'를 '경제성장은 확고한 진리이다'로 편파적으로 이해하며 경제발전을 GDP가 모든 것을 결정하는 것으로 단순화시켰다. 시진핑은, 발전은 사회의 전면적 진보와 인민 생활 수준의 지속적 향상을 목표로 하고 있으나 경제성장이 곧 경제발전이 아님을 강조했으며 또한 속도만의 발전이 아니고 전면적 발전을 대표하지도 않으며 더욱이 생태환경 희생을 대가로 해서는 안된다고 보았다. 이인위본에서 매우 중요한 한가지는 발전과정에서 자신이 생존하고 있는 환경을 파괴해서는 안된다는 것이다. 만약 인구자원환경에 대해 심각한 편차가 생겼다면 편히 살고 즐겁게 살 수 있는 사람은 있을 수 없고 조화로운 사회는 더욱 운운하기 어렵다. 생존이 어려운데 다른 분야의 성과가 과연 의미 있을까? 환경보호와 생태건설은 일찍 시작할수록 좋고 늦게 시작할 수록 투입이 많고 늦을수록 수동적이다. 돈에만 급급하고 목숨은 아랑곳 하지 않는 발전과 선오염 후퇴치, 그리고 선파괴 후복원의 발전은 더 이상 지속되어서는 안된다. '생태환경을 적극 보호하고 도약식 발전과 생태환경의 협력적 발전을 추진해야 한다.'[10]

현재 중국은 아래 몇 가지의 환경문제를 안고 있다. 우선 에너지자원이 더욱 궁핍해졌다. 인구는 많고 땅은 부족하며 수자원 부족 문제가 날로 부각되고 있고 에너지와 중요한 광산자원의 안전 보장에 대한 난이도도 날로 높아지고 있다. 둘째, 환경오염이 비교적 심각하다. 중국의 도시는 상당부분 새로운 공기 질에 대한 기준을 충족하지 못하고 있다. 중동부 지역, 특히 징진지(베이징-톈진-허베이성)와 주변 지역에서는 큰 면적의 범위에서 오래 동안 오염 수준이 높은 스모그 날씨가 지속되고 있는데 이는 중국의 대기오염 상황의 심각성을 집중 반영하는 것이라 볼 수 있다. 전국의 하천수계와 지하수 오염, 그리고 식수안전 문제도 무시할 수 없다. 또한 일부 지역은 중금속과 토양오염이 매우 심각하다. 셋째, 생태계 퇴화가 심각하다. 중국은 삼림 피복률이 낮고 물과 토양의 유실, 토지의 사막화, 퇴화된 초원 면적이 큰 편이며 자연습지가 축소되고 하천호수의 생태기능이 약화되었고 생물 다양성의 하락 추세가 나타나고 있다. 넷째, 국토개발 계획이 비합리적이다. 전체적으로 생산공간이 많은 편이고 생태공간과 생활공간은 적은 편이다. 특히 일부 지역은 맹목적 개발과 과도한 개발, 그리고 무질서한 개발로 인해 자원환경이 감당할 수 있는 능력의 극한에 근접하거

---

10   시진핑: 「푸젠성 현지조사 시의 연설(在福建考察工作時的講話)」 (2014년 11월 1일, 2일), 『시진핑의 사회주의 생태문명건설에 대한 논술 발췌』, 중앙문헌출판사, 2017, 24면.

나 혹은 이미 초월한 상태이다. 다섯째, 기후변화에 대응해야 하는 새로운 도전에 직면하고 있다. 중국은 온실가스의 총 배출량이 많고 배출감소에 대한 임무가 버겁다. 여섯째, 환경문제에 따른 사회적 영향이 뚜렷하다. 일부 기업이 불법으로 배출한 오염물질이 심각한 환경오염으로 이어져 사회적으로 큰 물의를 일으키고 있다.

다시 말하자면, 발전과 생태라는 두 개의 마지노선을 함께 중시해야 한다. 발전은 근본적 요소로 중국이 안고 있는 많은 문제를 해결해 줄 수 있다. 지속발전이 없다면 취업률과 소득이 올라갈 수 없어 사회안정에도 문제가 생길 수 있고 각종 개혁조치 또한 보장력을 잃게 될 것이다. 그러므로 일정한 발전속도를 유지하는 것은 중국이 반드시 지켜야 하는 발전 마지노선이다. 생태 마지노선 역시 중요한 것으로, 현재 많은 지방의 환경 감당력이 이미 임계치에 이르고 있어 최후의 일순간에 경제발전의 기반이 흔들릴 수 있다.

이와 같은 두 개의 마지노선을 지켜냄에 있어서 부작위의 경향을 방지해야 한다. 예로 문제를 일으키는 것이 두려워 마지노선을 '방패막이'로 삼아 문제가 있으면 우회하며 돌아가고, 바로잡아야 할 사안도 과감하게 바로잡지 못하며 추진도 시도도 못하는 경우가 있다. 이와 관련하여 시진핑은, "발전을 위해 생태환경을 파괴하지 않는 것을 강조하는 것은 틀린 것이 아니다. 하지만 생태환경 보호를 위해 발전의 발걸음을 내딛지 못한다는 것은 다소 절대화된 관점이다. 지도사상이 정확하고 양자의 관계를 명확히 파악하고 이를 실천에 잘 옮긴다면 발전의 가속과 함께 좋은 생태도 지켜낼 수 있다. "[11] 라고 지적했다.

생태와 발전이라는 두 개의 마지노선을 지켜내려면 생태와 발전의 관계를 적절히 해결하여 함께 지키고 서로 호응하며 공생하도록 해야 한다. 여기서 구이저우성이 생태와 발전이라는 두 개의 마지노선 발전 목표를 지켜내기 위한 발전적 사고 방식을 예로 들어 보자.

구이저우성은 발전과 생태라는 두 개의 마지노선을 확고히 지켜내는 것을 다지는 가운데 '선오염, 후퇴치'라는 옛 길을 걷지 않고 환경을 희생하는 대가로 GDP를 획득하는 일시적 성장의 옛 길을 걷지 않는다. 또한 녹수청산이란 황금그릇을 손에 쥐고도 가난한 삶을 사는 가난의 길을 걷지 않고 생태를 우선한 녹색발전을 통해 인민은 부유하고 생태는 아름다운, 새로운 길을 걸어 나갈 것이다. 생태의 마지노선을 지키는 것은 '생태우선, 녹색발전' 이념을 흔들림없이 견지하는 것이다. '푸른 산과 하늘, 맑은 물과 건강한 토양' 이란 네 개의 최저기준선을 튼튼히 지켜나가는 것이다.

구체적 목표는 경제규모가 상대적으로 작고 발전기반이 박약한 상황에서 일정 시기 동안 빠른 발전속도를 유지하는 것은 발전의 마지노선이다. 낙후된 생산설비를 추가하지 못하고 생태환경을 파괴하지 않는 것은 생태의 마지노선이다. 구이저우성의 경험은 세 가지이다. 발전이라는 첫번째 임무를 튼튼히 파악한다. 주제의 중심과 안정 속에서 발전을 도모하는 전체 업무 기조를 견지하고 경제의 질적 성장과 효과를 중심으로 경제발전에 집중하며 지속발전의 새로운 시대를 전력으로 창조해 나간다. 둘째, 생

---

11   시진핑: 「제12기 전국인대 2차회의 구이저우대표단 심의에서 한 연설」(2014년 3월 7일),
      『시진핑의 사회주의 생태문명건설에 대한 논술 발췌』, 중앙문헌출판사, 2017, 22면.

태문명을 적극 건설한다. 생태문명 선행지역에 대한 건설을 중심으로 엄격한 생태보호 레드라인 제도를 구축하고 시와 현에 대한 실시간 모니터링을 전면 실시하여 구이저우성 전체 환경의 질이 총체적 안정을 유지하도록 보증한다. 셋째, 신형 산업화의 길을 걷는다. 과학기술로 혁신하고 독립적 혁신으로 산업화를 선도하며 IT기술로 융합 발전하고 전환 발전한다. 실제를 바탕으로 구이저우성은 에너지 광산 산업에서 벗어나 제조업을 발전시키며 전통산업의 생태화, 특수산업의 규모화, 신흥산업의 고도화를 추진하여 순환발전과 녹색발전, 그리고 친환경 발전을 촉진시켰다.

3. 마지노선 사유로 생태 레드라인 관념을 확고히 수립

생태 마지노선과 유사한 제기 방법으로는 '생태 레드라인'이 있다. 이는 국가 생태안전의 마지노선이자 생명선으로, 넘어서는 안되는 선을 말한다. 일단 넘어서게 되면 생태안전에 위기를 조성하여 인민의 생산과 생활 그리고 국가의 지속 발전에 위기를 몰아오게 된다. 중국의 생태환경 문제는 이미 가장 강력한 조치를 취하지 않으면 안 되는 매우 심각한 상황에 이르렀고 그렇게 하지 않을 경우, 생태환경 악화의 전체적 추세를 근본적으로 역전시킬 수 없을뿐더러 우리가 구상했던 기타 생태환경의 발전목표 또한 실현할 수 없게 된다. 시진핑은 공산당 19대 보고에서, '생태보호 레드라인과 영구적 기본 농경지, 그리고 도농개발의 한계 등에 관한 3개의 통제선 확정 업무를 완성해야 한다' 고 제기했다.

생태 레드라인의 기본내용은 아래와 같은 세가지 내용을 포함한다. 첫째, 공간의 레드라인이다. 환경보호부가 배포한,『생태보호 레드라인 확정 기술 지침』에 의하면, 동 레드라인은 법에 따라 중요한 생태기능지구와 민감한 지역, 그리고 취약한 지역을 확정한 엄격한 관리 경계로 국가 및 지역의 생태안전에 대한 마지노선이다. 이는 생물의 종과 군의 번식은 일정한 공간범위가 있어야만 기본적 식물 공급과 활동 보장을 받을 수 있기 때문이다. 예로 동북 호랑이 보호의 경우, 수백 제곱킬로미터에 달하는 자연 공간이 있어야만 생활과 생존, 그리고 번식이 가능하다. 식수 수원지 보호 역시 공간범위를 확정하여 수원의 수질이 오염되지 않고 파괴되지 않도록 해야 한다. 경작지 레드라인은 사실상 공간 관리에 대한 레드라인이다. 둘째, 자원소모와 환경의 질에 대한 레드라인이다. 자원소모 레드라인은 재생가능자원의 이용 상한선을 규정하고 있다. 이를테면 수자원이용과 목재 벌채량, 그리고 어업포획량 등이 있는데, 한도 초과 시에는 자원이 줄어들고 시스템이 파괴될 수 있다. 질에 대한 레드라인은 인류와 생태계 건강에 대한 수요를 기반으로 한다. 대기 속 PM2.5농도와 물의 화학적 산소 요구량(COD) 농도, 그리고 토양속 중금속 함량은 모두 인류의 건강과 밀접하게 관계되어 일정한 질에 대한 레드라인을 만족해야 한다. 셋째, 공간의 레드라인과 질의 레드라인을 만족하고 부각시키기 위해 정책규정 등으로 제정한 표준이 있는데 예로 배출 표준과 기술 표준 등의 정책적 레드라인이 있다. 공간 및 질에 대한 레드라인은 과학적으로 검정하고 측량 계산한 것으로 탄성 공간이 없다. 하지만 표준에 속하는 정책의 레드라인은 산업의 특징과 발전수준, 그리고 기술력에 따라 결정된 것이다. 이를테면 단위 GDP의 에너지 소모량과 단위 GDP의 이산화탄소 배출량 등은 모두 도구 수단이라는 속성을 갖고 있다. 공간개념의 생태보호 레드라인은 국가 및 지역의 생태안전과 지속가능발전을 지키는 것을 취지로 하고 생태계의 완전성과 연결성의 보호를 목적으로 확정한 특수 보호가 필요한 지역이다. 환경 매체(공간, 물, 토양) 질의 레드라인은 인류와 생태계의 건강과 안전을 위해 확정한 것으로 생태계의 쇠퇴, 심지어 붕괴 방지를 목적으로 한다. 생태 레드라인은 일단 허물어지면 생태평형이 필연코 파괴되고 심지어 재난적 결과를 가져오는데 이는 대량의 인력과 재력, 그리고 물자를 투입한다 할지라도 복원하기 어렵다.

'생태 마지노선'과 '생태 레드라인' 사이에는 긴밀한 연관성이 있다. 우선 '생태 레드라인'은 공간개념의 배경 하에 있고 레드라인을 확정하는 것은 한 지역의 생태 최저기준선을 보호하는 중요한 수단이다. 국가 전체가 생태 마지노선을 지켜야 하는 것처럼 모든 지역을 모두 지역별 최저기준선으로 보아야 한다. 하지만 개발과 건설이 필요한 지역은 많고 소수의 지역만 정책과 법규로 엄격히 보호하는 레드라인 구역을 확정하여 개발을 제한하거나 혹은 금지시킬 수 있다. 이는 확정된 레드라인 구역에서 물, 토지, 삼림, 에너지 등의 자원에 대한 이용 개발은 엄격하게 보호하여 해당 지역 생태 마지노선을 엄격히 지키는 것을 목적으로 한다. 둘째, 환경 매개체의 임계치 수준으로 확립한 '생태 레드라인'에서 마지노선은 레드라인을 확정하는 중요한 기초이다. 생태환경 분야에서는 통상 감당력에 대한 극한치를 마지노선으로 한다. 마지노선은 일단 허물어지면 만회할 수 없기 때문에 정책법규를 이용하여 보장하고 정책법규의 구속력이 있는 후 마지노선은 레드라인이 된다. 마지노선에는 일정한 여지가 있어 생태환경 보호와 자원이용 상황이 좋은 지역에서는 일부 마지노선의 표준이 다소 높은 편이고 레드라인 또한 높은 편이다. 하지만 생태환경에 대한 파괴가

심각하고 자원이용 상황이 열악한 지역에서의 일부 지표에 대한 최저기준
선과 레드라인은 '개선만 허용하고 악화는 허용하지 않는' 기준을 일정 시
간 동안 적용할 수 있다. 어떤 상황을 막론하고 마지노선 값은 레드라인값
을 확정하는 중요한 기초이다. 흔히 레드라인이 바로 마지노선이라고 하
는데, 바로 이와 같은 상황을 가리키는 것이다.

생태보호 레드라인의 실질은 생태환경안전의 마지노선이다. 가장 엄격
한 생태보호 제도 구축을 목적으로 하고 생태기능보장과 환경의 질에 대
한 안전, 그리고 자연자원이용 등의 분야에 대한 보다 높은 관리감독 요구
를 제시하고 이를 통해 인구와 자원 환경의 균형과 경제사회 및 생태효과
의 통일을 촉진할 수 있다.

시진핑은 전사회적으로 생태 레드라인 관념 추진을 중시하는 가운데
'생태환경 보호문제에서 지뢰밭을 넘어서는 안되며 그렇지 않을 경우 벌
을 받아야 한다'[12], 동시에 관념을 실천하는 중요성과 경로를 강조하고 '어
떤 부분을 생태 레드라인에 포함시켜 제도적으로 보장할 것인지에 관해
심도있게 연구하고 논증할 것'[13]을 주문했다. 산간닝(陝甘寧) 혁명지 발전과
관련하여 시진핑은 산간닝 혁명지 발전을 추진하려면 자연조건과 자원분
포를 결합하여 과학적이고 합리적으로 계획하며 발전 과정에서 생태 레드
라인을 굳건히 지켜 맑은 하늘과 푸른 나무 및 잔디, 그리고 건실하게 커

---

12   시진핑: 「제18기 중앙정치국 제6차 집단학습에서 한 연설」 (2013년 5월 24일), 『시진핑의
      사회주의 생태문명건설에 대한 논술 발췌』, 중앙문헌출판사, 2017, 99면.

13   시진핑: 「제18기 중앙정치국 제6차 집단학습에서 한 연설」 (2013년5월24일), 『시진핑의 전
      면적인 샤오캉사회를 건설할데 대한 논술 발췌(習近平關於全面成成小康社會論述摘編)』, 중앙
      문헌출판사, 2016, 167면.

는 소와 양떼가 황토고원의 고유 풍경이 되도록 해야 한다.[14] 또한 티벳공원 보호와 관련해서는 생태안전의 마지노선과 레드라인, 그리고 고압선을 지키고 생태종합보상 메커니즘을 개선하며 티벳고원을 잘 보호하여 국가 생태안전의 장벽을 튼튼히 구축해야 한다.[15] 라고 강조했다. 시진핑이 생태 레드라인의 관념 구축을 이처럼 강조하는 원인은 생태라인이 국가 생태안 전의 마지노선이자 생명선이기 때문이다. 이 레드라인은 무너져서는 안되며 무너지는 즉시 생태안전과 인민의 생산생활, 그리고 국가의 지속 발전에 위기를 가져다 줄 것이다.

'생태보호 레드라인'은 '18억묘 경작지 레드라인' 이후 국가차원에서 제기된 '생명라인'이다. 2013년 11월, 시진핑의 주관하에 심의된 『중공중앙 개혁의 전면 심화와 관련된 약간의 중요 문제에 대한 결정(中共中央關於全面深化改革若干重大問題的決定)』은 생태보호 레드라인 확정을 제기했다. 이는 주체기능지구(主體功能區) 제도를 흔들림없이 실시하고 국토공간개발 보호 제도를 구축하며 핵심기능지구의 포지션에 따라 발전하고 국가공원체제를 구축하기 위함이다. 자원환경용량 모니터링의 조기경보 기제를 수립하고 수토자원과, 환경용량, 그리고 해양자원의 과부하 지역을 대상으로 제한 조치를 실시한다. 개발제한 지역과 생태가 취약한 국가 빈곤지원 개발업무 중점 현을 대상으로 지역의 생산총액 심사 평가를 취소한다.

---

14   『오랜 혁명구의 발전을 항상 마음에(把革命老區發展時刻放在心上)』, 신화망 시안(西安), 2015년 2월 17일.

15   리화링(黎華玲), 「생태안전의 레드라인을 사수하고 푸른 하늘과 물을 함께 지켜내자-티벳과 쓰촨장족지구 간부군중이 중앙 제6차 티벳 업무좌담회 정신을 뜨겁게 토론(堅守生態安全紅線 共同保護碧水藍天-西藏和四川藏區幹部群衆熱議中央第六次西藏工作座談會精神)」, 『광명일보(光明日報)』, 2015년 8월 28일, 제1지면.

2015년 3월, 시진핑이 주관한 중공중앙정치국 회의는, 『생태문명건설 가속에 관한 의견(關於加快推進生態文明建設的意見)』을 심의 통과했다. '의견'은 환경자원의 생태 레드라인을 엄수할 것을 명확히 제기했다. 마지노선 사유를 확립하고 자원소모 상한과 환경 질 마지노선, 그리고 생태보호 레드라인을 설정 및 엄수하여 각종 개발 활동을 자원환경용량 범위로 제한한다.

　　『중공중앙 국무원의 생태문명건설 가속에 관한 의견』중에서, 자원환경의 생태 레드라인 엄수에 대한 요구를 관철하여 실시하고 레드라인 확정 업무를 지도하며 레드라인 관리제도 건립을 추진하고 생태문명건설을 가속하기 위해, 2016년 5월, 국무원의 발전과 개혁위원회 등 9개의 부서 및 위원회 기관은 『자원환경 생태 레드라인 관리 강화에 대한 지도의견(關於加强資源環境生態紅線管控的指導意見)』을 배포했다. 해당 '의견'은 '자원환경 생태 레드라인 통제'를 명확히 제기하고 확정했다.

　　자원환경에 대한 생태 레드라인의 통제는 아래 세가지를 포함한다.

　　첫째, 자원소모의 상한 확정, 즉 전국 및 지역별 자원소모의 최고치를 합리적으로 설정하고 에너지, 물, 토지 등 전략자원의 총 소모량을 통제하며, 자원소모 총량에 대한 관리와 소모강도 관리에 대한 협력을 강화한다. 특히 자원소모 상한을 설정하고 유효한 관리제도를 제정한다.

　　둘째, 환경 질의 마지노선을 엄격히 지키고 환경 질의 '개선은 허용하고 악화는 불허' 한다. 이인위본과 예방 및 퇴치 결합, 그리고 지엽적인 것과 근본적인 것을 함께 다스리고 종합적 정책을 실시하는 원칙에 따라 인민의 건강을 보장하는 것을 핵심으로 환경의 질 개선을 목표로 하며 환경 리스크를 예방 통제하는 것을 기준선으로 하는 환경관리체계를 구축한다.

'대기 10조'와 '물 10조', 그리고 '토양 10조' 실시를 기회로 대기, 물, 토양의 오염을 적극 예방 퇴치하고 환경의 질을 적극 개선하며 돌발적 환경 리스크를 엄격히 통제한다.

셋째, 생태보호 레드라인을 확정하고 생태계 퇴화 형세를 단호히 억제한다. 현 단계에서 법에 따라 생태보호 레드라인의 범위를 서둘러 확정하고 생태보호 레드라인의 한계를 합리적으로 확정하여 생태보호 레드라인이 다양한 규정 중에서 기준선 역할을 발휘할 수 있도록 한다.

자원소모의 상한과 환경 질의 마지노선, 그리고 생태보호 레드라인을 엄격히 지키는 것에 대한 전략목표를 실천하고 제도적 보장을 개선해야 한다. 시진핑은, "생태환경 보호가 내실있게 추진되는 관건은 지도 간부다……법률과 법규에 따라 객관적이고 공정하며 과학적으로 인정하고 권리와 책임이 일치하며 평생 책임 추궁 원칙을 성실히 관철해야 한다. 결정, 집행, 관리감독 중의 책임소재에 대해 각급 지도간부에 대한 책임 추궁을 명확히 해야 하다. 생태환경 손실에 대한 책임이 있는 지도간부는 이직과 승진 혹은 퇴직을 막론하고 모두 엄격하게 그 책임을 추궁한다. 각급 당위원회와 정부는 이를 확실히 중시하고 지도를 강화하며 기율검사와 감찰기관, 그리고 조직부서와 정부관련 관리감독 부서는 직분을 다하고 힘을 합쳐야 한다."[16] 라고 말한 바 있다. 『당정 지도간부의 생태환경 손해 책임 추궁 방법(시행)(黨政領導幹部生態環境損害責任追究方法(試行))』은 당중앙과 국무원의 '기저의식을 수립과 자원소모 상한과 환경 질의 최저기준, 그리고 생태

---

16 시진핑: 「18기 중앙정치국 제41차 집단학습에서 한 연설(在十八屆中央政治局第四十一次集體學習時的講話)」 (2017년 5월 26일), 『시진핑의 사회주의 생태문명건설에 대한 논술 발췌』, 중앙문헌출판사, 2017, 110-111면.

보호 레드라인을 설정하여 이를 엄격히 준수'하는 것에 대한 요구에 따라 모순의 주요 부분을 부각시키고 생태환경에 대한 부정적 영향이 크고 사회적 반향이 큰 당정 지도간부의 직무이행 행위를 책임 추궁 정황으로 설정한다.

앞서 누차 언급했던 환경 질의 마지노선과 생태보호 레드라인을 제외하고, 시진핑은 자원소모 상한 관련 업무를 매우 중시했다. 시진핑은, "자원환경 제약 측면에서 볼 때, 과거에는 에너지자원과 생태환경에 있어 그 여지가 컸지만 오늘날 환경용량은 이미 상한에 이르렀거나 근접하고 있어 더 이상 소모가 큰 조방적 발전은 감당할 수 없게 되었다. ……인민의 양호한 생태환경에 대한 기대에 순응하여 녹색·저탄소·순환발전의 새로운 방식을 구축해야 한다."[17]고 제기했다. 자원을 절약하는 것은 생태환경을 보호하는 근본 대책이다. 자원을 적극 절약하고 집약적으로 이용하며 자원이용 방식의 근본적 변화를 추진하여 과정 전체를 통해 절약관리를 강화하고 에너지, 물, 토지의 소모 강도를 대폭 낮추고 순환경제를 적극 발전시키며 생산, 유통, 소비 과정의 감량화와 재이용, 그리고 자원화를 촉진해야 한다. 시진핑은 "자원절약과 환경보호라는 기본국책을 견지하고 절약우선, 보호우선, 자연회복을 중심으로 하는 방침을 추진하여 자원절약과 환경보호의 공간적 구도와 산업구조, 그리고 생산 방식과 생활방식을 조성하고 인민을 위한 양호한 생산 및 생활 환경을 창조해야 한다."[18] 라고 제기했다.

---

17 시진핑: 「경제업무는 경제발전의 뉴노멀화에 적응해야 한다(經濟工作要適應經濟發展新常態)」 (2014년 12월 9일), 『시진핑의 사회주의 생태문명건설에 대한 논술 발췌』, 중앙문헌출판사, 2017, 25면.

18 시진핑: 「18기 중앙정치국 제41차 집단학습에서 한 연설(在十八屆中央政治局第四十一次集體

4. 부각된 환경문제 해결에 진력

시진핑은 공산당 19대 보고에서, "부각된 환경문제 해결에 진력할 것"을 제기했다. 인민이 맑은 공기 속에서 숨쉬고 건강한 물을 마시며 안전한 음식을 먹을 수 있도록 보장하는 것은 환경 질 안전의 마지노선이고 인류 생존의 기본적 환경 질의 수요에 대한 안전 기준선이다. 환경 질의 기준 달성 레드라인과 오염물 배출 총량 통제 레드라인 등이 포함된다. 환경 질의 기준 달성 레드라인은 각종 환경요소가 환경기능지구 기준을 달성할 것을 요구한다. 즉 대기환경의 질과 물환경의 질, 그리고 토양환경의 질 등이 모두 국가 기준을 만족하여 인민의 안전과 건강을 보장할 것을 요구하는 것이다. 오염물 배출 총량 통제 레드라인은 배출저감 임무를 전면적으로 완성하고 오염물질의 배출 총량을 효과적으로 제어하고 감소시킬 것을 요구한다.

시진핑은, '인민이 맑은 공기를 호흡' 하는 문제에 대해 줄곧 높은 관심을 보여왔다. 2005년 저장(浙江)성 당서기로 재직 시, 저장성 인구자원 환경 업무회의에서, "생태건설을 통해 인민이 깨끗한 물을 마시고 청량한 공기를 호흡하며 신뢰할 수 있는 음식을 먹도록 해야 한다"고 한바 있다. 이는 시진핑이 공산당 18대부터 큰 관심을 보여온 것이다. 공산당 18기 5중전회에서 시진핑은, "인민의 청량한 공기와 깨끗한 물, 그리고 안전한 식품과 아름다운 환경에 대한 요구가 날로 절박해 지고 있다"[19]고 제기했다. 또한

學習時的講話)」(2017년 5월 26일), 『시진핑의 사회주의 생태문명건설에 대한 논술 발췌』, 중앙문헌출판사, 2017, 35-36면.

19   시진핑: 「새로운 이념으로 발전을 선도하여 전면적인 샤오캉사회 건설 결승단계의 위대

"각지에서 스모그날씨가 빈발하고 공기오염이 심각한 날짜 수가 증가하고 있어 사회적으로 큰 물의를 일으키고 있다. 이는 환경 사안일뿐더러 중차대한 민생사안으로 나아가 중대한 정치문제로 돌출될 것이다"[20], "스모그오염과 공기 질을 개선하기 위한 가장 중요한 과제는 PM2.5를 통제하는 것이다. 비록 국제기준에 따라 PM2.5를 제어하는 것이 중국 상황에서 볼 때 너무 일찍 제기된 것이고 발전 단계를 초과한 것이지만 이 문제는 광범위한 간부 및 군중의 높은 관심과 국제사회의 주목을 받고 있어 반드시 해결하여 인민의 부름에 응답해야 한다."[21]라고 말하기도 했다.

'어떻게 하면 인민들이 깨끗한 물을 마실 수 있게 하느냐' 하는 것은 시진핑이 오랜 시간동안 고민해 온 과제이기도 하다. 전국적으로 아직까지 수 억에 달하는 농촌주민이 식수안전 문제에 노출되어 있는 상황을 감안하여 시진핑은 18차 당대회부터 여러 차례 물안전 문제에 대한 중요한 논술을 발표한 바 있다. 도시와 농촌 주민의 식수안전을 보장하고 특히 이주민 안치 지구와 농촌의 식수안전문제를 해결하여 인민들이 깨끗하고 안전하며 믿을 수 있는 물을 마실 수 있도록 보장해야 한다고 강조해 왔다. 식수안전 문제를 해결하지 못한채 샤오캉사회로 진입해서는 안된다. 2014년, 네이멍구(內蒙古)자치구 텅거사막 오지에 사는 유목민이 현지기업이 처

한 승리를 취득하자(以新的發展理念引領發展, 奪取全面建成小康社會決勝階段的偉大勝利)」(2015년 10월 29일),『시진핑의 사회주의 생태문명건설에 대한 논술 발췌』, 중앙문헌출판사, 2017, 28면.

20 시진핑:「중앙경제업무회의에서 한 연설(在中央經濟工作會議上的講話)」(2013년 12월10일),『시진핑의 사회주의 생태문명건설에 대한 논술 발췌』, 중앙문헌출판사, 2017, 85-86면.

21 시진핑:「베이징시 현지조사를 마치면서 한 연설(在北京市考察工作結束時的講話)」(2014년2월 26일),『시진핑의 사회주의 생태문명건설에 대한 논술 발췌』, 중앙문헌출판사, 2017, 86면.

리를 거치지 않은 폐수를 집수조에 배출한 후 바닥의 진흙을 직접 사막에 파묻은 사실을 언론에 고발했다. 시진핑은 동 사태와 관련하여 2014년 9월, 10월, 12월에 계속해서 중요한 지시를 내렸다. 2014년 12월, 시진핑이 서면지시를 내린 후 국무원은 특별 감독 검사팀을 꾸리고 텅거 산업단지에 대한 대규모 정리정돈 개선 작업을 진행했다. 이와 관련 네이멍구자치구 정부는 모두 24명의 관련 책임자에게 사안 발생의 책임을 물었다.

시진핑은, "중국의 물안전 문제는 이미 적신호를 켰고 심각한 경고음을 전하고 있으며 일부 지역에서는 물위기가 나타나고 있다. 하천의 위기와 수원의 위기는 바로 생존환경의 위기이자 민족 존속과 관련되는 위기이다. 이미 중국에서 물은 매우 부족한 물자가 되었고 환경의 질을 제약하는 주요 요소이자 경제사회발전이 직면하고 있는 심각한 안전문제로 대두되었다. ……우리는 이와 같은 현상이 나타나도록 허용할 수 없다. 당 전체가 수자원에 대한 우환의식과 위기의식을 높이는데 진력하여 샤오캉사회의 전면 건설과 중화민족의 영속 발전을 실현하는 전략적 차원에서 물안전 문제를 중시하고 해결해야 한다."[22] 라고 지적했다. 물안전 보장과 관련하여 시진핑은, "18차 당대회와 19기 3중전회는 일련의 생태문명건설과 생태문명제도 건설과 관련하여 새로운 이념, 사고방식, 조치를 제기했다. 물안전을 보장하려면 지도사상에 있어서 이와 같은 정신과 요구를 흔들림 없이 관철해야 한다. 치수에 대한 새로운 함의와 요구, 그리고 임무를 제기하고 '절약을 우선시 하는 가운데 공간적 균형을 이루어 체계적으로 다스

---

22 시진핑: 「중앙재경 영도소조 제5차 회의에서 한 연설」 (2014년 3월 14일), 『시진핑의 사회주의 생태문명건설에 대한 논술 발췌』, 중앙문헌출판사, 2017, 53면.

리며 두 손으로 동시에 힘을 주는' 사고방식을 견지하며 치수 사유에 대한 전환을 실현해야 한다."라는 것을 제기했다.[23]

또한 시진핑은 다음과 같이 지적했다. 식품안전은 중요한 민생문제 일 뿐더러 중차대한 정치문제이기도 하다. 식품안전을 보장하는 것은 민생공정이자 민심공정으로 각급 당위원회와 정부가 거부할 수 없는 책임이다. 식품안전은 중화민족의 미래와 관련되며 식품안전에 대해 인민들에게 만족스러운 답변을 줄 수 있느냐 하는 것은 우리의 집정능력에 대한 시험이다. 인민이 안전한 음식을 걱정없이 먹을 수 있느냐 하는 문제는 집정당에 대한 신뢰와 나라에 대한 신뢰와도 관련된다. 식품안전보장과 관련하여 시진핑은 아래와 같이 지시했다. 현재 중국의 식품안전 문제는 아직까지 엄중하고 인민은 걱정없이 건강한 음식을 먹을 수 있을 것을 기대한다. 총괄적 조율을 강화하여 통일적이고 권위적인 관리감독체제와 제도 개선을 가속하고 '네 가지의 가장 엄격한' 요구를 실천하며 인민의 식품안전을 확실히 보장해야 한다.[24]

---

23 시진핑: 「중앙재경 영도소조 제5차 회의에서 한 연설」 (2014년 3월 14일), 『시진핑의 사회주의 생태문명건설에 대한 논술 발췌』, 중앙문헌출판사, 2017, 53-54면.

24 『습근평이 식품안전 관련 업무에 대하여 내린 중요지시(習近平對食品安全工作出重要指示)』, 신화망, 2016년 1월 28일.

제6장

생태를 우선하는 녹색발전의 길

중국특색 사회주의가 신시대로 진입하며 인민의 아름다운 생활에 대한 수요의 폭이 넓어졌고 생태환경에 대한 요구도 높아졌다. 하지만 생태환경 파괴는 불균형적, 불충분한 발전의 중요한 원인으로 대두되고 있다. 생태환경 위기를 완화하고 경제발전의 난국을 헤쳐 나가기 위해, 시진핑을 핵심으로 한 공산당 중앙은 자연의 객관적 법칙과 현실적 발전수요를 기반으로, 미래지향적인 전략적 사고와 안목 하에 '생태 우선'이라는 원칙을 제기하고 생태효과를 수호하는 것이 가장 중요하고 절박한 사안임을 강조했다. 환경자원을 사회경제 발전의 내적요소로 간주하고 경제활동 과정의 '녹색화'를 발전의 주요 내용과 경로로 삼았으며 이를 통해 발전과 보호의 역설을 극복하고 양자의 변증법적 통일을 완성시켰다. 생태를 보호하는 과정에서 발전의 길을 고민하고, 녹색발전으로 생태보호를 위한 버팀목을 제공했으며 경제와 환경, 그리고 사회효과가 상호 조화를 이루는 지속발전 모델을 위한 방향을 제시했다.

1. 생태적 합리성은 성장적 합리성에 우선

양호한 생태환경은 인류가 생존하는 자연공간이자 발전에 필요한 물질

자원의 보급원천이다. 중국은 이미 오랜 시간동안 적용해 온 '질 보다 속도' 식의 발전모델로 인해 생태환경에 큰 빚을 지게 되었으며 이는 발전의 걸림돌이 되어 이제 생태환경 보호는 일각도 지체할 수 없는 상황이 되었다. 이와 같은 배경 속에서 제기된 시진핑의 '생태 우선'이라는 원칙은 전통적인 경제성장 우선의 원칙과 비교해 볼 때 본질적으로는 생태계의 기초 지위를 견지하고 경제와 사회, 그리고 환경 간의 모순 및 충돌을 조율하기 위한 판단의 준거를 제공했으며 현 단계 생태문명건설의 기초가 되었다.

18차 당대회 보고서는 처음으로 '절약 우선과 보호 우선, 그리고 자연 복원 중심의 방침 견지'를 제기하고 생태보호에 대한 우선적 지위를 부여했다. 생태 우선에는 자원의 절약 및 집약적 이용과 생태환경에 대한 원천적 보호가 포함되고 이는 '자원절약과 환경보호를 견지' 하는 기본국책과도 일치한다. 이후에도 시진핑은 생태우선을 견지하는 것에 대한 구상과 기본 요구를 누차 설명해 왔다. 경제적으로는, 경제효과를 우선하는 가운데 '녹색발전과 순환발전, 그리고 저탄소 발전을 자발적으로 추진하고 환경의 희생을 대가로 달성하는 일시적 경제성장을 추구하지 않는다.'[1] 제도적으로는, 생태환경을 제도적으로 보호하고 생태환경보호를 보다 중요한 위치에 놓아 생태문명건설 체제의 기제 개혁을 선행하고 자연자원 자산의 재산권 제도와 용도관리 제도를 건전히 하고 생태보호 레드라인을 확정하여 생태환경보호 관리체제를 개혁한다. 생태환경 관리에서는, 자원절약과 환경보호에 대한 전면적 계획을 세우고 지속가능한 발전 전략을 계속 실

---

1   시진핑(習近平): 「18기 중앙정치국 제6차 집단학습에서 한 연설(在十八屆中央政治局第六次集體學習時的講話)」(2013년 5월 24일), 『시진핑의 전면적인 샤오캉 사회를 건설할 데 대한 논술 발췌(習近平關於全面建成小康社會論述摘編)』, 중앙문헌출판사, 2016, 165면.

생태문명 건설 이론 확립 및 실천 모색

시하여 국토공간의 개발구도를 개선하며 자원절약을 전면 촉진하고 자연생태계와 환경보호력을 제고하여 스모그 등 일련의 문제를 해결하며 푸른 하늘과 잔디, 그리고 맑은 물을 가진 아름다운 중국을 건설하기 위해 노력한다. 사회건설에서는, 우리가 보호해야 하는 환경이 민생복지와 관계되는 공공제인 만큼 오염퇴치와 생태복원 과정에서 서둘러 양호한 거주환경을 조성하고 '생태를 우선하는 녹색발전의 길을 흔들림없이 걸어 나가야 한다'[2] 또한 공산당 19대 보고서는, '인간과 자연의 조화로운 공생'을 신시대 중국특색 사회주의의 기본 방략으로 삼아 '자원을 절약하고 환경을 보호하는 공간구도와 산업구도, 그리고 생산 방식와 생활방식을 조성하여 자연에게 조용함과 조화로움, 그리고 아름다움을 돌려줄 것'을 요구했다. 이는 절약우선과 보호우선의 공간구도를 개선하고 산업구도를 조절하며 발전방식을 바꾸어 가는 것에 대한 근본적 전제임을 표명한 것이다

생태우선 원칙을 실천하려면 반드시 제도적 규범과 보장이 따라야 한다. 공산당 18기 5중전회는, '생태안전의 튼튼한 장벽을 세우고 보호우선과 자원복원중심을 견지하며 산·수·임·전·호에 대한 생태보호와 복원공정을 실시하고 대규모의 국토녹화 행동을 추진하고 천연림 보호제도를 개선하며 푸른 해안 정돈 캠페인 추진'을 요구하여 생태보호를 이론 차원에서 실천 차원으로 발전시키고 생태복원과 정돈업무의 주요 내용도 명쾌히 정리했다. 『중공중앙 국무원의 생태문명건설 추진 가속에 대한 의견(中共中央國務院關於加快推進生態文明建設的意見)』은 생태문명건설의 다섯 가지 기

2 　시진핑: 『생태를 우선하는 녹색발전의 길을 걸어 중화민족의 젖줄기가 영원히 생기와 활력을 간직하게 한다(走生態優先綠色發展之路 讓中華民族母親河永葆生機活力)』, 2016년 1월 7일, 신화사.

본원칙과 네 가지 중요임무, 그리고 네 가지 보장기제를 제기하여 생태 우선 원칙이 보다 높은 실천가능성과 체계성을 갖추도록 했다. 해당 의견에서 생태 우선은 세 가지 차원의 함의를 포함하고 있다. '절약우선, 보호우선, 자연복원 중심의 기본방침을 견지한다. 자원개발과 절약 사이에서 절약을 우선 위치에 놓고 가장 적은 자원소모로 경제사회의 지속발전을 도모한다. 환경보호와 발전 사이에서는 보호를 우선 위치에 놓고 발전과정에서 보호하고 보호 과정에서 발전한다. 생태건설과 복원 사이에서는 자연복원을 중심으로 인공적 복원을 결합한다'[3] 생태우선 원칙의 핵심은 '자원개발과 절약적 이용', '생태보호와 경제발전'이라는 두 개의 관계를 잘 조절하는 것이고 이것에 대한 관건은 '자원절약을 우선', '환경보호를 우선' 하는 두 가지 요구를 만족하는데 있다.

생태경제학 시각에서 볼 때, 생태우선 원칙은 성장우선의 원칙과 비교하여 제기된 것이다. 즉 '생태적 합리성'은 '성장적 합리성'에 우선한다. 성장 우선 원칙은 경제의 빠른 성장과 규모의 무한 확장을 평면적으로 추구하고 단기적 경제효과만 고려하여 경제발전과 환경용량 간의 조화를 간과하고 있다. 하지만 생태계는 지속발전 체계 중에서 기초적 지위에 놓여 있고 경제와 사회 발전에 결정적 역할을 한다. 생태계가 갖고 있는 물적에너지 자원은 경제시스템의 기본 요소로 생태 자연순환 시스템은 생산과 생활에 필요한 공간을 제공하고 있다. 하지만 생태계 파괴는 되돌릴 수 없고 그 영향이 오랜 시간동안 지속되는 특징을 갖고 있다. 기후조절과 자원공

---

3   『중공중앙 국무원의 생태문명건설의 추진에 가속도를 올릴 데 대한 의견』, 인민출판사, 2015, 3면.

생태문명 건설 이론 확립 및 실천 모색

급, 그리고 에너지 순환 등 생태 기능을 잃어 버리는 것은 바로 발전 모멘텀과 생존 공간을 잃어 버리는 것을 의미한다.

생태를 우선하는 원칙은 경제효과를 중심으로 하던 전통적 발전 이념을 타파하고 경제와 환경, 그리고 사회의 조화로운 발전 실현을 지향한다. 생태법칙의 우선과 생태자본의 우선, 그리고 생태효과의 우선에는 세 가지 내용을 포함한다. 우선 생태계의 평형과 자연자원의 재생순환 법칙을 존중하며 사회의 경제활동을 지도한다. 또한 생태환경을 복원하고 생태기능을 보호를 우선하며 자원환경 자본의 가치 유지와 증식을 보장한다. 장기적 생태효과를 우선적으로 보호하고 생태 프리미엄으로 생태효과와 사회효과의 손실을 보충한다.

철학적 시각에서 볼 때, 생태는 자연의 객관적 법칙을 반영하고 있다.

첫째, 사람과 자연은 생명공동체이다. 생태법칙을 우선하여 자연을 존중하며 자연에 순응하고 자연을 보호해야 한다. 마르크스는 인간의 이중속성과 자연속성, 그리고 사회속성을 논술한 바 있다. 인간이 갖고 있는 자연속성과 관해, '우리는……자연계에 속하고 자연계 속에 존재한다……자연법칙을 인식하고 정확히 활용할 수 있다'[4]. 인간의 사회속성과 관련해서는 '사회는 인간과 자연계가 완성한 본질적 통일이다'[5] 라고 했다. 인간은 자연계의 일부분이다. 인류사회의 발전은 자연계에 의존하고 생태법칙은 사람과 사람의 의식에 앞서는 객관적 존재이다. 그러므로 생태법칙은 경제사회 법칙에 우선하는 기초적이자 전제적 지위에 있다. 인류의 모든 활

---

4   『마르크스엥겔스문집(馬克思恩格斯文集)』제9권, 인민출판사, 2009, 560면.
5   『마르크스엥겔스문집』제1권, 인민출판사, 2009, 187면.

동은 생태계의 평형과 자연자원의 재순환 법칙을 따라야 한다. 공산당 19대 보고는, 인류는 자연법칙을 따라야만 자연을 개발하고 이용하는 과정에서 잘못된 길에 들어서지 않을 것이고 인류가 대자연에 주는 파괴는 결국 인류에게 돌아오는 것이며 이는 불가항력적 법칙이다 라고 명시했다. 생태우선의 법칙은 자연법칙을 존중하여 우선적 위치에 놓고 인간과 자연, 그리고 사회의 관계를 정확히 인식하기 위한 과학적 지침을 제공했다. '눈동자를 보호하는 것처럼 생태환경을 보호하고 생명을 귀중히 여기는 것처럼 생태환경을 귀중히 여겨야 한다.'[6]는 시진핑의 제기는 마르크스주의의 인간과 자연의 조화로운 일체화라는 생태 이론관을 계승하고 발전시킨 것이다.

둘째, 생태문명의 패러다임은 생태자본의 가치를 우선적으로 유지하고 증식시킬 것을 요구한다. 경제효과의 극대화를 지침으로 하는 전통적 제조문명에서 인간과 자연의 관계는 대립적인 관계로 효율은 낮으나 소모는 크고 오염은 높다. 전통적 제조문명의 발전은 단기적으로 기아와 빈곤 문제를 해결했으나 장기적으로는 생태환경의 환경용량을 극한으로까지 끌고 갔다. 현재 중국의 경제발전 여건과 환경에는 중대한 변화가 일어나고 있다. 경제총량만 맹목적으로 좇는 방식은 경제법칙을 어길뿐더러 모순을 격화시켜 많은 위험을 촉발하고 있다. 생태문명의 패러다임은 생태계 가치를 중시하고 생태복원과 환경 관리를 통해 생태계 생산력을 회복하여 생태자본의 가치 유지와 증식을 보증하고 경제와 사회, 그리고 환경 효과

6　시진핑: 「12기 전국인대 4차 회의 칭하이 대표단 심의에서 한 연설(在參加十二屆全國人大四次會議青海代表團審議時的講話)」(2016년 3월 10일), 『시진핑의 전면적인 샤오캉 사회를 건설할 데 대한 논술 발췌』, 중앙문헌출판사, 2016, 183면.

의 전면적 발전을 함께 고민하며 생태문명의 패러다임이 제조문명의 패러다임을 대체한다. 이는 사회경제가 저수준에서 고수준으로 발전하는 단계에서 제기되는 객관적 요구이다.

셋째, 발전에 따른 주요 모순을 해결하려면 우선 생태효과를 보호해야한다. 유물변증법은 발전과정에 대해 지배 작용을 하는 주요 모순을 해결하는데 힘을 집중해야 한다고 본다. 자원 비축은 제한적이고 환경 파괴는 불가역적이기때문에 생태효과는 발전 중의 주요한 모순이 되었다. 생태보호와 자원을 절약하여 이용하는 것을 발전의 첫 번째 과제로 삼아 장기적 생태 프리미엄으로 단기적 경제효과와 사회효과의 손실을 보충해야 한다.

발전의 난국 속에서 생태보호를 중요한 위치에 두는 것은 자원환경이 궁핍한 문제를 해결하고 경제발전의 질과 효과를 향상시켜 발전과 함께 민생을 개선하는 것에 대한 절박한 요구이다.

첫째, 생태 우선을 견지하는 것은 엄중한 생태 형세에 대응하는 필연적 선택이다. 과거 생산요소 수량의 투입을 통해 발전을 견인하던 방식은 한계효용체감에 따라 경제성장률이 하향 조절되었다. 에너지자원의 결핍과 생태환경보호가 갈수록 어려워지면서 스모그 등 오염사태가 빈발하고 환경의 질은 갈수록 나빠졌다. 이는 경제발전의 공간을 축소하고 인민 생활의 질에 심각한 손해를 끼쳤다. 그러므로 경제위기와 사회위기를 해결하는 관건은 생태위기를 해결하는 것이며 생태 강점을 보호하는 것은 바로 발전에 유리한 요소를 보호하는 것이다.

둘째, 생태를 우선하는 것은 바로 전면적 샤오캉사회 건설에서 최종 승리를 거두는 관건이다. 공산당 19대 보고는, '우리가 건설하려는 현대화는 인간과 자연이 조화롭게 공생하는 현대화이다.'라고 명확히 제기했다. 지금부터 2020년까지는 전면적 샤오캉사회 건설의 승리 여부가 가려지는 시기다. 고품질의 생태환경은 이미 전면적 샤오캉사회 여부를 가리는 중요한 기준이 되었다. 현대화의 '녹색' 함의를 파악하여 경제발전의 방식을 바꾸고 생태환경에 대한 보호력을 높여야만 보다 우수한 생태제품을 제공하여 아름다운 생활에 대한 인민들의 날로 성장하는 수요를 충족시킬 수 있다.

2. 녹색발전은 지속가능 발전의 전체 국면과 관련

녹색발전은 생태환경보호를 사회경제 활동의 여러 분야에 포함시킬 것을 주장하는 것이다. 녹색발전은 발전의 이념일뿐더러 발전의 길이기도 하다. 녹색발전은 생산 방식과 생활방식, 그리고 문화이념과 사회 관리에 대한 '녹색화'개혁을 추진하여 생태보호를 위한 전방위적 버팀목을 제공한다. 그러므로 녹색발전의 실천은 국내외 두 개의 지속가능발전의 전체 국면과 관련되어 향후 중국의 장기적 고도화 발전에 대한 수요이자 미래 글로벌 발전의 필연적 추세이다.

2008년 세계경제위기 이후 경제복구와 함께 기후변화와 에너지 위기 등 난국을 헤쳐나가기 위해 유엔 등 국제조직의 창도 하에 '녹색뉴딜'과 '녹색경제', 그리고 '녹색성장' 등의 정책 개념이 속속 제기되었다. 이런 개념들은 상호 연결되어 있고 각자의 편중 부문을 갖고 있는 가운데 서로 다른 시각에서 녹색발전 이념에 대한 점진적 형성을 촉진했다.

국제연합환경계획(UNEP)은 정부 리더십에 의존한 위기대응을 취지로, '글로벌 녹색 뉴딜'과 '녹색경제계획'을 가동했다. UNEP는 각국 정부에 녹색 뉴딜의 이니셔티브에 따라 에너지 소모가 적고 친환경적이며 지속가능한 녹색경제의 성장패턴을 구축할 것을 주문했다. 이후 차례로 일련의 연구보고서를 내놓았고 녹색 뉴딜과 녹색경제의 함의와 서로의 관계를 설명했다. 예로『글로벌 녹색 뉴딜 정책 브리핑』은 금융위기와 기후위기, 그리고 식품위기 앞에서 국제와 국내 쌍방향적 재정부양 방안과 관리 정책을 통해 리스크를 제거할 것을 제기했다. 『Towards a Green Economy』에서 녹색경제는 녹색뉴딜의 핵심이라고 제기하며 녹색경제는 인류의 복지와 사회 공정성을 높이는 동시에 환경 리스크와 생태 희소성을 낮추는 경제로 정의했다. 『The Future we Want』는 각국의 다양한 역사배경과 발전단계에 따라 녹색경제 정책을 실시할 것을 강조했다. 이어서 유엔아시아태평양경제사회위원회(UNESCAP)가 '녹색성장' 개념을 제기하고 녹색성장은 녹색경제 형식 구축의 선결조건으로 탄소배출 감소와 자원이용률 제고, 그리고 자연자본에 대한 투자 촉진을 창도했다. 또한 경제협력과 발전조직이 발표한『Towards a Green Economy』은 녹색성장을 심층적으로 분석했다. 즉 경제성장과 발전을 촉진하는 동시에 자연자산이 인류복지에 없어서는 안 될 자원과 환경 서비스를 지원하 수 있도록 보장하고 경제·환경·사회·과학기술·발전을 복합적인 틀 속에 포함시켜야 한다는 것이다

이와 같은 국제적 시각에서 바라볼 때, '녹색발전'은 적극적이고 능동적이며 진취적인 발전방식이자 '자연을 존중하고 자연에 순응하며 자연을 보호하는' 것과 '사회공정주의'에 대한 새로운 국제적 발언체계이다. 중국은 세계 2위의 경제규모 국가이다. 국가의 종합경쟁력이 높아지며, 국제사무를 분담하고 대국의 책임을 이행해야 한다. 과거의 추종 및 참여자에서 점차 이끌고 주도하는 역할로 바뀌고 있다. 녹색발전관에 대한 실천과 확

산은 '양호한 생태환경이 인민 생활의 질적 성장을 가져올 수 있는 성장점이자, 긍정적 국가 이미지를 보여주는 발산력'[7]이 되어 새로운 국제 대화 기제를 구축하는데 중요한 역할을 할 수 있다.

중국은 국제사회의 '그린 웨이브'와 호응하며 '녹색발전'을 전면적 샤오캉사회 건설의 승리 단계와 경제의 뉴노멀화 진입의 단계적 특징과 접목시켰다. '녹색발전'은 과거의 단일한 경제발전 목표를 넘어 지속가능한 발전전략을 전면화시켜 보다 큰 현실적 의미를 갖게 되었다.

공산당 18기 5중전회는 혁신·조화·녹색·개방·공유 라는 새로운 발전이념을 제기했고 녹색발전을 국가전략 차원으로 승격시켜 '자원절약과 환경보호의 기본국책을 견지하고 발전하는 생산과 부유한 생활, 그리고 양호한 생태문명 발전의 길을 걸으며 자원 절약형 및 친환경형 사회를 건설하여 인간과 자연이 조화롭게 공생하는 현대화 건설의 새로운 구도를 형성할 것'을 창도했다. 회의는 생산과 생활, 그리고 생태를 아우르는 녹색발전의 길로 나아가 경제, 사회, 생태의 3중 효과에 대한 조화 실현을 밝혔다. 『중공중앙 국무원의 생태문명건설 추진 가속에 대한 의견』은 '신형 산업화, 정보화, 도시화, 농업 현대화, 녹색화'를 동시에 발전시킬 것을 제기했다. '녹색화'는 녹색발전을 한걸음 더 승화[8]시킨 것으로 녹색발전이 생산, 생활, 생태, 문화, 정치 등의 개혁을 추진하는 역동적 변화과정을 체현했

7   시진핑: 「화둥7성·시 당위원회 주요 책임자 심포지엄에서 한 연설(在華東七省市黨委主要負責同志座談會上的講話)」(2015년 5월 27일), 『시진핑의 전면적인 샤오캉 사회를 건설할 데 대한 논술 발췌』, 중앙문헌출판사, 2016, 176면.

8   저우훙춴(周宏春) 「녹색화는 중국 현대화의 중요한 구성부분이다(綠色化是我國現代化的重要組成部分)」, 『중국 환경관리(中國環境管理)』, 2015, 제3기.

다.『중공중앙의 국민경제와 사회발전을 위한 13차 5개년 계획 제정에 대한 건의(中共中央關於制定國民經濟和社會發展第十三個五年規劃的建議)』는 녹색발전을 인간과 자연의 조화로운 공생을 촉진하여 주체기능지구의 건설을 추동하고 저탄소 순환 발전을 밀고 나가며 자원을 전면적으로 절약하고 고효율적으로 이용하며 환경 관리력을 강화하고 생태안전의 장벽을 튼튼히 다지는 여섯 가지로 확장시켰다. 공산당 19대 보고서는, '녹색발전 추진'을 아름다운 중국 건설에 대한 기본요구로 했다. 보고서는 녹색발전의 방식과 라이프 스타일을 조성하는 가운데 녹색경제체계, 녹색기술혁신체계, 청정에너지체계, 자원절약순환이용, 녹색생활방식 등의 분야에 대한 녹색발전의 주요 내용을 설명했다.

결국 중국은 녹색발전을 경제적 조치에서 정치적 과제로, 경제 패러다임에서 개혁의 전면적인 심화로 승화시켰다. 발전방식을 바꾸어 녹색발전을 현대화 건설을 밀고 나가는 엔진으로 탑재하고 이론적 반석을 깊이 다졌다.

우선, 지속가능한 발전 시스템은 종합적인 시스템으로, 녹색발전은 다차원적으로 추진하는 전면적 개혁이라는 속성을 결정했다. 지속가능한 발전 시스템은 경제시스템과 사회시스템, 그리고 생태시스템이란 세 개의 서브 시스템으로 구성되었다. 서브 시스템이 조화를 이루고 생산요소의 조합이 최적화되어야만 경제효익과 사회공정, 그리고 환경의 지속가능성을 실현할 수 있다.[9] 녹색발전은 사실상 지속가능한 발전전략으로 녹색발

---

9   판자화(潘家華), 「지속가능한 발전 경제학 재조명(可持續發展經濟學再思考)」, 『인민일보』, 2015년 6월 29일, 22지면.

전을 통해 추진하는 개혁 속에는 생산 방식, 생활방식, 공간구조, 산업구조, 가치이념, 정치 거버넌스 등의 분야를 포함하고 있음을 뜻한다. 생태우선을 가치판단의 표준으로 삼아 경제와 사회, 그리고 생태의 지속가능한 발전에 대한 목표를 실현한다.

다음, 생태계 내적순환의 평형을 이루려면 녹색발전에서 녹색과 순환, 그리고 저탄소의 경제패턴을 적용해야 한다. 생태계는 물질과 에너지 순환 유동으로 유지되는 시스템인데, 전통적인 제조 경제 시스템은 '자원-제품-폐기물'의 단방향 흐름 방식의 경제 시스템으로 생태계 내적 순환의 평형을 깨버렸다. 따라서 자원이 한정된 가운데 '자원-제품-재생자원'이라는 순환형 패턴으로 경제를 발전시키는 것이 필요한 것이다. 저탄소 경제는 바로 에너지 구조를 개선하고 에너지 이용 효율을 높이며 탄소배출량을 줄이는 경제이다. 그리고 순환경제는 질서있는 자원 및 에너지의 순환 시스템을 구축하는 것이다. 녹색경제는 녹색 청정화 생산 및 소비로 생태환경이 파괴되는 것을 줄일 수 있다. 3자는 녹색발전의 기본수단을 구성하고 경제생태화를 통해 폐기물 방출을 줄이고 투입과 산출의 선순환을 실현하여 경제발전의 무한한 수요와 자원환경의 제한된 용량사이의 모순을 효과적으로 완화시킨다.

마지막으로, 자원과 환경은 대가성으로 인해 녹색발전은 자원 개발에 대한 보상이 필요하며 아울러 환경요소를 중요한 생산력 요소로 간주하는 것이 필요하다. 자원환경은 생태계의 중요한 구성부분으로, 특화된 생태 서비스 기능을 하고 생태 가치를 갖고 있다. 자원의 개발과 이용에는 인류의 노동이 투입되어야 하고 환경의 복구와 재생은 인류노동을 통한 보

생태문명 건설 이론 확립 및 실천 모색

상이 필요하여 경제적 가치가 있다.[10] 녹색발전은 자원과 환경의 대가성을 바탕으로 하여 환경을 중요한 생산력 요소로 간주한다. 그러므로 자원에 대한 무절제한 약탈과 환경에 대한 무질서한 개발을 근본적으로 부정하며 '환경을 보호하는 것이 바로 생산력을 보호하는 것'이라는 과학적 인식을 수립하고 발전과 보호의 공생을 위해 새로운 발전방식과 발전동력을 발굴해 낼 것을 요구하는 것이다.

현실적 의미에서 보면 녹색발전을 관철하는 것은 내적 전환의 수요를 충족시키고 자원이 부족한 문제를 완화시키며, 외적으로는 배출량을 줄이는 압력에 대응하기 위한 필연적 선택인데 그 원인은 다음과 같다.

첫째, 국내 경제발전 단계에서 보면, 녹색발전을 관철하는 것은 경제발전의 질적 전환과 효율전환, 그리고 모멘텀 전환에 유리하다. 중국경제는 이미 고속성장 단계에서 질적발전의 단계로 접어들어 성장방식과 경제구조의 최적화 성장 모멘텀에 대한 전환이 시작되었다. 이와 같은 역사적 기회를 포착하고 경제발전을 새로운 단계로 올려 놓으려면 경제발전방식을 집약형으로 전환시켜야 한다. 녹색발전은 녹색산업, 녹색에너지, 녹색교통, 녹색건축, 녹색금융 등의 새로운 업태를 잉태하면서 경제의 전환과 업그레이드를 위한 길을 마련해 주고 있다.

둘째, 에너지 자원의 결핍 문제와 관련하여, 녹색발전을 관철하는 것은 에너지 자원의 부하를 줄이고 경제와 환경의 모순을 해결하는데 유리하다. 중국은 세계 최대의 에너지 소비국이자 생산국으로, 에너지 소비구조

---

10   류쓰화(劉思華) 「생태경제 가치문제 기초적 연구(生態經濟價値問題初探)」, 『학술월간지(學術月刊)』, 1987, 11기.

는 석유화학 에너지가 중심이라 환경에 큰 부담을 주고 있다. 석유 및 천연가스 자원의 잉여 채굴 매장량 대비 해당 연도 생산량 비중은 세계 평균 수준보다 낮고 에너지 공급이 부족한 가운데 수질오염과 대기오염 등의 문제는 여전히 존재하여 발전 공간을 크게 제약하고 있다. 경제발전은 에너지 자원에 대한 의존도가 높은 반면 에너지 자원의 공급은 부족하여, 녹색발전을 통해 현대 에너지체계를 구축하고 에너지 절감형 친환경 산업을 발전시켜 에너지 자원의 소모를 줄이고 환경오염과 생태파괴를 줄여 나가야 한다.

셋째, 국제사회의 발전 환경 측면에서 보면, 녹색발전은 배출저감 과제를 실천하고 기후변화 위기에 대응하는데 이롭다. 기후변화 위기는 글로벌 지속 발전에 대한 최대의 도전이자 당대 국제사회의 중요한 현안이다. 『파리협정』은 2020년 이후 글로벌 기후변화 대응에 관한 배치로, 각 체약국의 온실가스 배출 저감 목표를 명확히 했다. 중국정부는 2030년경에, 이산화탄소 배출저감 피크치 목표 달성을 약속했다. 이는 중국의 경제발전에 대한 제도적 외부 제약을 걸어놓은 것으로 '저오염, 저배출, 고효율'을 특징으로 하는 저탄소·순환·고효율·안전을 위한 녹색발전의 길을 찾는 것이 시급하다.

녹색발전은 생태우선의 원칙을 생산·생활·생태·문화가치·정치관리 속에 융합시켜 실천 속에서 생산 방식의 녹색화로 라이프 스타일의 녹색화를 선도하는 것이다. 녹색소비를 핵심으로 하는 라이프 스타일로 녹색화 생산 방식을 역으로 추동하고 녹색화의 문화가치와 정치적 관리를 통해 녹색 라이프 스타일 구축에 영향을 주며 생태를 위한 기술·자본·문화·제도적 지원을 제공한다.

생태문명 건설 이론 확립 및 실천 모색

생산 방식의 녹색화를 추진한다. 에너지 절감과 친환경, 바이오 기술, 통신 기술, 스마트 제조, 첨단장비, 신에너지 등 신흥산업의 발전을 독려한다. 녹색금융을 발전시키고 녹색발전기금을 설립하여 녹색청정생산을 지원한다. 에너지 소모가 높은 산업에 대한 관리를 강화하고 중요한 생태기능지구에서 산업 진출 네거티브 리스트 제도를 실시한다. 기술함량이 높고 자원 소모가 적으며 환경오염이 덜한 산업구조와 생산 방식을 육성하여 총요소 생산성을 높이고 새로운 경제 성장점을 형성한다.

생활방식의 녹색화를 육성한다. 주민의 친환경 구매관과 자원 순환 이용관을 양성하고 녹색소비를 실현한다. 에너지기술 혁신을 가속하고 녹색 에너지를 개발한다. 대중교통을 우선하고 신에너지차 확산을 제창하며 교통운수의 저탄소 발전을 추진하고 녹색교통을 발전시킨다. 또한 친환경 건축자재를 사용하여 건축 에너지 절감 표준을 향상시키며 녹색 건축물을 조성한다. 오염퇴치와 생태복원 과정에서 양호한 거주환경을 조성한다.

녹색화 생태체계를 구축한다. 자연을 존중하고 과학적으로 계획하고 관리하며 생태보호 레드라인을 확정하고 이를 엄격히 지킨다. 주체기능지구의 배치를 개선하고 농업발전의 구도와 생태안전의 구도, 그리고 자연 연선의 구도를 형성하여 생태의 안전장벽을 구축하고 생태보호자금의 조달 채널을 확대하고 중요한 생태관리공정을 추진한다.

녹색화 문화가치관을 수립한다. 전사회적으로 근검절약과 환경을 아끼는 녹색문화가치관을 창도하고 이를 사회주의 핵심 가치관의 범위에 점차 포함시켜 생태문명을 소중히 여기는 새로운 풍조[11]를 조성한다. 이를 통해

---

11 쫭구이양(莊貴陽), 「생태문명제도 체제건설은 중요영역에서 돌파구를 찾을 것이 필요하다

'인간과 자연이 조화롭게 공생' 하는 가치가 우리의 행위를 규범화하는 기준이 되게 하고 생산·유통·보관·소비 등의 단계에서 절약을 실천한다.

녹색화의 정치적 관리를 실천한다. 경제성장속도를 유일한 기준으로 삼아 정치업적을 평가하던 방식을 바로잡아 녹색의 정치업적에 대한 평가체계를 구축한다. 지표체계와 지표 가중치, 그리고 평가표준 등의 분야에서 생태환경보호 관련 평가를 강화하고 자원소모, 환경훼손, 생태효과 등을 생태문명건설 상황을 반영하는 지표로 선정하여 경제사회발전 평가체계 속에 포함시켜 생태문명건설 체제의 기제개혁 분야에 대해 우선적으로 시범 실천하며 제도적으로 생태환경을 보호한다.

3. 중요지역의 생태우선과 녹색발전을 추진

경제와 사회, 그리고 생태환경은 서로 의존하는 유기적인 통일체[12]이다. 그 관계가 단열되는 즉시 경제발전의 자원공급에 차질이 빚어지고 생산 및 생활 공간이 파괴되며 인민의 행복감 역시 하락되게 된다. 경제위기와 사회위기를 해결하는 돌파구는 생태위기를 해결하는데 있고 생태적 강점을 보호하는 것은 곧 발전의 강점을 보호하는 것이다. 시진핑을 중심으로 한 공산당 중앙은 문제 지향적 원칙에서 출발하여 생태효과를 우선적 지위에 놓고 중국의 양쯔강 벨트와 산장위안(三江源)등 중요한 생태기능지구

(生態文明制度體系建設在重点領域尋求突破)」, 『저장경제(浙江經濟)』, 2014년 14기.

12 「생태를 우선하여 아름다운 중국을 건설한다-〈시진핑시대〉전재(生態優先建設美麗中國-〈習近平時代〉選載)」, 『학습시보(學習時報)』, 2016년 5월 19일, 3지면.

생태문명 건설 이론 확립 및 실천 모색

에 대한 전면 보호 전략을 실시하고 생태보호를 통해 발전을 역추진하는 방식으로 전환할 것을 제창하고 있다. 이는 자연법칙에 대한 존중일뿐더러 경제법칙과 사회법칙에 대한 존중이며 생태우선 원칙의 실천을 선행하는 역할이자 국가의 생태안전과 경제의 지속발전을 유지하는데 큰 영향력을 미친다.

양쯔강은 그 화물 운수량이 세계 내륙의 강 중에서 1위를 차지하고 있는 황금수로이다. 황금수로를 강점으로 조성된 양쯔강 경제벨트는 중국의 동, 중, 서 등 3개 지역의 상하이, 장쑤(江蘇), 저장(浙江), 안후이(安徽), 장시(江西), 후베이(湖北), 후난(湖南), 충칭(重慶), 쓰촨(四川), 윈난(雲南), 구이저우(貴州) 등 모두 11개의 성에 걸쳐 있다. 면적은 205만 제곱킬로미터이고 인구와 생산총액은 모두 전국의 약 40%를 차지하고 있다. 동 지역은 중국의 가장 중요한 생태 보물 창고이자 국토공간 개발에서 가장 중요한 동·서 축이며 실크로드 경제벨트와 21세기 해상 실크로드를 연결하는 중요한 연결체로 지역발전 과정에서 중요한 전략적 버팀목 역할을 하고 있다. 시진핑은 양쯔강 경제벨트 발전 심포지엄에서, '적극적으로 보호하고 대개발을 진행하지 않는다'라는 발전 방향을 정했다. 이 방향은 '생태 우선'이라는 요지를 충분히 반영하고 양쯔강 연안의 환경, 자원, 산업, 교통, 도농건설 등의 분야에서 녹색화 개혁이 추진되는 것을 끌고 나갈 것이다.

양쯔강 경제벨트에서 추진하는 생태우선 전략은 아래 다섯 가지를 포함한다. 첫째, 생태보호와 관련하여 중요한 생태복구공정을 양쯔강 경제벨트의 발전 중에서 우선 선택 프로젝트로 추진하고 혁신적 방법으로 양쯔강 생태를 보호한다. 생태환경용량을 아끼며 수상 및 육지를 총괄 관리하고 홍수방지, 통항, 발전의 모순을 정확히 처리하며 녹색·순환·저탄소발전을 능동적으로 추진한다. 둘째, 유역경제 발전에 대한 총괄적 관리와 관련하여 물·도로·항만·연안·생산·도시와 생물·습지·환경을 계획의 전면에 포함시켜 지역별 개혁발전과 지역간 각항목의 정책, 그리고 영역별 건설과 종류별 자원요소를 총괄하여 양쯔강 경제벨트의 상·중·하류의 협력발전과 동·중·서부의 협력을 촉진하며 양쯔강 경제벨트를 중국 생태문명건설의 선행시범벨트와 혁신적으로 발전하는 벨트, 그리고 조화롭게 발전하는 벨트로 건설한다. 셋째, 양쯔강 경제벨트의 도시군 배치 구도를 개선하는 것과 관련하여 대중소 결합과 동중서 협력을 견지하고 양쯔강 델타지역과 양쯔강 중류, 그리고 청두(成都)및 충칭 등 3대 도시군을 바탕으로 양쯔강 경제벨트의 발전을 선도한다. 넷째, 건설 프로젝트 선정과 관련하여 발전계획은 전체적 전략 배치에 따라 실제에 입각하여 선도적 역할을 하도록 한다. 생태환경을 보호하고 통일 시장을 조성하며 방식의 전환과 구조조정을 가속하는 등 중요 방향에서 '빠른 사고'의 플러스 방법을 취하여 수자원을 과학적으로 이용하고 산업구도를 개선하며 항구 연안 자원의 총괄과 중요 투자프로젝트의 배치 등은 '느린 사고'의 마이너스 방법을 적용하여 과학적으로 논증하며 비교하여 보다 우수한 것을 선택한다. 다섯째, 관리체계와 관련하여 총괄적으로 조율하고 계획적으로 선도하며 시장법칙에 따라 운영하는 지도 및 업무 메커니즘을 구축하고 시장과 개방을 양쯔강 경제벨트발전의 중요한 모멘텀으로 삼아 시장의 자원배치에 대한 결정적 역할을 할 수 있도록 하고 양쯔강 경제벨트발전 영도소조가 총괄 관리 역할을 발휘하여 양쯔강 연안의 성(省)과 시(市)의 정부기능 전환을 가속하고 공공서비스 수준을 향상하며 양호한 시장환경을 창조하여 사상 인식과 실제 실천이 하나의 바둑판처럼 움직이도록 해야 한다.

생태문명 건설 이론 확립 및 실천 모색

'대개발을 하지 않는 것'이 곧 경제를 발전시키지 않겠다는 것은 아니다. 개혁과 혁신의 방법으로 양쯔강의 생태를 적극 보호하고 생태기능을 지켜내는 동시에 양쯔강의 우월한 자연조건을 활용하여 녹색·순환·저탄소 경제를 발전시켜야 한다. 자원 환경 용량을 기반으로 양쯔강 경제벨트의 전략적 공간을 구축하고 경제발전과 생태보호 간의 평형을 지켜내야 한다. '적극 보호하는 것'이란 바로 환경을 보호하는 것으로 이는 지속가능한 발전의 기초를 닦는 것을 의미한다. 생태환경과 관련하여 엄격한 구속력이 있는 조치를 취해 경제의 전환과 업그레이드에 역으로 영향을 주며 질적 향상을 불러오고 총괄적으로 배치하여 보다 체계적인 사고방식으로 양쯔강 연안지역의 지역간 연동 협력을 보장하고 정부의 유도와 시장의 결정을 접목시켜 생태기능이 경제기능과 사회기능 등과 조화를 이루며 녹색·순환·저탄소의 공간구도와 산업구도 그리고 생산 방식과 생활방식을 조성하고 산업화와 도시화의 발전 속에서 안전한 거주환경을 보장하고 황금수로에서 진정한 골드 효과를 창출하도록 한다.

생태보호 원칙을 따르고 조방형 발전이념을 버려야만 에너지와 자원소모에 대한 의존에서 벗어나 생산발전과 생태환경 개선이라는 두 마리의 토끼를 한꺼번에 잡을 수 있다. 이와 함께 양쯔강 경제벨트를 생태환경이 더욱 아름답고 교통이 보다 원활하며 경제가 더욱 조화롭고 시장이 보다 통일되며 메커니즘이 보다 과학적인 황금 경제벨트로 건설할 수 있다

시진핑은 칭하이(青海)를 시찰하며, 칭하이시는 생태적으로 중요하고 특수한 지위에 있는 도시로 반드시 산장위안(三江源)과 '중화의 배수탑'을 보호하는 중대한 사명을 짊어져야 한다고 강조했다. 보호를 우선하고 자연적인 복구와 인위적인 복구를 접목시켜 실제로부터 출발하는 주체기능지

구의 계획 요구를 실천하며 국가의 생태안전을 담보하는 주체적 기능이 전면적으로 보강되는 것을 보장해야 한다. 생태공정과 에너지 절약 및 배기저감, 그리고 환경개선과 아름다운 도시 및 농촌 건설을 총괄적으로 추진하고 자연보호구 건설을 보강하여 산장위안 국가공원 체제 시범지 건설을 추진하며 칭하이 호수 둘레 지역에 대한 생태보호를 강화하고 사막화 예방퇴치와 고한 초원 건설을 강화하고 금목(禁牧)과 휴목(休牧)을 강화하여 초원을 복원하고 경작을 중지하여 초원과 숲으로 되돌리고 3북(三北) 방호림 건설을 강화하여 에너지 절약과 배기저감을 강화하며 환경을 종합적으로 관리하여 '깨끗한 양쯔강이 바다로 흘러가는 것'을 보장해야 한다.

산장위안은 황허(黃河)와 양쯔강, 그리고 란창(瀾滄) 강의 발원지로 티벳 고원의 내지와 칭하이성 남부에 위치해 있다. '중화의 배수탑'이란 이름을 갖고 있는 이곳은 중국 담수 공급의 명맥이다. 생물의 다양성이 집중되어 있고 생태계가 민감하여 현재의 생태환경을 보호하는 것은 서부지역은 물론 나아가 전국의 생태와 경제, 그리고 사회에 혜택을 가져다 줄 수 있다. 생태적 혜택은 기후를 조절하고 수원을 함양하며 수토를 지키고 생물의 다양성을 유지할 수 있다. 경제적으로는 생산 및 생활에 필요한 생물자원과 환경용량을 얻을 수 있다. 또한 사회적으로는 칭하이, 사천, 감숙, 티벳 등 4개 성의 접경지대에 위치해 있어 유목문화와 종교문화를 보호하고 민족단결과 사회안정을 지키는 역할을 하고 있다. 그러므로 산장위안 지역의 개발을 제한하거나 금지시키는 것은 발전을 방해하는 것이 아니라 생태보호를 통해 새로운 발전기회를 얻는 것이라 3중 혜택을 얻을 수 있다.

'국가 생태보호 종합시험구'와 '산장위안 생태보호 건설공사 계획', 그리고 '국가공원체제' 등은 혁신적 체제 메커니즘을 취해 산장위안 지역 생태를 보호하기 위한 필요한 정책적 지원을 마련했다. 국가 생태보호 종합시험구에 대한 전체 방안이 통과된 것은 산장위안에 대한 생태적 보호가 이미 국가전략 차원으로 올라섰음을 의미한다. 『칭하이 산장위안 생태보호와 2기공사 건설계획(靑海三江源生態保護和建設二期工程規劃)』은 산장위안의 보호 범위를 15.23만km²에서 39.5km²로 확대하여 칭하이 산장위안에 대한 생태보호를 추진하고 감숙성 국가 생태안전장벽 종합시험구와 징진(京津, 북경 및 천진) 모래바람 관리, 그리고 전국 5대 호수 구역의 수질환경관리 등 일련의 중요한 공정을 배치했다. 산장위안 국가공원체제 시범지에는 양쯔 강 발원지와 황허 발원지, 그리고 란창강 발원지의 3대 단지가 포함되었다. 그 면적은 총 12.31km²로 산장위안 면적의 31.16%를 차지하고 있다. 이는 귀속이 명확하고 권리와 책임이 분명한 가운데 관리 및 감독으로 효과적인 생태보호관리 체제를 구축하는 것이 목적이다. 산장위안 공원을 티벳고원 생태보호복원 시범구와 산장위안 공동건설 및 인간과 자연이 조화롭게 공생하는 선행지구, 그리고 티벳고원의 대자연보호 전시구와 생태문화 계승지구로 만들어 간다.[13]

현재 국가차원에서 진행한 상부설계 하에 산장위안 지역의 생태는 질서 있게 보호되고 있고 기대했던 3가지 효과도 점차 나타나고 있다. 첫째, 생태효과를 보면, 지난 10년간 추진되어온 생태보호 1기 공정 이후 산장위안 지역의 생태계의 거시적 구조가 국부적으로 개선되었고 토지 퇴화 추세도 점차 억제되고 있으며 잔디와 축목업의 모순이 완화되고 습지의 생태기능

---

13   류펑(劉鵬) 「중국 생태문명건설의 명함장을 깨끗이 닦는다(擦亮中國生態文明建設的名片)」, 『광명일보(光明日報)』, 2016년 7월 11일, 5지면.

도 점차 개선되고 호수의 수역면적과 유역의 수원 함양 및 물 공급력이 뚜렷이 증가되었다. 심각하게 파괴되었던 지역의 식생 피복률이 뚜렷이 높아졌고 중요한 관리구역에 대한 생태상황이 개선되었는데 이는 식생 피복률 증가와 수자원 용량 증가, 그리고 생물 다양성 증가 등으로 나타났다. 시진핑은 다음과 같이 제기했다. 생태환경을 보호하기 전에 우선 그 기반을 확인하고 동향을 파악하며 생태환경 모니터링 네트워크를 구축하여 사용하는 기초 업무부터 착실히 이행해야 한다[14]. 환경보호, 농목축업, 임업, 과학기술, 수리, 기상 등의 부서가 산장위안 생태 모니터링과 평가, 그리고 조기경보체계 등을 합력 구축하여 숲·잔디·물 등에 대한 전면적 모니터링을 보증하고 생태관리력을 보강하며 나라의 생태안전을 보장한다. 둘째, 경제적 효과 측면에서 보면, 생태환경을 보호하는 과정에서 과학기술에 의존하여 지역관리 수준을 향상시키고 생산환경을 개선하고 생산력을 높일 수 있다. 농촌의 에너지 건설과 생태 축목업의 인프라시설 건설, 그리고 나무 종묘기지 건설과 동충하초 자원의 체계적 보호 등의 조치를 취해 지역경제의 발전수준을 향상시키고 농목축민의 소득원천을 확대할 수 있다. 셋째 사회적 효과를 놓고 볼 때, 산장위안 지역의 생태보호가 추진되면서 빈곤지원과 빈곤탈출에 대한 생태적 민생 정치관이 수립되었다.[15] 시진핑은, "산장위안을 보호하는 것은 당중앙이 확정한 정책으로 생태 이민은 해

---

14   「자연을 존중하고 자연에 순응하며 자연을 보호하고 국가생태안전의 장벽을 튼튼히 구축한다(尊重自然順應自然保護自然 堅決築牢國家生態安全屏障)」, 『인민일보』, 2016년 8월 25일, 1지면.

15   차오칭쥐(喬淸擧) 「국운과 마음에 담고 녹색기반을 다진다-시진핑의 생태문명사상을 학습하다(心係國運 綠色奠基-學習習近平總書記的生態文明思想)」, 『학습시보(學習時報)』, 2016년 7월 28일, 1지면.

당 정책을 실시하는 중요한 조치이다. 이를 반드시 잘 조직하고 실시해야 한다."라고 했다. 빈곤지역 원조와 빈곤탈출 정책, 그리고 희소한 티벳 목민 문화를 잘 보호하여 인민의 생활수준을 향상시키고 사회적 화합을 증진시켜야 한다.

4. 생태우선과 녹색발전의 실현 기제 혁신

생태우선과 녹색발전의 관계는 상호보완적 관계이다. 생태우선은 녹색발전을 위한 조건이 되고 녹색발전은 생태우선에 필요한 버팀목이 된다. 양자의 관계는 본질적으로 보호와 발전 간의 협력 관계로 이익 조화의 메커니즘을 구축하여 생태적 효과와 경제적 효과, 그리고 사회적 효과를 통일시키는 것이 필요하다 경제적 및 사회적 효과가 생태적 효과에 비해 늦게 나타나는 경우 이전지급과 정책혜택 등의 수단으로 사전 보상을 하며 생태보호를 통한 발전방식의 전환에 역으로 영향을 주고 생태적 강점으로 발전의 기회를 창조할 수 있다. 경제적 효과와 생태적 효과가 대립 및 충돌하여 조화를 이루지 못할 경우 생태우선을 원칙으로 하며 필요시 장기적인 안목에서 출발하여 경제효과와 사회 효과를 내려 놓으며 녹색화를 독려할 수 있고 단기적인 이익 손실을 보완할 수 있다.

구체적으로, 생태우선은 생태환경 보호를 우선 과제로 한다. 생태는 발전의 전제이자 준칙이며 자연을 존중하고 자연에 순응하며 자연을 보호할 것을 주장한다. 생태우세를 보호하는 것은 곧 발전우세를 보호하는 것이며 결국은 인간과 자연의 조화로운 발전을 도모하고 생태평형을 유지하고 생태계 기능의 안정성을 유지하며 녹색발전을 위한 조건을 창조한다. 녹색발전은 생태우선 준칙을 생산과 생활, 그리고 문화와 정치 관리에 모두 융합시켜 생태환경 보호를 위한 버팀목을 제공한다. 녹색발전의 출발점은 발전으로, '녹색'은 발전방향을 대표하며 저탄소와 청결, 그리고 고효율적 발전방식을 따른다. '발전'은 생산, 생활, 문화, 생태를 모두 아우르는 종합적 개혁으로 발전방식의 전환을 통해 사회경제활동과 자원환경 용량이 서로 적응할 수 있도록 하며 발전의 질과 효과를 중시하여 인간의 전면적 발전을 실현한다.

생태우선과 녹색발전은 보호와 발전의 변증법적 통일을 창조적으로 실현했다. 이는 중국의 생태문명건설에서 이룬 한차례의 중요한 이론적 발전이며 그 가치는 아래 세 가지 분야에서 나타난다.

우선, 생태우선과 녹색발전은 마르크스주의의 생태관과 유물사관의 새로운 중국화의 성과로 생태문명건설 제도를 한층 더 개선시킨 것이다. 녹색발전에서 생태보호를 부각시키는 관점은 마르크스주의 생태관의 '외부 자연계의 우선 지위'[16] 라는 주장을 이어 받았을뿐더러 마르크스주의 유물사관의 중국화 활용을 실현한 것이다. 유물사관은, '물질생활의 생산 방식은 사회생활과 정치생활, 그리고 정신생활의 전체 과정을 제약한다'라고 보고 있다. 생산 방식의 변혁은 사회역사의 진보를 촉진하는 결정적 힘이다. 생태우선과 녹색발전은 생태보호 우선 원칙을 발전 과정에 주입시켜 생산 방식과 생활방식이 전례 없이 녹색화 변혁을 일으키며 지속가능 발전의 집약화 및 고효율화 요구에 더욱 적응하여 사회의 전면적 발전을 실

---

16   『마르크스엥겔스선집(馬克思恩格斯選集)』제1권, 인민출판사, 1995, 77면.

현하는데 이롭다. 동 사상은 마르크스주의 생태관과 유물사관을 효과적으로 연결시켜 중국의 발전수요에 접목되어 혁신을 이루었으며 생태문명 제도건설의 작용점은 곧 생태보호를 부각시키는 것으로 그 중요 분야는 생태환경에 대한 관리뿐만 아니라 경제와 정치, 그리고 문화에 대한 복합적인 개혁임을 밝히고 있다.

다음, 생태우선과 녹색발전은 생태계에 대한 중국 전통사상의 정수로, 인간과 자연이 조화롭게 공생하는 생태문화에 대한 가치관을 세워 주었다. 우리는 중국의 전통문화 속에서 인간과 자연의 조화로운 통일과 관련된 사상을 찾아 볼 수 있다. 예로, '천지인삼재지도(天地人三才之道)'와 '음과 양으로 하늘의 도를 세우고……세 가지 상징과 두 괘를 합쳐 한 괘로 하다(是以立天之道, 曰陰曰陽……兼三才而兩之)'를 들 수 있다. 이는 사람의 도(人道)는 반드시 하늘의 도(天道)와 땅의 도(地道)를 따라야 함을 주장하고 있다. 도가(道家)는 '도는 순전히 자연에 맡긴다(道法自然)'는 것을 주장하고, 유가(儒家)는 '천인합일(天人合一)'을 주장한다. 이 모두가 인간과 자연의 화합과 통일, 그리고 자연을 존중하는 이념을 포함하고 있다. 생태우선과 녹색발전이 부각시키는 발전 속 보호와 보호 속 발전 이라는 이념은 '자연을 존중하고 자연에 순응하는' 고대의 소박한 유물론 사상의 정수가 당대에서 새롭게 재현된 것으로, 향후 전 사회적으로 인간과 자연이 조화롭게 공생하는 생태문화를 조성하는 가운데 친환경·절약·저탄소·건강에 대한 새로운 인식을 이끌어 낼 것이다.

마지막으로 생태를 우선하는 녹색발전은 생태적 효과와 경제적 효과를 총괄하는 지도 원칙을 제시하고 있다. '환경의 희생을 대가로 경제를 발전시키지 않는다'는 과거의 제기법에는 생태보호를 부각시키는 데 있어서 다소 미흡한 부분이 있었다. 경제적 효과와 생태적 효과 사이에 모순이 있을 때 선택의 기준이 불분명 했다. 생태우선 원칙이 제기되면서 생태문명 건설에 대한 국가의 전략적 지위는 전례없이 향상되었고 생태법칙이 경제법칙에 우선하고 생태효과가 경제효과에 우선하는 기준을 명확히 제시했으며 녹색발전의 경로를 거쳐 경제우선에서 생태우선으로 발전하는 패턴의 전환을 추동했다. 생태우선은 발전을 포기하는 것이 아니라 '고투입, 고오염, 고소모, 저효율'의 낡은 방식을 버리고 '녹색, 순환, 저탄소' 발전의 길을 선택하는 것으로 경제적 발전과 환경적발전, 그리고 인간의 전면적 발전에 그 방점을 찍고 두고 있다. 생태우선은 경제이익을 포기하는 것이 아니라 환경요소를 충분히 고려하는 녹색경제 패턴을 주장한다. 녹색경제를 통해 '경제구조 최적화, 생태환경 개선, 민생건설 향상' 등의 프리미엄을 취득하여 경제효과에 대한 보상을 실현한다.

생태우선과 녹색발전의 관계를 바탕으로 생태우선 원칙을 실천하고 녹색발전 모델을 갖추며 과학기술과 이념, 그리고 문화와 제도 등 네 가지 분야에 대한 메커니즘 혁신에 의존하여 생태적 강점이 발전의 강점으로 전환되도록 노력해야 한다.

첫째, 과학기술에 의지하여 새로운 경제 업태를 혁신 및 육성하여 새로운 거버넌스 툴을 제공한다. 시장중심의 녹색기술 혁신 시스템을 구축하고 기업 주체와 시장 중심으로 산학연이 심층적으로 융합된 기술혁신 시스템을 구축하고 중소기업 혁신을 더욱 지원하며 과학기술성과의 전환을 촉진한다. 녹색금융을 통해 에너지 절감 및 친환경 산업과 청정 생산 산업, 그리고 청정 에너지 산업을 발전시켜 생산과정의 청정화와 산업구조의 다원화를 실현한다. 에너지 절감기술과 자원순환 이용기술, 그리고 신에너지

신소재 개발이용 기술과 오염 저감 및 퇴치와 관련된 새로운 수단을 개발하여 생태환경 관리력을 배가한다.

둘째, 발전 패러다임의 혁신을 통해 신형 산업화와 도시화를 추진한다. 과거 구미 국가들은 '선 오염 후 퇴치의 산업화 발전의 길'과 '선 파괴 후 개조의 도시화 발전의 길'을 걸었다. 이는 공리주의 중심의 산업문명 발전에 대한 패러다임으로 자원낭비와 환경오염, 그리고 생태파괴와 '도시병' 등과 같은 심각한 문제를 유발시켰다. 중국은 결코 그들의 전철을 밟을 수 없다. 중국의 산업화와 도시화는 생태이익 중심의 생태문명 발전 패러다임으로 전환하고 소 잃고 외양간 고치는식의 복원을 피해 발전 원가를 최대한 낮추어야 한다. 사회경제건설 프로젝트와 생태보호를 위한 중점 공정을 결합시켜 '생태 보호 레드라인과 영구적 기본 농경지, 그리고 도시개발 한계선'이라는 통제선을 엄격히 지키며 녹색산업, 녹색교통, 녹색건축, 녹색 커뮤니티를 발전시키고 생태통로와 생물 다양성 보호망을 구축하고 도시의 녹색기반 서비스를 개선하여 녹색 저탄소와 생태적이며 거주에 적합한 발전 환경을 조성한다.

셋째, 문화혁신을 통해 생태문명에 대한 새로운 풍조를 육성한다. 생태우선과 녹색발전은 자연을 존중하고 자연에 순응할 것을 강조한다. 이는 전통적 생태관의 정수가 당대에서 새롭게 재현된 것이다. 생태문화를 육성하여 전사회적으로 생태문명에 대한 주류 가치관을 확산시키고 생태보호의 가치 기준을 '마음 속에 담고 실천에 옮기도록' 인도하며 근검절약하는 사회붐을 조성하고 '문명의 중국과 아름다운 중국'이라는 양호한 국가 이미지를 구축하여 문화 소프트파워를 증강시켜야 한다.

넷째, 제도혁신을 통해 가장 엄격한 환경보호제도를 실시하는 동시에 자원 부의 보상기능과 사회 원가로의 전환을 개선한다. 자연자원에 대한 자산유상사용 제도, 생태환경 보상제도, 국유자연자원 자산관리 제도, 녹색 국민부의 정산제도, 생태보호 레드라인제도 등의 제도혁신은 자원환경의 가치를 중시하고 생태환경보호와 개발 기준을 명확히 하는데 도움이 된다. 자원의 부를 생태환경에 대한 보상으로 사용하여 자원가치가 고갈되지 않도록 하고 자원손해배상을 개선하는 동시에 자연자원의 부를 사회 자본으로 전환시켜 사회건설 영역에 투입하여 자원수익의 전면 공유와 세대간 공유를 실현한다.

생태문제는 사실 발전의 문제이다. '인간과 자연의 조화로운 공생'이라는 발전이념을 흔들림없이 지키고 '친환경, 순환, 저탄소'의 발전방식을 따르며 '경제·정치·사회·생태의 지속가능성'의 발전목표를 수립해야 한다. 생태우선 원칙을 지도 지침으로 하는 녹색발전의 길이 바로 발전과 보호를 융합하고 생태 우세를 발전 우세로 전환하여 최종적으로 녹수청산을 통해 거대한 효과를 창출하는 길이다.

제7장

생태문명건설을 위한 법치와 제도 보장 제공

공산당 19대는 중국 특색 사회주의 현대화가 신시대에 진입 이후, 중대한 시대적 과제를 중심으로 마르크스 및 레닌주의, 마오쩌둥(毛澤東) 사상, 덩샤오핑(鄧小平) 이론, '3개 대표' 중요 사상, 과학 발전관을 견지하는 가운데 사상을 해방하고 실사구시하며 시대와 함께 발전하고 진리를 추구하고 실효를 강조하며 변증 유물주의와 역사 유물주의를 견지하고 새로운 시대적 조건과 실천에 대한 요구를 긴밀히 결합하며 참신한 안목으로 공산당의 집권 법칙과 사회주의 건설법칙, 그리고 인류사회 발전법칙에 대한 인식을 심화하고 고난의 이론 탐색을 진행하여 중요한 이론혁신에 대한 성과를 거두며 시진핑 신시대 중국 특색 사회주의 사상을 수립했다. 시진핑 신시대 중국 특색 사회주의 사상은 개혁의 총 목표를 전면 심화하여 중국 특색 사회주의 제도를 개선 및 발전시키고 국가의 거버넌스 체계와 거버넌스 능력의 현대화를 추진하는 것을 명확히 했고 의법치국의 총 목표는 중국 특색 사회주의 법치체계를 전면 추진하여 사회주의 법치국가를 건설하는 것임을 명확히 했다.

이를 바탕으로 공산당 19대 보고서의 제3장 부분, 즉 '신시대 중국 특색 사회주의 사상과 기본방략'의 9항에서는 '녹수청산이 바로 금산은산 이라는 이념을 수립하여 실천하고 자원을 절약하고 환경을 보호하는 기본국책을 지키며, 생명을 귀중히 여기는 것처럼 생태환경을 귀중히 여기고 생태환경을 생명처럼 간주하여 산·수·임·전·호·초 시스템을 복합적으로 관리하는 가장 엄격한 생태환경보호 제도를 실행한다.'라고 제기했다. 보고서의 제9장 부분, 즉 '생태문명 체제개혁를 가속하여 아름다운 중국을 건설한다'에서는 '녹색생산과 소비의 법률제도와 정책유도 구축을 촉진하며 녹색 저탄소 순환발전의 경제체계를 구축한다'와 '생태환경 관리제도를 개선하고 전체 국민 소유의 자연자원 자산에 대한 소유자 직책을 통일적으로 행사하고 전체 국토공간 용도에 대한 통제와 생태보호복원 직책을 통일적으로 행사하며 도시와 농촌의 각종 오염배출과 행정법 집행을 통일적으로 행사한다. 또한 국토공간개발 보호제도를 구축하고 주체기능지구 부대 정책을 개선하며 국가공원을 주체로 하는 자연보호지역체계를 구축하고 생태환경을 파괴하는 행위를 강경하게 제지하고 처벌한다'는 것을 제기했다.

생태문명건설은 생산 방식과 생활방식, 그리고 사고방식과 가치관에 관련되는 중대한 변화로, 이 같은 근본적 혁명을 완성하려면 반드시 제도와 법치에 의존해야 한다. 현재 중국의 생태환경보호에는 뚜렷한 문제들이 존재하고 있는데 이중 대다수가 미완비 체제와 비건전 기제, 그리고 미완비 법치와 관련된다. 시진핑은, '가장 엄격한 제도와 가장 치밀한 법치를 실행해야만 생태문명건설을 위한 신뢰성 있는 보장을 제공할 수 있다.'고 지적했다.[1] 우리는 제도와 법치건설의 생태문명건설에 대한 강력한 제약력을

1   시진핑(習近平): 「18기 중앙정치국 제6차 집단학습에서 한 연설(在十八届中央政治局第六次集
     體學習時的講話)」(2013년 5월 24일),『시진핑의 개혁을 전면심화할 데 대한 논술 발췌(習近平
     關於全面深化改革論述摘編)』, 중앙문헌출판사, 2014, 104면.

높이 중시하고 개혁 및 혁신의 정신과 보다 큰 정치적 용기 및 지혜로 생태문명체제와 제도개혁을 적기에 심화시키고 아울러 생태문명건설을 방해하는 사상관념과 체제기제의 적폐를 강경하게 배제해야 한다. 체계적이고 온전한 제도체계를 구축하고 제도를 통해 생태환경을 보호한다. 과학적으로 입법하고 엄격하게 법을 집행하며 공정한 사법과 전인민의 준법을 실현하여 국가 거버넌스 체계와 거버넌스 능력의 현대화를 촉진한다.

1. 법치정신으로 가장 엄격한 생태환경 보호제도 시행

법치는 한 국가가 발전하는 중요한 보장이자 국정운영의 기본방식이다. 공산당 18기 4중전회는 처음으로 전체회의 형식을 빌어 의법치국의 전면 추진을 전문 과제로 다루었다. 회의는, 중국 특색 사회주의 법치이론을 관철하고 완비된 법률규범체계와 고효율적 법치 실시체계, 그리고 엄격한 법치감독체계와 강력한 법치보장체계를 구축하고 과학적인 입법과 엄격한 법집행, 그리고 공정한 사법과 전인민적 준법을 실현하며 국가 거버넌스체계와 거버넌스 능력의 현대화 촉진을 요구했다. 시진핑은, '법치의 중국을 적극 건설하고 법치가 국가의 국정운영과 사회관리 속에서 그 역할을 보다 훌륭하게 발휘하도록 한다'[2], '과학적 입법과 엄격한 법 집행을 통해 공정한 사법과 전인민 준법을 전면 추진하고 법에 따른 국정운영과 법

---

2   『시진핑 총서기의 일련의 중요한 연설 독본(習近平總書記系列重要講話讀本)』, 인민출판사, 학습출판사, 2014, 80면.

집행, 그리고 행정을 공동 추진하며 법치국가와 법치정부, 그리고 정치사회의 일체화 건설을 견지하여 의법치국에 대한 새로운 국면을 지속적으로 개척한다.'라고 강조한 바 있다.[3]

생태문명 또한 반드시 법치에 의존하여 국가 거버넌스 체계와 거버넌스 능력의 현대화를 실현해야 한다. 공산당 18기 4중전회는, '엄격한 법률제도로 생태환경을 보호하고 개발행위를 효과적으로 제한하며 녹색발전과 순환발전, 그리고 저탄소 발전을 촉진하는 생태문명 법률제도 수립을 가속하고 생산자가 환경을 보호하는 법적책임을 강화하여 위법비용을 대폭 올려야 한다. 자연자원 재산권 법률제도를 세우고 개선하며 국토공간의 개발 및 보호에 대한 법률제도를 완비시켜 나가고 생태보상과 토양·수질·대기·오염 예방퇴치와 해양생태환경 보호 등의 법률법규를 제정하고 개선하며 생태문명건설을 촉진한다.'[4]는 것을 제기했다. 그리고 이를 바탕으로,

첫째, 과학적 입법을 전제로 한다. 시진핑은, '발전에 대한 실천은 무한하고 입법 또한 끝이 없다. 중국 특색 사회주의 법률체계를 구축하는 과제는 여전히 매우 중요하다'[5]고 제기했다. 생태문명의 입법 또한 마찬가지이

3   시진핑: 「18기 중앙정치국 제4차 집단학습에서 한 연설(在十八屆中央政治局第四次集體學習時的講話)」(2013년 2월 23일), 중앙문헌출판사, 2015, 3면.

4   「중공중앙의 의법치국을 전면 추진할 데 대한 약간의 중대문제에 대한 결정(中共中央關於全面推進依法治國若干重大問題的決定)」, 『18대 이래 중요한 문헌 선집 (十八大以來重要文獻選編)』(중), 중앙문헌출판사, 2016, 164면.

5   시진핑: 「중공중앙의 의법치국을 전면 추진할 데 대한 약간의 중대문제에 대한 결정」에 대한 설명(關於〈中共中央關於全面推進依法治國若干重大問題的決定〉的說明)」, 『18대 이래 중요한 문헌 선집』, 중앙문헌출판사, 2016, 149면.

다. 생태문명건설의 심층화와 더불어 기존의 생태보호 관련 법률 및 법규는 중국의 생태환경 보호와 건설 관련 수요를 충족시키지 못하고 있다. 예로 입법에 대한 이념과 지도사상이 진부하다. 기존의 환경자원 관련 입법에는 일부 공백이 존재하고 관련 법과 규제의 제정은 뒤처져 있으며 기타 환경관리 수단 또한 법적인 근거가 부재하다. 일부 규정은 경제사회 발전에 대한 수요에 적응하지 못하고 있고 적시성도 떨어진다. 일부 법률은 앞서 있었던 법과 뒤에 제정된 법과의 연결성이 떨어지고 관련법의 규정이 일치하지 않고 있다. 이는 환경 책임에 대한 인정에 어려움으로 작용한다. 일부 법규정은 지나치게 추상적이고 실천성이 떨어져 효과적으로 시행되기 어렵다. 그러므로 중국의 생태법제 건설은 여전히 어려움이 많고, 특히 복잡다변한 국제형세로 인해 생태법제건설에 새로운 임무와 과제를 제기하고 있다. 입법을 강화하는 것은 생태문명 법치건설에 있어 가장 중요한 대사이다. 우선, 전통적 입법에서 나타난 바와 같이 권리를 출발점으로 제정하거나 권리 본위의 법치의식은 마땅히 근본적으로 지양해야 한다. 근본적으로 보면, 자연을 존중하고 자연을 보호하며 자연에 순응하는 생태문명이념에 따라 생태입법은 생태법칙의 구속을 받아야 하고 자연법칙이 허용하는 범위에서 세워져야 한다. 입법자는 스스로의 의지가 자연의 법칙에 복종하는 것을 배워야 하고 이를 생태법칙 법률 제정의 준칙으로 삼아야 하며 나아가 자연법칙을 기준으로 입법절차를 거쳐 만들어진 규범과 제도의 정확성 여부를 확인해야 한다. 그리고 입법활동에 있어 형평성과 조화 등의 문제는 항상 고민해야 한다. 생태문명의 조건 하의 입법에서 가장 먼저 고민해야 할 부분은 인간의 빈번한 자연 개발 활동과 생태보호 사이의 조화로움이지 민족, 정당, 중앙 및 지방, 전체 및 국부 등 사회관계 분야에 대한 형평성을 찾는 것이 아니다. 다음으로, 공산당 19대에서 제기된, '사회주의 생태 문명관'을 지도를 통해 환경법이 생태법으로 발전되는 것을 촉진하고 중국 환경법의 생태화를 점차 완성해 나가야 한다. 입법의 중심을 기존의 '경제 우선'에서 '생태와 경제의 조화'로 전환시킨다. 인구와 생태를 상호 적응시키고 경제와 생태가 서로 적응하는 것을 창도한다. 환경기본법 하의 각 단행법은 입법목적과 입법원칙, 그리고 입법내용 등 제 분야에서 이 같은 정신을 체현해야 한다. 생태문명이념을 형사법, 민·상법, 행정법, 경제법, 소송법과 기타 관련 법률에 반영시켜 관련 법률의 생태화를 촉진해야 한다. 마지막으로 과학적인 입법과 민주주의적 입법, 그리고 입법의 질을 향상시키는 기본적 길을 추동해야 한다. 과학적 입법의 핵심은 객관적 법칙을 존중하고 반영하는 것이며 민주주의적 입법의 핵심은 인민을 위하고 인민에게 의지하는 것이다. 과학적인 입법과 민주주의적 입법 기제를 완비하려면 대중이 입법에 참여하는 방식을 혁신하여 여러 분야의 의견과 제안을 널리 경청해야 한다.

둘째, 엄격한 법 집행이 관건이다. 시진핑은, '법률의 생명력은 실시에 있고 법률의 권위성 또한 실시에 있다', '나라의 대사에 법률을 제정하기는 쉬워도 제대로 시행하기는 어렵다', '법이 있으나 실시하지 않고 고히 모셔 두기만 하거나 실시가 부실하고 형식적으로만 시행될 경우, 아무리 많은 법률을 제정한다 하더라도 도움이 되지 않는다. 의법치국을 전면적으로 추진하는 핵심은 바로 법률의 엄격한 실시를 보증하는 것이고 '법을 세우고, 범법이 있으면 반드시 적용하고, 처벌 명령이 내려지면 반드시 집행하여 전철을 되풀이 하지 않도록 해야 한다'[6] 라고 지적했다.

환경분야에 대한 법 집행은 생태환경의 안전을 보장하는 중요한 수단이다. 역사와 현실의 각가지 원인으로 인해 중국의 환경보호 행정법 집행은 아직까지 여러 가지 문제점과 어려움을 안고 있고 일부 지방 지도자부의 환경의식과 법제관념도 모호하여 환경보호에 대한 긴박감이 낮은 실정이다. 심지어 환경보호와 경제발전을 대립시켜 '선 발전, 후 관리', '우선 승차 후 승차권 구매', '특별 사안, 특별 처리' 등을 강조하고 있다. 또한 일부 지방에서는 정부 명의로 '지방정책'과 '지방규정'을 출범시켜 환경보호 부서의 법에 따른 행정을 명문으로 제한하고 범법 행위를 공공연히 보호하며 환경 분야에 대한 법 집행과 관리감독에 장애물을 설치하여 '특수' 기업이 환경감독의 제한을 받지 않도록 하고 관할지의 환경오염은 오랫동안 방치되어 환경 관련 분쟁은 끊임없이 계속되고 있다. 일부 기업은 폭력으로 법 집행을 방해하고 심지어 저항까지 한다. 또한 일부 지방은 환경보호에 대한 관리감독이 부실한 가운데 심지어 지방보호주의까지 나타나고 일부 지방에서는 환경기준을 지키지 않고 법을 어기며 환경오염이 심각한 건설 프로젝트에 인허가를 내 주었다. 또 다른 일부 지방은 문을 닫아야 할 오염기업을 두고 전전긍긍하며 결정을 내리지 못하고 심지어 수수방관하기까지 했다. 일부는 법 집행이 저지 당하는 등 단지와 기업에 대한 환경분야 감독이 이미 통제를 벗어난 상태이다. 향후 이와 같은 상황이 바뀌지 않는다면 생태 입법은 단지 공중누각에 지나지 않을 것이다.

---

6   시진핑: 「중공중앙의 의법치국을 전면 추진할 데 대한 약간의 중대문제에 대한 결정」에 대한 설명」 (중), 중앙문헌출판사, 2016, 150면.

셋째, 공정 사법이 보장이다. 시진핑은, "사법은 사회의 공정과 정의를 지키는 최후의 방어선이다. 영국의 철학자 베이컨은 '공정하지 못한 재판은 열 차례의 범죄를 결과를 초래할 수 있다. 이는 범죄가 법률을 무시한 것으로, 이것이 하천을 오염시킨 것이라 한다면 공정하지 못한 재판은 법률을 파괴하는 것으로, 이는 수원을 오염시킨 것과 같다'라고 했다. 이에 숨어있는 도리는 매우 의미심장 하다. 사법이라는 방어선에 공신력이 없다면 사회의 공정성은 보편적 질의를 받을 수 밖에 없어 사회의 조화와 안정은 보장할 수 없다.[7]라고 지적했다.

소위 환경사법이란, 넓은 의미에서 보면 환경과 관련된 사법활동에 대한 통칭이다. 환경사법이 직면하고 있는 보편적 문제는 아래 네 가지 분야에서 찾아볼 수 있다. 첫째, 환경보호와 관련된 사건은 증거확보와 소송시효의 인정, 그리고 법률 적용과 판결의 집행이 어렵다. 환경보호와 관련된 사건의 경우, 여러 지역에 걸쳐있고 관련 부서가 많다는 특징이 있다. 또한 피해결과가 지연되어 나타나고 법적 근거가 부족하여 위에서 제기한 문제점들이 나타나게 된다. 둘째, 환경보호와 관련된 사건에 대한 검증기관과 검증자격, 그리고 검증절차를 서둘러 규범화하는 것이 필요하다. 셋째, 환경자원을 주관하는 각 주무부서와 사법부서 간의 효과적 협력이 부족하고 사법수단과 행정수단의 연결성이 떨어지는 것 등의 문제로 말미암아 환경자원을 파괴한 많은 사건이 사법절차로 넘어갈 수가 없다. 넷째, 인민법원의 환경사법 보호에 대한 인식을 높일 필요가 있는 가운데 환경사건과 관

---

7   시진핑: 「「중공중앙의 의법치국을 전면 추진할 데 대한 약간의 중대문제에 대한 결정」에 대한 설명」, 『18대 이래 중요한 문헌 선집』 (중), 중앙문헌출판사, 2016, 150면.

련된 심판 역량이 부족하여 관련 사건의 입건과 관할, 그리고 사법통계에 대한 규범화 조치가 필요하다.

공익소송은 이미 로마시대에 나타났고 이를 사익소송과 비교해 볼 때 공익소송은 사회의 공공이익을 보호하는 소송으로 법적으로 특별한 규정이 있는 경우를 제외하고 모든 시민이 제기할 수 있다. 20세기 중엽부터 날로 심각해지는 환경문제와 갈수록 고조되는 환경 캠페인으로 인해 환경권은 인신권(人身權)의 하나로 공중의 시야에 들어오고 있다. 공민의 환경 관련 소송이 활발한 정도 역시 환경법의 실시 정도를 판단하는 기준이 되고 있다. 미국의 경우, 공민의 환경 관련 소송에 힘을 실어주기 위해『수질 오염 방지법』으로 고소인이 승소하면 패소측은 승소측의 모든 비용을 부담하고 국가는 다시 고소인에게 표창을 수여한다고 규정하고 있다. 미국의 『쓰레기법(Refuse Act)』은 범법자를 대상으로 소송을 제기한 고소인이 벌금의 일부분을 배당 받을 수 있다고 규정했다. 중국의『민사소송법』제119조는, '원고는 본 사건과 직접적 이해관계가 있는 공민과 법인, 그리고 기타 조직이다'라고 규정하여 환경소송의 주체는 공익소송 주체 자격의 인정과 관련된다. 시진핑은 이와 관련하여 다음과 같이 논술했다. "현실 생활에서 일부 행정기관이 법을 어기고 직권을 행사하거나 부작위하여 국가와 사회의 공공이익을 침해하거나 혹은 침해 위험이 있는 사건에서, 이를테면……생태환경과 자원보호 등의 경우 공민과 법인, 그리고 기타 사회조직과 직접적인 이해관계가 없기 때문에 공익소송이 없고 또한 제기할 수도 없어 위법행위에 효과적인 사법감독이 없고 법에 따른 행정과 엄격한 법 집행, 그리고 공공이익에 대한 보호를 강화하는데 불리하게 되었다. 이에 검찰기관이 공익소송을 제기하는 것은 사법직권의 배치와 행정소송제도를 개선하는데 유리하고 법치정부 건설을 추진하는 것에도 이롭다."[8]

넷째, 전국민의 준법이 기초이다. 시진핑은, "법률의 권위는 인민의 내심과 진정한 신앙으로부터 나온다. 인민의 권익은 법률로 보장하고 법률의 권위는 인민에 의해 지켜진다."[9]라고 지적했다. 사회주의 법치정신을 확대 발전시켜 전체 인민이 사회주의 법치의 충실한 존중인과 자각적 준수자, 그리고 결연한 수호자가 되도록 해야 한다. 공자는, "백성을 정치로 인도하고 형벌로 다스리면 백성은 형벌을 면하고도 부끄러워함이 없다. 하지만 덕으로 인도하고 예로써 다스리면 백성은 부끄러워할 줄도 알고 또한 잘못도 바로 잡게 된다(道之以政, 齊之以刑, 民免而無恥; 道之以德, 齊之以禮, 有恥且格)"[10]라고 했다. 생태환경은 가장 공정한 공공제이자 가장 보편적 민생복지이다. 지구에서 살고 있는 모든 사람들이 생존과 발전, 그리고 자연으로 최종 융합될때까지 모두 환경과 관련된다. 중화문화의 시각으로 볼 때, 생태문화는 시종 전통문화의 핵심이고 중화문명의 주류정신을 반영하고 있는바, 유가는 '천인합일(天人合一)'을 도가는 '도는 순전히 자연에 맡긴다(道法自然)'는 주장하고 역대의 왕조와 시대에 걸쳐 모두 환경보호에 대한 명확한 법규와 금지령을 시행했다. 중화민족은 생태의식을 중국의 수천년 전통문화를 지켜온 주류의식으로 간주해 왔다. 이런 의미에서 볼 때,

---

8 시진핑: 「「중공중앙의 의법치국을 전면 추진할 데 대한 약간의 중대문제에 대한 결정」에 대한 설명」(2014년10월20일), 『시진핑의 전면적 의법치국에 대한 논술 발췌』, 중앙문헌출판사, 2015, 80면.

9 「중공중앙의 의법치국을 전면 추진할 데 대한 약간의 중대문제에 대한 결정(中共中央關於全面推進依法治國若干重大問題的決定)」, 『18대 이래 중요한 문헌 선집』(중), 중앙문헌출판사, 2016, 172면.

10 『논어·위정(論語·爲政)』.

전인민의 준법과 전인민의 생태문명건설은 서로 일치하고 있는 것이다.

2. 생태문명 제도체계 건설 강화

생태문명건설은 생태문명 체제개혁을 심화시키는 중점이자 결정적 성과이다. 공산당 19대 보고서는, '지금부터 2020년까지의 기간은 샤오캉사회를 전면 실현하는 것에 대한 결정적 승리를 이룩해야 하는 시기이다. 우리는 16차, 17차, 18차 당대회에서 제시한 샤오캉사회를 전면 실현하는 것에 대한 제반 요구에 따라 이를 우리 사회의 주요모순 변화와 밀접히 결부시켜 경제건설, 정치건설, 문화건설, 사회건설, 생태문명건설을 통일적으로 계획하고 추진해야 한다'[11] 우리는 전면적 샤오캉사회를 건설하여 부강하고 민주주의적이며 문명하고 조화로운 아름다운 사회주의 현대화 국가를 건설하고, 중화민족의 위대한 부흥인 중국몽을 실현하는 필연적 요구에서 출발하고 새로운 역사적 기점에 서서 개혁을 전면 심화하는 기조에서 출발하고 생태문명체제 개혁에 대한 심화가 전면적 심화 개혁의 중요 구성부분이자 전략적 포지션이라는 것에서부터 출발하여 '아름다운 중국과 생태문명 체제'와 '생태문명체제와 생태문명제도'의 관계를 지속적으로 천명해야 한다. 그 기본논리는 아래와 같다. 생태문명체제 개혁을 전면

---

11   시진핑: 『샤오캉사회를 전면적으로 실현하는 데서 결정적인 승리를 이룩하고 신시대 중국특색의 사회주의 위대한 승리를 이룩하자-중국공산당 제19차 전국대표대회에서 한 보고(決勝全面建成小康社會奪取新時代中國特色社會主義偉大勝利-在中國共産黨第十九次全國代表大會上的報告)』, 인민출판사, 2017, 27면.

심화하는 것은 전면적으로 심화된 개혁을 추진하는 중요한 내용이자 새로운 조치이다. 둘째, 제도건설은 생태문명체제 개혁의 중점이다. 셋째, 제도체제 건설은 생태문명 제도건설의 체계적 조치이다. 넷째, 더욱 성숙하고 정형화된 생태문명제도를 갖추어가는 것은 관건적 부분에 대한 개혁에서 취득한 결정적 성과이다. 이에 근거하여 생태문명건설은 체계적이고 온전한 생태문명 제도체계를 구축해야 하고 제도로 생태환경을 보호해야 한다. 자연자원 자산의 재산권제도와 용도관리 제도를 건전히 하고 생태보호 레드라인을 확정하며 자원유상사용 제도와 생태보상 제도를 실행하고 생태환경보호 관리체제를 개혁해야 한다.

첫째, 국가의 자연자원자산 관리체제를 완비한다. 국가가 인민소유의 자연자원자산에 대해 소유권을 행사하고 관리하는 것은 국가의 국토 범위 내의 자연자원에 대해 감독권을 행사하는 것과 다르다. 전자는 소유권자 의미에서 말하는 권리이고 후자는 관리권자 의미에서 말하는 권력이다. 이는 자연자원의 관리감독체제를 개선하고 모든 국토공간 용도관리 직책을 통일적으로 행사하며 국유자연자원자산의 소유권자와 국가자연자원 관리자가 상호 독립되어 협력하며 서로를 감독해야 한다. 시진핑은, '국가 자연자원자산 관리체제를 완비하는 것은 자연자원자산 재산권제도를 정비하는 중요한 개혁이고 체계적으로 완비된 생태문명 제도체계를 구축하는 내적 수요이다.'[12] 라고 말했다. 중국의 생태환경보호 중에 존재하는 중요한 문제들은 완비되지 못한 체제와 어느 정도 관련된다. 그 원인 중의 하

---

12 시진핑: 「「중공중앙의 전면적 개혁에 대한 약간의 문제에 대한 결정」에 대한 설명(關於〈中共中央關於全面深化改革若干重大問題的決定〉的說明)」, 『시진핑의 개혁을 전면심화할데 대한 논술 발췌(習近平關於全面深化改革論述摘編)』, 중앙문헌출판사, 2014, 108면.

나는 전체 인민 소유로 되어 있는 자연자원자산 소유권자의 부재로 말미암아 소유권자의 권익이 행사될 수 없다는 것이다. 현실적으로 볼 때, 생태문명건설은 체계적인 공정이지만 지방별로 분산적으로 조각화되어 관리되고 있는 현상이 보편적이다. 중앙 혹은 지방재정이 지원하거나 부서별 이익 앞에서 권력이 겹지고 경쟁하지만 관리감독이나 행정책임을 추궁함에 있어서는 '모두가 관리하나 아무도 책임지지 않는' 관리감독의 진공상태가 노정되고 있다. 이에 대해 시진핑은, "용도관리와 생태복원은 반드시 자연법칙에 따라야 한다. 나무를 심는 이는 나무만 심고 물을 다스리는 이는 물만 다스리며 농지를 보호하는 이는 농지만 보호한다면 어느 한쪽에만 치우치기가 쉽고 결국 생태체계를 파괴할 수도 있다."라고 했고, 공산당 19대 보고에서는 여기서 한걸음 더 나아가, "산·수·임·전·호·초를 복합적으로 계획하고 체계적으로 관리할 것"을 제기했다. 산·수·임·전·호·초를 복합적으로 계획하고 체계적으로 관리하는 실질은 체계적인 논리로 생태문명건설에 대한 체계적 공정을 추진하는 것이다. 작고 협소한 이익만을 지키려는 고정적 사고방식에서 벗어나, 최상층 설계부터 엄격한 생태보호 관리감독 체제를 세우고 개선하며 초원, 숲, 습지, 해양, 하류 등 모든 자연생태계와 자연보호구, 삼림공원, 지질공원 등 모든 보호구역을 통합시켜 과학적이고 효과적인 종합관리를 실시하여 과도하게 사용된 자원환경이 점차 복원될 수 있도록 해야 한다. 삼림, 호수, 습지 등 녹색생태공간을 확대하고 자원의 상한과 환경의 하한, 그리고 생태 레드라인을 전방위적, 전시스템적으로 확정하며 산·수·임·전·호·초의 체계적 관리를 통해 환경 수용량을 점차 증강시킨다.[13]라고 제시했다.

둘째, 자원생태환경 관리제도를 세우고 완비한다. 시진핑은 다음과 같이 제기했다. "제도적으로 볼 때, 우리는 자원생태환경 관리제도를 세우고 완비시키며 국토공간개발 보호제도 수립에 박차를 가해야 한다. 물, 대기, 토양 등에 대한 오염방지퇴치 제도를 강화하고 시장공급과 자원의 희소성 정도를 반영하여 생태가치와 세대간 보상을 체현하는 자원유상사용 제도와 생태보상제도를 세우고 생태환경보호 책임추궁 제도와 환경손해배상 제도를 완비하며 제도의 구속력을 강화한다."[14]라고 제기했다.

국토공간개발 보호제도 수립에 박차를 가해야 한다. 국토는 생태문명건설의 공간의 매개체이다. 큰 틀에서 최상층 설계를 통일적으로 기획하려면 우선 국토공간의 개발구도를 잘 설계해야 한다. 인구자원 환경과 균형을 이루고 경제사회 생태효과와 통일을 이루는 원칙에 따라 국토공간개발을 전체적으로 기획하고 인구분포와 경제배치, 그리고 국토이용과 생태환경보호를 통일적으로 계획하고 생산공간을 과학적으로 배치하며 자연을 위한 보다 많은 복원공간을 남겨두고, 농업을 위한 보다 많은 기름진 농지를 남겨두고, 자손만대를 위한 푸른 하늘과 잔디, 그리고 맑은 물을 가진 아름다운 삶의 터전을 남겨둔다. 주체기능지구(중심기능지구) 전략을 실시와 환경기능지구 구분을 엄격히 실시하고 우선개발과 중점개발, 그리

13　　판자화 (潘家華), 황청량(黄承梁), 리멍(李萌): 「신시대 생태문명건설의 기본방략을 체계적으로 파악-공산당19대보고중 생태문명건설이념에 대한 분석(系統把握新時代生態文明建設基本方略-對黨的十九大報告關於生態文明建設精神的解讀)」, 『중국환경보(中國環境報)』, 2017년 10월 24일, 제3지면.

14　　시진핑: 「18기 중앙정치국 제6차 집단학습에서 한 연설」 (2013년 5월 24일), 『시진핑의 개혁을 전면심화할 데 대한 논술 발췌』, 중앙문헌출판사, 2014, 105면.

고 개발제한과 개발금지의 주체기능 포지셔닝에 따라 중요한 생태기능지구와 육지, 그리고 해양생태환경 민감지대와 취약지대에 대한 생태 레드라인을 규정하고 엄격히 지키며 과학적이고 합리적인 도시화 추진 구도와 농업발전구도, 그리고 생태안전구도를 구축하여 국가 및 지역의 생태안전을 보장하며 생태 서비스 기능을 업그레이드 시킨다. 생태 레드라인에 대한 관념을 튼튼하게 구축해야 하다. '어떤 것을 생태 레드라인에 포함시킬 것이며 어떻게 제도적으로 생태 레드라인을 보장하여 양호한 생태계를 최대한 보호할 것인지 여부를 세밀하게 연구하고 논증해야 한다. 생태 레드라인에 포함시킨 이후에는 전당과 전국에서 일사분란하게 이를 지키고 실천하며 절대로 라인을 넘어서는 안된다. 생태환경보호 문제에서 정해진 한계 사항은 넘을 수가 없고 그렇지 않을 경우에는 벌을 받게 될 것이다'[15]

자원유상사용 제도를 마련한다. 비합리적인 자원가격 제정제도를 개혁하고 자원가격이 시장의 공급과 수요관계, 그리고 자원의 희소성과 환경피해비용을 정확히 반영하도록 한다. 자원세 징수 범위를 점차 확대하고 징수 기준을 높이며 자원 절약에 도움되는 과세 계산법을 실행하여 생태환경보호 세목을 적당한 시기에 징수하고 각종 오염배출비 징수 기준을 합리적으로 인상한다. 아울러 원자재, 조방형 가공, 에너지 소모, 재료 소모, 오염이 높은 제품에 대한 수출을 계속해서 제한 한다.

생태보상제도를 제정한다. '개발자가 보호 책임을, 훼손자가 복원 책임을, 수익자가 보상 책임을 지는' 원칙에 따라 자원의 유상사용과 오염자의

15 시진핑: 「18기 중앙정치국 제6차 집단학습에서 한 연설」 (2013년 5월 24일), 『시진핑의 전면적인 샤오캉 사회를 건설할 데 대한 논술 발췌(習近平關於全面建成小康社會論述摘編)』, 중앙문헌출판사, 2016, 167면.

비용 지불 정책을 보강하고 가격, 재정세수, 금융, 산업, 무역 등의 경제수단을 종합적으로 적용하여 자원이 저가로 평가되고 환경에 대한 가격 평가가 없는 상황을 전환한다. 또한 과학적이고 합리적인 자원환경 보상기제와 투입기제, 그리고 재산권과 사용권 거래 등에 관한 메커니즘을 구축하여 경제와 환경, 그리고 발전과 보호 사이의 모순을 근본적으로 해결한다.

셋째, 책임추궁 제도를 수립한다. 시진핑은, '자원환경은 공공제로 그것에 대한 손실과 훼손이 발생하면 반드시 그 책임을 추궁한다', '책임추궁 제도를 세우고⋯⋯생태환경을 전혀 염두에 두지 않고 맹목적으로 의사결정을 내려 심각한 결과를 초래한 사람은 반드시 그 책임을 추궁하고 나아가 평생 추궁해야 한다.'[16] 라고 제기한 바 있다. 현재 중국의 환경 악화는 아직까지 근본적으로 억제되지 못한 상황으로, 대형 환경사건이 빈번하게 발생하고 있으며 환경위험 역시 날로 높아지고 있는데 이는 인민의 생명과 재산 안전을 크게 위협하고 있다. 그럼에도 중대한 오염사태 발생 이후 적확한 책임추궁이 이루어지지 않고 의사결정권을 갖고 있는 지방 행정부와 당기관 간부들도 이에 상응하는 처벌을 받기 어렵다. 그 결과 당과 정부의 이미지는 크게 손상되고 법률은 존엄을 잃고 군중은 믿음을 잃게 되었다. 지도 간부를 대상으로 자연자원자산과 관련된 이임 감사를 실시하고 생태환경 손해책임 평생추궁 제도를 시행해야 한다. '지방의 환경을 엉망으로 만들고 놓고 아무 일도 없는 듯이 떠나 계속해서 관직을 유지하며 어떠한 책임도 지지않는 것을 용납할 수는 없다.'[17]

16 시진핑: 「18기 중앙정치국 제6차 집단학습에서 한 연설」(2013년 5월 24일), 『시진핑의 개혁을 전면심화할 데 대한 논술 발췌』, 중앙문헌출판사, 2014, 105면.
17 시진핑: 「18기 중앙정치국 제6차 집단학습에서 한 연설」(2013년 5월 24일), 『시진핑의 개

3. 생태문명건설에 대한 국가 거버넌스 체계 및 능력의 현대화 추진

환경이슈는 전체와 국부, 현재와 미래와 관계되는 이슈로 경제 및 민생과 관계될뿐더러 정치와도 관계된다. 20세기70년대부터 중국은 선진국이 걸었던 '선 오염, 후 퇴치'라는 옛길을 피할 것을 제기했지만 현 시점에서 돌이켜 보면 역시 잘 비껴가지 못했다. 그 주요 원인은 다음과 같다.

첫째, 국제적 시각에서 볼 때, 세계의 경제발전과 생태환경 구도에는 글로벌 관계 중의 동서모순과 남북격차라는 두개의 근본적 문제가 관통되어 있어 앞으로도 불균형적인 경제발전과 생태 불균형 상태는 지속될 것이다. 이와 같은 판단의 근거는, 우선 개방된 시장경제 조건 하에서 빈곤 혹은 상대적 빈곤 개도국은 환경기술과 자금, 그리고 인적자원 등의 분야에서 뚜렷한 비교우위가 존재하지 않아 비교경제학 원리에 따라 자원과 환경용량, 그리고 저렴한 노동력을 조건으로 선진국과 소위 '호혜평등'의 교환 및 협력을 진행할 수 있다. 다음, 기존의 불합리한 국제경제 질서 속에서 자원소모와 오염배출, 그리고 저가노동력의 사용도 개도국에서 발생하는 반면에 청정제품에 대한 소비는 선진국에서 일어나고 동시에 그 판매가에도 생태비용이 반영되지 않고 있다. 그러므로 작금의 국제경제질서의 실질은 선진국의 개도국에 대한 가혹한 생태약탈이라고 볼 수 있다.

둘째, 중국 국내에서 보면, 동부와 서부, 도시와 농촌, 도시와 가까운 외곽과 먼 외곽의 생태관리는 갈수록 복잡한 양상을 보이고 있다. 중국처럼

혁을 전면심화할 데 대한 논술 발췌』, 중앙문헌출판사, 2014, 105면.

복잡한 상황은 어느 나라도 비교할 수 없다. 동부연해에서 서부내륙까지, 번화한 도시에서 가난한 향촌까지, 그리고 정치에서 경제, 사회에서 문화, 민생에서 환경에 이르기까지, 19세기 이후 서방의 선진사회에서 나타났던 대부분의 현상을 오늘날 중국에서 모두 찾아볼 수 있다. 중국의 발전현황과 복잡성, 그리고 특수성으로 말미암아 세계 어느 나라의 성공경험도 중국 기존의 난국을 헤쳐나갈 수 있는데 도움을 줄 수 없다. 중국이 현재 해결해야 될 난국은 서방 선진국이 과거 200년간 마주했던 어려움을 모두 합친 것과 맞먹는다. 이 같은 복잡성과 중국의 역사적 사명에 대한 특수성은 큰 압력이자 심각한 도전으로 다가오는 동시에 발전을 위한 모멘텀이기도 하다. 중국의 현대화는 역사적으로 극히 드물고 이례적인 위대한 발전이다. 현재 전세계 선진국의 인구는 13억 미만이다. 인구 13억이 넘는 중국이 현대화를 실현할 경우 인구 수는 배로 늘어날 것이다. 옛길에서 벗어나지 못하고 자원을 소모하고 환경을 오염시킨다면 발전은 이어질 수 없다. 중국의 현대화가 위대하다고 할 수 있는 것은 그 어려움에서 비롯된다. 옛길을 걷지 않고 현 선진국 수준에 도달하려면 과학발전의 길밖에 없다.[18] 과학발전의 길에서 한 가지는 분명하다. 어떤 기업과 산업 혹은 지역의 발전을 막론하고 인민이 환경을 개선하고자 하는 수요와 어긋난다면 발전의 길은 향후 갈수록 좁아질 수 밖에 없고 결국 이어지기도 어렵게 된다. 환경문제를 정확히 인식하고 처리하는 것은 각급 지도자의 적격여부를 평가하

---

18 중공중앙문헌연구실 「중국 특색 사회주의 생태문명 건설의 길(中國特色社會主義生態文明建設道路)」과제팀의 「중국몽의 실현을 위해 보다 훌륭한 생태조건을 창조-18대이래 당중앙의 생태문명건설의 사상과 실천(爲中國夢的實現創造更好的生態條件-十八大以來黨中央關於生態文明建設的思想與實踐)」를 참조, 『당의 문헌(黨的文獻)』, 2016년 제2기.

는 중요한 기준이자 공민의 도덕수양과 인지수준을 평가하는 중요한 기준이다.

셋째, 생태문명건설에 대한 실천을 보자면, 개도국이 환경문제를 헤쳐 나가는 과정에서 봉착하는 어려움은 이론적 상상을 초월하고 있으며 애당초 선진국이 환경오염을 퇴치하던 것에 비해 훨씬 큰 어려움을 겪고 있다. 우선 우리는 발전단계의 '병목 문제'에 봉착하고 있다. 다음, 우리는 산업화와 도시화가 빠르게 추진되고 있는 역사적 단계에 처해 있다. 객관적으로는 에너지 수요가 왕성하고 오염배출 증가 추세가 뚜렷하다. 이와 같은 상황 속에서 방식 전환과 구조 조정 등의 과제는 전례없이 힘들고 또한 하루 아침에 해결될 수 있는 것도 아니다. 20세기 60년대 말 70년대 초 미국이 환경오염을 향한 선전포고를 할 때 도시화율은 이미 75%에 달했고 제3차 산업의 비중도 63%에 이르렀다. 발전 단계가 상이한 만큼 우리가 환경문제를 해결하는 과정에서 헤쳐나가야 할 문제는 선진국에 비해 훨씬 많고 어렵다. 다른 하나는 자연 부존의 병목 문제이다. 생존과 발전의 변증법적 관계에서 일정 한도 내의 발전은 생존을 개선하고 촉진할 수 있지만 그 한도를 초과하게 되면 발전은 생존에 역으로 위협을 주게 된다. 발전에는 임계점이 있다. 임계점에 근접하거나 초과될 경우 인류 스스로의 생존에 위협을 줄 수 있다. 임계점은 발전의 규모와 발전의 속도를 포함하고 자연계에 비춰볼 때 생태계가 낡은 것을 버리고 새것을 받아들이며 스스로 복원하는 능력범위, 즉 생태 한계치를 말한다.[19] 시진핑은 "생태환경이 파괴

---

19 펑즈쥔(馮之浚) 「순환경제와 입법 연구를 토론(談循環經濟與立法研究)」, 『재경계(財經界)』, 2017. 9기.

당하는 주요 원인은 대부분 과도한 개발과 조방형 사용에 있다. 못의 물을 말려 고기를 잡는식으로 눈앞의 이익에 급급하여 미래는 안중에도 없다면 결국 아무 물고기도 없는 상황을 맞이하게 될 것이다. 그러므로 자원 이용부터 원천적으로 조치를 취해야 한다."[20] 라고 지적했다. 자원 절약을 전면적으로 추진하여 자원을 아끼는 것은 생태환경을 보호하는 근본적인 대책이다. 임시방편으로 고통을 완화시키는 것보다 발본색원하는 것이 더욱 바람직하다. 생태환경 보호에서 이와같은 관념을 수립하는 것이 더욱 바람직한 것이다.

이와 같은 관념을 통해 우리는 공산당 19대 정신과 시진핑 신세대 중국 특색 사회주의 사상이 확정한 기본방략에 따라 생태문명건설에 대한 국가 거버넌스 체계와 거버넌스 능력의 현대화라는 새로운 길을 걸어야 한다. 시진핑은, "중국 특색 사회주의 제도를 완비하여 발전시키고 국가 거버넌스 체계와 거버넌스 능력의 현대화를 전면적 심화 개혁의 총 목표로 해야 한다."[21] 라고 강조했다.

국가 거버넌스 체계와 거버넌스 능력은 한 나라의 제도와 그 집행능력의 집중적인 구현으로 볼 수 있다. 중국의 국가 거버넌스체계는 공산당의 영도 아래 국가를 다스리는 제도적 체계로 경제, 정치, 문화, 사회, 생태문명, 당 건설 등 각 분야에 대한 체제 기제와 법률 법규의 마련, 즉 긴밀한

---

20   시진핑: 「18기 중앙정치국 제6차 집단학습에서 한 연설」 (2013년 5월 24일), 『시진핑의 전면적인 샤오캉 사회를 건설할 데 대한 논술 발췌』, 중앙문헌출판사, 2016, 167면.

21   시진핑: 「당의 18기 3중 전회 정신으로 사상을 통일하자(切實把思想統一到黨的十八屆三中全會精神上來)」 (2013년 11월12일), 『시진핑의 전면적인 샤오캉 사회를 건설할 데 대한 논술 발췌』, 중앙문헌출판사, 2016, 167면.

연결성과 상호 협조하는 국가 제도이다. 국가 거버넌스 능력은 국가 제도를 적용하여 사회 각 분야의 사무를 관리하는 능력으로, 개혁 발전의 안정화, 내정 및 외교, 국방, 당과 국가 군대에 대한 관리 등을 포함한다.

생태문명에 대한 국가 거버넌스체계와 거버넌스 능력의 현대화를 추진하려면 전체적인 국면에서 총괄적으로 고민하고 중점을 포착하며 단기적인 것과 장기적인 것을 결합시켜 복합적인 정책을 실시해야 한다.

첫째, 환경관리에 대한 전략적 전환을 추진한다. 이는 국가 생태환경 거버넌스 체계와 거버넌스 능력의 현대화를 추진하는 작용점이다. 환경품질 개선 목표를 기반으로 하는 정책적 조치를 제정 실시하고 오염 관리와 이산화탄소의 총 배출량 감소, 그리고 환경위험 방범과 환경 질 개선의 관계를 총괄적으로 조율하여, 환경의 질 개선을 통한 이산화탄소의 총 배출량 감소와 오염 관리에 역으로 영향을 미치는 역방향 전환 방식으로 구조를 조절하는 복합적 구동기제를 마련하는 것이다. 환경관리 방식의 지속적 혁신을 통해 제약 중심 방식에서 제약과 독려를 병행하는 방식으로 전환하며 시장 기제와 수단을 이용하여 기업의 환경 활동을 유도한다. 다원화된 협치를 추진하고 사회감독 기제를 개선하며 환경정보의 공개를 강화하고 환경보호 사회조직의 건전한 발전을 촉진하며 전체 인민이 참여하는 사회활동체계를 구축한다. 첨단과학기술 수단의 환경보호 분야에 대한 응용을 강화하며 지능화되고 섬세한 환경관리 능력을 갖추어 나가야 한다.

둘째, 심화 개혁으로 직능 전환을 추동해야 한다. 환경보호 행정심사 허가 제도의 개혁을 계속해서 추진하고 이미 연구확정된 인허가 사항은 서둘러 취소 혹은 이관시키고 새로 증가된 행정 인허가는 엄격히 규범화하고 통제해야 한다. 또한 행정 인허가 제도개혁과 사회적으로 서비스를 구매하는 방식을 결합하여 정부의 환경 공공서비스 공급채널을 확장하고 공공서비스 능력을 향상시키며 환경보호산업으로 하여금 환경 서비스업의 발전과 성장을 더욱 잘 이끌도록 해야 한다. 건설 프로젝트의 환경평가 검수, 환경 질 모니터링, 오염원 배출 모니터링, 환경 질 개선 및 관리기술, 오수 및 생활 쓰레기 수집처리 등의 분야에 대한 정부 구매 서비스를 적극 추진하여 환경보호 서비스업의 새로운 발전 경로를 탐색하고 일부 성(省)에서 환경보호 서비스업 시범 사업을 추진할 수 있도록 힘을 실어주며 지방정부의 환경보호 서비스업의 발전을 지도한다.

셋째, 관리체제 메커니즘을 개선한다. 생태계 일체성과 지속가능한 체계적 이론에서 출발하여 유기적으로 통일된 기능을 갖추고 개선하며 고효율적 생태환경보호 복합관리체제를 작동하고 조정해 가면서 국가차원의 생태환경 거버넌스의 제도화와 규범화, 그리고 절차화를 실현해 나가야 한다. 엄격한 오염예방퇴치 관리감독체제, 생태보호 감독체제, 핵과 복사안전 관리감독체제, 환경영향 평가체제, 환경법집행체제, 환경관리감독 조기경보체제를 세우고 개선하고 체제 혁신을 통해 전체 오염물 배출을 통일적으로 관리감독하는 환경보호 관리제도를 수립하여 환경관리감독과 행정의 법집행을 독립적으로 진행한다.

넷째, 환경보호능력 건설을 강화한다. 선진적 환경 모니터링 조기경보체계와 완비된 환경법집행감독체계, 그리고 고효율적 환경정보화 지원체계를 중심으로 환경보호 부서의 직책 이행 능력을 업그레이드 시킨다. 국가 환경 모니터링 네트워크를 개선하고 농촌지역에 대한 환경 모니터링 적용률을 높여야 한다. 지역 간 연합 법집행을 탐색하여 환경보호부와 공안, 그리고 법원 등 법집행 기관과의 협력을 강화하고 환경에 대한 위법 행위를 엄격히 수사 처리하며 환경 법집행의 억제력을 향상시킨다. 또한 국가생태환경 보호 분야의 정보화 공정을 실시하고 환경정보의 공개와 자원 공유를 추진한다.[22]

---

22 저우성셴(周生賢), 「뉴노멀에 능동적으로 적응하여 생태문명건설과 환경보호의 중요한 틀을 구축한다(主動適應新常態 構建生態文明建設和環境保護的四樑八柱)」, 2014년 12월 3일, 중화인민공화국 환경보호부 홈페이지.

제8장

과학적 계획과 마지막까지
그려 나가는 청사진

18차 당대회부터, 시진핑을 핵심으로 한 공산당 중앙은 도시화의 경제 사회 발전에 대한 중요한 의의를 깊게 인식하기 시작했다. 미래 도시화 발전의 길을 가기 위한 주요 목표와 전략 과제를 과학적으로 기획하고 명확히 했으며 신도시화 건설을 위해 일련의 중요한 논술과 중대한 의사결정 배치를 했다. 이를 통해 중국 도시화의 건전한 발전과 도시 사회로의 발전을 지도하는 강령성 사고의 틀을 갖추었고 '13·5'계획, 나아가 중국 도시화 건설을 위한 장기적 방향을 명확히 제시했다. 일련의 중요한 연설과 중대한 의사결정 배치는 '중국 특색 신형 도시화의 길을 걷고 도시화 질의 전면 향상'이라는 새로운 요구에 따라 신도시화를 훌륭히 건설하는 것에 대한 기본적 지시이자 중화 전통문화의 창조적 전환과 혁신적 발전, 그리고 생태문명건설의 현대화 이념을 반영했다. 이는 샤오캉 사회의 전면적 건설과 사회주의 현대화 건설을 가속함에 있어 중요한 현실적 의의와 심오한 역사적 의의가 된다.

1. 도시화 규율을 존중하고 도시 발전의 청사진을 과학적으로 계획

도시화는 현대화 과정에서 반드시 거쳐야 할 길이며 중국 최대의 내수

잠재력이자 발전의 동력이다. 시진핑은 '13.5' 계획 첫해에 신도시화 건설의 심층적 추진을 위한 중요한 지시를 내렸다. 시진핑은 지시를 통해 신도시화 건설은 새로운 출발점에 서서 새로운 진척을 거두어야 한다고 강조했다. 혁신·조화·녹색·개방·공유의 발전이념에 따라 사람을 도시화의 중심으로 삼고 호적인구 기준 도시화율을 더욱 중시하고 도시와 농촌의 기본 공공서비스의 균등화를 중시하며 거주하기 좋은 환경과 역사 문맥의 계승을 중시하고 인민의 획득감과 행복감 향상을 더욱 더 중시해야 한다. 과학법칙에 따라 상부설계를 강화하고 관련 개혁을 통일적으로 계획하여 추진하며 현지상황에 따라 특화된 부분을 부각시키며 과감하게 혁신하고 사회자본의 참여를 적극 이끌어 내어 중국 특색 신도시화의 지속적이고 건전한 발전을 촉진해야 한다.[1]

과학적 계획은 국정운영과 도시화 프로세스에 대한 지속적이고 건전한 발전을 계획하고 추진하는 중요한 조치이자 성공경험이다. 이는 종합적 발전계획과 국가계획체계의 중요한 구성부분으로서 과학적 계획은 중국의 신도시화 건설 속에서도 선도적 및 규범적 역할을 할 수 있다.

중국 특색 사회주의 건설의 '5위1체'라는 총체적 구도에 따라 발전법칙에 순응하고 적극적이고 안정적으로 내실있게 신도시화 건설을 추진한다. 국가 및 지역의 주체기능지구 제도와 국토공간용도 통제, 그리고 생태환경 보호제도 등을 기반으로 통일되고 규범적인 공간계획체계와 관리체계를 수립한다. 정세에 따라 유리하게 이끌며 이익은 좇고 손해는 피하고 전

---

1   시진핑, 『중국특색 신도시화의 지속적이고 건전한 발전을 촉진한다(促進中國特色新型城鎭化 持續健康發展)』, 2016년 2월 23일, 신화사.

생태문명 건설 이론 확립 및 실천 모색

략적으로 유도하고 표준적으로 이끌며 강하게 규제하는 것 등 과학적으로 제정한 계획의 작용과 기능을 발휘하도록 해야 한다. 신도시화의 녹색순환과 저탄소발전을 추진하는 체제 메커니즘을 개선하여 자원을 절약하고 환경을 보호하는 공간구도와 산업구조, 그리고 생산 방식과 생활방식을 갖추어 나간다.

도시화 계획은 중국의 도시화 수준을 가늠하는 시공적 척도이다. 이에 시진핑은 다음과 같이 제기했다: 도시계획은 도시화 발전과정에서 중요한 선도적 역할을 한다. 한 도시를 살펴보려면 우선 계획을 살펴보아야 한다. 과학적 계획은 최대의 효과를 볼 수 있고 잘못된 계획은 큰 낭비를 초래할 수 있으며 번복이 심한 계획은 최대의 금기 사항이다.[2] 과학적 계획은 신형 도시화를 심층적으로 추진하는 정책적 도구이자 전략적 수단으로 국민경제 조절과 사회발전, 도농 구조 최적화, 도시 기능 개선, 도시의 질서있는 발전 지도, 도시 건설과 관리 수준 향상, 민생복지 증진 등의 분야에서 중요한 유도 및 규범화 그리고 조정 역할을 한다. 도시과학을 연구하는 시각에서 볼 때, 도시계획은 도시건설을 유도하고 규범화하여 조정하는 역할을 하며 도시의 공간자원을 보호하고 관리하는 중요한 근거이자 수단으로, 도시의 질서있는 발전과 건설 및 관리수준의 향상 등에 관한 분야에서 중요한 역할을 한다.

'13·5' 계획 강령은 도시 관리 수준을 향상시키는 시각에서, '도시계획 이념과 도시계획 방법을 혁신하여 도시규모와 개발경계, 그리고 개발수위

---

2   『시진핑, 베이징시 현지조사에서 강점에 입각하여 개혁을 심화시키고 용감하게 개척하면서 수도건설에서 끊임없이 새로운 성과를 취득할 것을 강조(習近平在北京考察工作時强調: 立足優勢, 深化改革, 勇於開拓, 在建設首善地區上不斷取得新成績)』, 2014년 2월 26일, 신화사.

와 보호성공등을 합리적으로 조정하고 제정하고 도시공간의 입체성과 평면의 조화성, 그리고 풍모의 일체성과 문맥의 연속성에 대한 계획 및 관리를 강화한다'는 행동지침을 제기했다.[3] 도시계획에 대한 이념 및 방법을 혁신하여 신도시화 건설을 추진하며 '과학적 계획은 최대의 수익'이라는 것을 실현하고 인간이 모든 것의 근본이라는 이인위본(以人爲本)을 핵심으로 삼고 실사구시를 도시 포지션 확정의 전제로 하는 가운데 '잘못된 계획'과 '번복이 심한 계획', 그리고 '굽은 길을 걷는' 데서 비롯되는 낭비를 피하는 것은 '과학적 계획의 최대 수익'을 실현하는 필요조건이다. 그러므로 반드시 과학적인 계획과 내실있는 행동으로 신도시화 건설의 청사진이라는 시대적 요구에 부합하고 인민의 소망에 순응하며 발전의 법칙에 적합한 과학적 답안을 제시해야 한다.

도시발전 청사진을 과학적으로 계획하고 도시발전 규율을 인식하여 존중하고 순응하며 도시발전에 대한 지침을 바로잡아 나가야 한다. 신도시화 건설 과정에서 중국이 사회주의 초급단계에 처해 있고 앞으로도 장기적으로 유지될 것이란 점은 지속가능 발전과 신도시화 길에서 직면하는 최대의 국정 과제이고 또한 날로 성장하는 아름다운 생활에 대한 인민의 열망과 불균형 및 불충분한 발전 간의 모순은 여전히 사람 중심의 도시화에서 통일적으로 해결해야할 주요 모순이다.

도시발전의 규율을 인식하고 존중하며 순응하고, 도시계획이 중국 도시화발전과정에서 불러 일으켰던 중요한 선도적 역할을 발휘하며 신도시화

---

3 『중화인민공화국 국민경제와 사회발전 제13차 5개년 계획 강령(中華人民共和國國民經濟和社會發展第十三個五年規劃綱要)』, 인민출판사, 2016, 84면.

생태문명 건설 이론 확립 및 실천 모색

건설의 새로운 요구에 적응하여 신도시화를 위한 새로운 모멘텀을 키워 내려면 다음과 같은 노력이 필요하다. 첫째, 경제법칙을 따르고 과학적으로 발전하며 오늘과 미래의 일정시기 동안의 중국 경제발전에 대한 대논리를 인식하고 파악해야 한다. 중국의 신도시화 계획과 건설이 경제 노멀화에 적응하며 선도하는 가운데 계획과 시장의 괴리를 피하고 도시건설과 경제발전이 상호 보완하고 촉진하며 경제발전의 모멘텀을 갖추어 나간다. 둘째, 자연법칙과 지속가능발전을 견지하고 인구 도시화와 토지 도시화의 합리한 조화를 위해 도시규모와 자원환경의 수용능력을 적응시키며 자원 환경 수용능력 모니터링 조기경보기제를 구축하고 주체기능지구별로 특화된 재정, 투자, 산업, 토지, 인구, 환경, 평가 등의 정책을 실시해야 한다. 셋째, 사회 규율과 포용적 발전을 견지하고 도시화 수준과 공공서비스 능력 간의 조화를 보장해야 한다. 넷째, 공간계획체계를 구축하고 『전국 주체기능지구 계획』, 『국가 신형도시화 계획(2014-2020년)』을 기반으로 주체기능지구 제도를 동요없이 추진하고 생태보호 레드라인을 확정하며 주체기능지구 포지션을 엄격히 지키며 발전을 추동해야 한다.

역사의 새로운 시작점에 서서, 신도시화의 청사진은 이미 그려졌고 걸어가야 할 길도 명확히 제시되었으며 충족한 동력도 갖추었다. 시진핑은 중국의 미래에 대해 충분한 자신감을 피력한 바 있다. "우리는 과거 그 어떤 시기에 비해 중화민족의 위대한 부흥 목표에 근접하고 있다. 역사의 그 어떤 시기에 비해 믿음이 있고 목표를 이룰 수 있는 능력을 갖추었다."[4] 새

---

4   시진핑: 『중국공산당 창당95주년 경축대회에서 한 연설(在慶祝中國共産黨成立95周年大會上的 講話)』, 인민출판사, 2016, 27면.

로운 시대 특징과 실천의 요구에 부응하여 과학적 계획을 전략적 수단으로 간주하여 발전의 청사진을 그리며 생태 레드라인 지도화를 촉진하려면, 생태문명건설을 국가 신형도시화 건설의 전체 과정에 융합시키고 발전을 도모하는 기본근거를 바탕으로 사상과 행동을 새로운 발전이념과 통일시켜야 한다. 혁신을 숭상하고 조화를 중시하며 녹색을 창도하고 개방을 강화하며 공유를 추진해야 한다. 뉴노멀하에서 중국 도시화의 전환을 선도하고 '두개의 100년'이라는 분투 목표를 실천하고 중화민족의 위대한 부흥인 중국몽 실현에 강력한 동력을 제공하며 광범위한 인민들이 신도시화의 발전 성과를 함께 누릴 수 있도록 해야 한다.

중국 특색의 신도시화는 이인위본의 도시화이다. 중국의 도시화는 인구가 많고 자원이 결핍된 가운데 생태환경이 취약하고 도시와 농촌의 발전이 불균형적인 배경하에서 추진되고 있다. 이는 도시화를 도시건설과 단순하게 동일시할 수 없고 사회주의 초급단계란 근본적 실제에서 출발하여 사람의 도시화라는 핵심을 중심으로 도시화 발전규율을 따르도록 요구한다. 인구의 유동을 합리적으로 유도하고 농업 전이 인구의 시민화를 질서 있게 추진하고 도시와 농촌의 기본 공공서비스를 상주 인구에게 전면 지원하고 인구의 자질을 지속적으로 향상시키며 산업구도와 취업방식, 그리고 거주환경과 사회보장 등이 '농촌'에서 '도시'로 전환되는 것을 실현해야 한다. 도시화 과정에서 인간의 전면적 발전과 사회공정주의를 촉진하여 전체 주민이 모두 현대화 건설의 성과를 누릴 수 있게 해야 한다. 이는 중국 특색 신도시화의 기본적 요구이기도 하다.

인민은 도시의 주인이다. 시진핑은, 인민은 삶을 사랑하고 아름다운 생활에 대한 인민의 소망은 곧 우리의 분투목표 라고 말한 바 있다.[5] "인민을 이끌고 행복한 생활 환경을 만들어 가는 것은 우리 당의 변함없는 분투 목표이다."[6] 인민의 아름다운 생활에 대한 소망에 순응하여 인민을 중심으로 하는 발전사상을 견지하려면 '인민의 도시는 인민을 위하여', '인민이 평등하게 참여하고 발전하는 권리를 보증' 하는 것을 신도시화 계획의 출발점과 입각점으로 해야 한다. 민생을 보장하고 개선하는 것을 중점으로 빈곤탈출 공략전에 대한 승리를 거두고 각 항목의 사회사업을 발전시켜 신도시화 건설 성과가 전체 인민에게 보다 많이 공정하게 혜택을 줄 수 있게 보장해야 한다.

'인민의 도시는 인민을 위하여'라는 점을 견지한다. 모든 도시건설은 광범위한 인민의 수요에서 출발하고 인민의 수요를 중심으로 인민의 기대에 부응해야만 그 의의가 있다고 할 수 있다. 중국 특색 신도시화 추진으로 농민을 시민화함에 있어서는 이인위본을 지켜야 한다. 이인위본은 사람을 기틀로 삼고 사람을 근본으로 하고 사람을 핵심으로 하는 것이다. 즉 도시와 농촌 주민의 아름다운 생활에 대한 수요를 만족시키고 도시와 농촌 주민의 자유롭고 전면적인 발전에 이로운 것을 도시와 농촌경제 사회발전의 근본적 출발점이자 최종 귀착지로 해야 한다. 도농경제 발전과정에서 도시화를 추진하고 농업 전이 인구의 시민화를 질서있게 추진해야 한다. 산업화를 전제로 농업의 현대화를 기초로 삼아 농촌의 도시화에 의지하는

---

5   시진핑: 『아름다운 생활에 대한 인민의 소망은 곧 우리의 분투목표이다(人民對美好生活的向往, 就是我們的奮鬪目標)』 (2012년 11월 15일), 『시진핑의 전면적인 샤오캉 사회를 건설할 데 대한 논술 발췌(習近平關於全面建成小康社會論述摘編)』, 중앙문헌출판사, 2016, 129면.

6   시진핑: 『중국공산당 창당95주년 경축대회에서 한 연설』, 인민출판사, 2016, 18면.

복합적인 경제사회 변화를 가속하며 농촌사회의 도시화와 현대화 그리고 사람의 자유롭고 전면적인 발전을 실현해야 한다.

신도시화 건설은 중요한 시스템 공정이다. 도시발전의 청사진을 과학적으로 제정하여 중국 신도시화의 접점을 정확히 포착하고 도시발전의 새로운 구도를 개척한다. 시진핑은, "'도시화'는 파급 면적이 넓은 것만큼 적극적이고 안정되게 추진해야 하며 복잡한 업무일수록 핵심을 포착하고 돌파구를 마련하며 전체 국면을 이끌어 가야 한다."라고 강조했다.

도시공간과 규모, 그리고 산업의 3대 구조를 총괄적으로 조율한다. 도시군을 주체 형태로 공간, 규모, 산업 등 3대 구조를 총괄 기획하는 것은 과학적 계획의 전반성을 높이는데 이롭다. 시진핑은, "생산공간과 생활공간, 그리고 생태공간을 과학적으로 배치하고 생태환경 보호를 내실있게 추진하여 양호한 생태환경이 인민의 생활 질을 향상시키는 성장점이 되게 하고 중국의 양호한 이미지를 보여주는 역점이 되도록 해야 한다"라고 제기했다.[7] 도시군의 계획과 건설, 그리고 발전은 도시화 발전의 중점이자 포인트이다. 중국 도시화 길의 중점을 도시군의 발전을 촉진하는 것에 두어야 한다.[8] 도시군을 주체로 도시공간을 과학적으로 배치한다. 첫째, 대중소 도시의 합리적 분업과 기능의 상호보완, 그리고 협력 발전을 촉진하고 개방적이고 고효율적인 혁신자원의 공유 네트워크를 구축하여 도시가 횡적

---

7   시진핑: 「화둥7성의 시 당위원회 주요 책임자 좌담회에서 한 연설(在華東七省市黨委主要負責同志座談會上的講話)」, 『시진핑의 전면적인 샤오캉 사회를 건설할 데 대한 논술 발췌(習近平關於全面建成小康社會論述摘編)』, 중앙문헌출판사, 2016, 176면.

8   『시진핑이 중앙 도시화 실무회의에서 발표한 중요 연설(習近平在中央城鎮化工作會議上發表重要講話)』, 신화망, 2013년 12월 14일.

으로는 전위적으로 발전하고 종적으로는 분업 협력하는 발전 구도를 갖춘다. 둘째, 동부 도시군을 최적화로 발전시키고 중서부 지역에서 일련의 도시군과 지역중심 도시를 육성하며 변경지대의 중심도시 및 항만도시의 협력 발전을 촉진한다.

신도시화와 신농촌 건설의 조화로운 발전을 촉진한다. 도시와 향촌 간에는 자원, 경제, 문화, 생태, 환경 등의 분야에서 천연적이고 유기적인 연결성이 있다. 도시와 향촌은 인구와 산업이 집결되는 가장 기본적인 공간이다. 도농 일체화의 발전을 가속하려면 도시사업은 '3농' 사업과 함께 추진해야 하고 현(縣)의 마을과 진(鎭)의 체계를 과학적으로 계획하여 향(鄕)·진(鎭)·마을에 대한 계획관리 수준을 향상시켜 아름다운 향촌을 건설하며 '도시화'와 '향진화(村鎭化)'의 이중 동력이 상호 지원하고 보완하는 중국 특색 신도시화 체계의 건설을 적극 추진해야 한다. 시진핑은, 도농발전 일체화에 박차를 가하는 것은 18차 당대회가 제기한 전략적 과제이자 '네 가지 전면'의 전략 구도를 실천하는 것에 대한 필연적 요구라고 강조했다.[9] 공산당 19대 보고서는 '향촌진흥전략 실시'와 관련하여 다음과 같이 제기했다. 도농융합발전 체제기제와 정책체계를 구축하여 건전히 하고 대규모 경제(Massive economic) 발전과 도시화 추진 지역경제 간의 조화로운 발전 추진을 농업농촌 현대화 가속과 결합시켜 도농협력을 촉진하고 도시와 농촌이 계획 구성, 생산요소 배치, 산업 발전, 공공서비스, 생태보호 등의 분야에서 상호 융합하며 공동 발전하고, 제조업으로 농업을 촉진하고 도시가

---

9   시진핑:『도농발전 일체화 체제기제를 건전히, 광범한 농민들 개혁발전성과를 공유(健全城響發展一體化體制機制 讓廣大農民共享改革發展成果)』, 신화망, 2015년 5월 1일.

향촌을 이끌며 제조업과 농업이 서로 보완하고, 도시와 농촌이 일체화된 신형 제조업과 농업, 도시와 농촌 관계를 형성하고, 도시와 농촌 주민의 기본권리에 대한 평등화와 공공서비스의 균등화, 그리고 주민소득 균형화와 생산요소 배정의 합리화와 함께 도시와 농촌의 산업발전 융합화를 점차적으로 실현한다.

계획, 건설, 관리 등 3개의 고리를 통일적으로 계획하여 연결한다. 이는 도시발전의 청사진을 과학적으로 계획하는 내적 요구 사항이다. 첫째, 도시기능의 포지셔닝과 문화특징, 그리고 건설관리 등의 여러 요소를 복합적으로 고민하고 계획을 제정해야 한다. 둘째, 열린 마인드로 계획을 잡고 계획을 제정하는 기업과 단체와 건설자, 그리고 관리자와 시민대표가 공동으로 참여하는 노멀화 기제와 제도를 구축한다. 셋째, 규제성 상세 계획에 대한 공개성과 법적인 강제성을 강화한다. 넷째, 안전성을 중국의 도시계획, 건설, 관리의 우선에 두고 안전요소와 질에 대한 관리를 철저히 하며 안전 관련 업무를 도시업무의 각 부분과 도시건설 발전의 각 영역에서 실천해야 한다.

개혁과 과학기술, 그리고 문화라는 세가지 동력을 불러일으키고 그 저력을 발굴해야 한다. 도시발전의 청사진을 과학적으로 계획하려면 현지의 개혁과 과학기술, 그리고 문화를 접점으로 하여 계획, 건설, 관리, 호적 등의 분야에 대한 개혁을 추진하고 농업 전이 인구의 시민화 전략에 대한 연구를 강화하며 상주인구의 시민화를 질서있게 추진해야 한다. 인구, 자원, 환경, 문화 등을 통합한 복합적 도시관리 데이터 베이스의 '스마트 도시'와 '스펀지 도시'를 건설하고 선인들의 문화유산을 보호하고 계승하며 선양하여 도시 경쟁력을 향상시켜 도시의 포지셔닝과 목표를 실현하기 위한 환경과 조건을 마련한다.

생산과 생활, 그리고 생태를 통일적으로 계획한다. '인간과 자연의 조화로운 공생을 촉진하고, 과학적이고 합리적인 도시화 구도를 구축한다.'[10] 도시화 건설을 추진하려면 인간과 자연의 관계를 보다 자각적으로 처리해야 한다. 한정된 공간에서 건설 공간이 커지면 녹색공간이 줄어들어 자연 시스템의 자기 순환 능력은 저하되고 지역의 생태환경과 도시거주 환경은 열악해 진다. 도시건설계획의 모든 고리는 반드시 자연에 대한 영향을 고려하고 자연계를 파괴하면 안된다. 생산, 생활, 생태의 구도를 총괄적으로 계획하려면 생태문명의 이념을 고수하는 가운데 '집약화 및 고효율의 생산공간과 쾌적하고 거주에 적합한 생활공간, 그리고 푸른 산과 맑은 물을 가진 생태공간'을 필요 조건으로 삼아 과학적 계획을 제정하고 지역의 자연조건과 자원환경의 '생태 레드라인'의 범위 속에서 성숙한 노하우를 습득하여 참조하며 개발의 경계를 과학적으로 확정하고 개발강도를 설정하여 도시화의 거시적 배치를 과학적이고 합리적으로 구축해야 한다.

정부와 사회, 그리고 시민이란 3대 주체를 통일적으로 계획해야 한다. 신도시화를 실현하려면 정부, 사회, 시민을 포함한 모든 사회적 힘이 현지의 도시화 계획 등에 적극적으로 참여하고 새로운 발전이념을 관철하며 한마음 한뜻으로 도시화 발전방식을 추진하고 전환하는 것에 힘을 모으고, 사회주의 핵심 가치관을 육성 및 선양하고 시민의 문화 수준을 제고하며 도시발전에 대한 긍정적 에너지를 집결시켜야 한다. 오염퇴치와 생태

---

10 「중국공산당 제18기 중앙위원회 제5차 전체 회의 성명(中國共産黨第十八屆中央委員會第五次集體會議公報)」, 인민출판사, 2015, 11면.

복원 과정에서 양호한 거주환경을 조성하고, 빈곤 탈출의 성과 공유를 통해 인민의 생활수준을 적극 향상시킨다. 도시관리 체계를 개선하는 과정에서 도시관리 능력과 운영 수준을 제고하여 기업과 시민이 도시계획과 건설, 그리고 관리에 동참하는 것을 격려하고 도시를 함께 관리하고 건설하여 함께 나누는 것을 실현한다.

2. 산을 바라보고 물을 볼 수 있고 향수를 기억

신도시화 건설이념과 관련하여 시진핑은, 도시화 건설은 자연을 존중하고 자연에 순응하며 천인합일(天人合一)하는 이념을 반영해야 하고 기존의 산과 물 등 독특한 풍경에 의존하여 도시가 대자연에 융합되고 주민이 산과 물을 볼 수 있고 향수도 느낄 수 있도록 해야 한다.[11]라고 말했다. 이는 중국의 우수한 전통문화와 계획이념을 계승하고 발전시킨 것이며 시진핑을 핵심으로 한 공산당 중앙의 신도시화 상부설계와 건설에 대한 지도이념이 승화된 것이다. 이는 더욱이 모든 도시주민의 아름다운 생활에 대한 소망이기도 하다. 역사적 깊이와 의사결정의 온도를 모두 지니고 있는 것이다.

도시화는 현대문명의 기본 지표이고 신도시화 건설의 인문수준은 '보다 아름다운 생활'을 위한 도시와 '아름다운 향촌' 건설, 그리고 농업농촌 현

---

11   중공중앙 선전부 편찬, 『시진핑 총서기의 일련의 중요한 연설 독본(習近平總書記系列重要講話讀本)』(2016년판), 인민출판사, 2016, 162면.

생태문명 건설 이론 확립 및 실천 모색

대화 추진을 가속하는 생명력이다. 끈끈한 '향수', 즉 고향에 대한 그리움은 중화 문화와 도농 주민의 아름다운 생활에 대한 정신적 추구가 응축되어 반영된 것이다. '고향에 대한 기억'은 중화문화를 고양하고 번영시키는 것이고 문화적 자신감을 다지며 보여주는 깊은 정신적 노력으로 당과 정부가 세정 및 민심에 대해 순응하는 탁월한 식견과 중요한 결정이라 할 수 있다. 이중 역사 발전의 시각에서 볼 때, 향수는 5000여 년간 끊임없던 중화민족의 문화적 축적과 연장이며 중국인민의 고유한 천성이고 대중생활의 특성과 지역거주 습관의 인문적 반영이다. 인문발전의 시각에서 볼 때, 향수는 고유의 향촌풍모와 민족문화, 그리고 지역문화 특색의 영향 하에 있는 습관, 기억, 정신적 의지로 내재화 되어 향촌 고유의 모습을 갖추는 동시에 농민들에게 풍부한 정신적 자양분을 제공하고 있다. 농업과 농촌의 우선 발전을 견지하고 '번창하는 산업, 거주에 적합한 생태, 문화적 풍속, 효과적 관리, 풍족한 생활'[12]이란 총체적 요구를 따르려면 농민의 아름다운 생활에 대한 새로운 기대를 충족하고 농업 농촌의 실무와 실천 속에서 농촌 공공문화 서비스 체계를 개선하며 향촌의 문화경제 정책을 혁신하여 향촌 문화의 창조적 전환과 혁신적 발전을 추진해야 한다.

'향수 기억'은 전통건축에 대한 보호와 함께 현(縣) 산하의 마을 형태와도 긴밀히 관련된다. 아름다운 향촌이 없다면 아름다운 중국이 있을 수 없다. 현과 마을이 모두 아름답게 변해야 '아름다운 중국'이 현실로 될 수 있다. 시진핑은 도시와 농촌의 일체화 발전속에서 마을의 본래 모습을 반드

---

12   시진핑: 『샤오캉사회를 전면적으로 실현하는 데서 결정적 승리를 취득하고 신시대 중국 특색의 사회주의의 위대한 승리를 이룩하자(決勝全面建成小康社會 奪取新時代中國特色社會主義 偉大勝利-在中國共産黨第十九次全國代表大會上的報告)』, 인민출판사, 2017, 32면.

시 지켜야 함을 강조했다. 신중하게 나무를 베고 호수를 메우지 말 것이며 집을 적게 허물어 최대한 기존의 마을 형태를 남겨두는 것을 기반으로 주민의 생활조건을 개선해야 한다고 했다.[13] 저장(浙江)성 당서기로 재임했던 시기에 시진핑은 "일부 도시는 이전하는 과정에서 옛 문물고적이 자취도 없이 사라져 너무 아쉽다."[14]라고 한 바 있다. 2002년 『「푸저우 옛집」의 서언(「福州古厝」序)』에는 고대 건축물과 문물을 보호하는 것은 역사를 보존하며 도시의 문화전통을 이어가고 역사문화를 지닌 유명한 도시의 우수한 전통을 지키는 것이라고 강조했다. 많은 도시가 개발건설 과정에서 고대 건물을 훼손하고 서양 건축물을 끌어들여 도시가 고유의 색깔을 잃어가고 있다.[15]

그러므로 지속적이고 건전한 신도시화의 발전을 추진하고 아름다운 향촌을 건설하는데 있어 물리적 및 물질적 의미를 두루 살펴 우수한 전통문화를 보호하고 고양해야 한다. 인민을 위한 보다 쾌적한 삶을 마련한다는 이념과 현대화 요소를 공간 계획과 시장 메커니즘에 접목시켜 도시의 공간적 자원과 구도를 과학적이고 공정 및 합리적으로 배치해야 한다. 나아가 사회경제적 차원에서 도시와 향촌의 역사전통을 이어가고 사람을 근본으로 삼아 지역 문화를 존중하고 역사전통을 중시하는 사회발전이념을 실천하며 전면적 샤오캉사회를 건설하고 사회주의 현대화를 추진하며 중화

---

13   『시진핑이 중앙 도시화 실무회의에서 발표한 중요 연설(習近平在中央城鎭化工作會議上發表重要講話)』, 신화망, 2013년 12월 14일.

14   시진핑: 「시후문화에 대한 보호를 강화하자(加强對西湖文化的保護)」, 『지강신어(之江新語)』, 저장(浙江)인민출판사, 2007, 19면.

15   시진핑, 『「푸저우 옛집」의 서언(「福州古厝」序)』, 『푸젠일보(福建日報)』, 2015년 1월 6일.

민족의 위대한 부흥인 중국몽을 실현하는 것에 대한 탄탄한 인문적 버팀목과 조화로운 사회 기틀 제공을 중시해야 한다. 또한 이를 '아름다운 향촌'과 '보다 아름다운 삶'을 영위하는 도시 건설에 적용하고 신도시화와 신농촌건설의 모든 과정에 반영해야 한다.

이인위본의 '아름다운 향촌'과 신도시화 건설을 과학적으로 계획하고 추진하려면 산을 바라보고 물을 볼 수 있는 '인간과 자연에 대한 관념'을 수립해야 한다. 신도시화 건설에 있어 역사와 전통을 반드시 보존해야 한다. 이는 신도시화와 아름다운 향촌건설에 대한 정신적 요구이자 도시 및 농촌의 조화로운 발전과 공동 발전을 통일적으로 계획하여 농민의 행복감과 만족도를 향상시키는 필연적 선택이다. '번창하는 산업, 거주에 적합한 생태, 문화적 풍속, 효과적 관리, 풍족한 생활'을 영위할 수 있는 아름다운 향촌은 아름다운 중국을 이루어 가는데 반드시 거쳐야 할 길이다. 이는 아래 네 가지 방면에서 중점 체현된다. 첫째, 푸른 산과 하늘, 맑은 물, 건강한 토양을 갖고 있어야 한다. 생태문제를 해결하는 것은 중국 민중의 가장 보편적인 소망이다. 둘째, 도시와 향촌이 일체화되고 공공서비스가 완비된 기초시설을 갖추어 농민을 위한 복지를 도모하며 농민의 삶에 대한 만족도를 확실하게 향상시킨다. 셋째, 산업지원 측면에서 발전하는 농촌이 갖고 있는 단점을 보완하여 백성이 부를 쌓을 수 있는 길이 있어 전면적 샤오캉사회를 함께 실현하는 것을 보장해야 한다. 넷째, 문화적 계승에 있어 도농 일체화의 역사적 추세에 순응하고 향촌의 양호한 자연생태의질을 중시하고 향토 특색과 인문 환경을 부각시킨다.

도시 및 향촌의 풍모는 사회문화의 유전자가 특정된 지리공간에서 외재화되어 직관적으로 펼쳐진 것이다. 시진핑은, 역사문화는 도시의 혼으로 생명을 아끼듯 도시의 역사문화 유산을 아껴야 한다고 했다[16]. 넓고 깊은 중화의 우수한 전통문화는 중국이 세계문화의 격동 속에서 입지를 굳힐 수 있는 뿌리이다. 이 같은 중요한 판단은 중화의 역사문화를 발전 및 번영시키는 노력에 대한 중화민족의 위대한 부흥에 대한 중요한 의의이자 나아가 중국의 신도시화 발전 과전의 시대적 사명과 책임감, 그리고 신도시화 계획과 '아름다운 농촌' 건설을 위한 가치 추구를 심도있게 설명한 것이다.

중국은 이미 향촌형 사회를 주체로 하는 도농 발전 시기에서 도시형 사회와 도시인구를 중심으로 한 신시대로 진입했다. 문화와 전통을 보존함과 동시에 신도시화 건설과 향촌 진흥을 함께 추진하려면 우수한 거주환경 창조를 중점 목표로 삼고 체계적 공정이라는 사고맥락에 따라 생산공간과 생활공간, 그리고 생태공간 사이의 연결성을 정확히 파악하고 자연을 아름다움으로 간주하여 산과 물, 그리고 풍경과 전답을 도시건설 속에 유기적으로 융합시켜야 한다. 자연복원을 중심으로 환경보호와 생태복원을 적극 추진하고 녹색발전과 순환발전, 그리고 저탄소발전 이념에 따라 지역, 도시간, 도시내부 교통, 에너지, 급·배수, 열공급, 폐수 및 쓰레기 처리 등 기초시설에 대한 네트워크와 도시 생명선을 계획하여 배치하고 토지·물·에너지 등 생산에 투입되는 요소자원을 절약하고 집약적으로 이용하여 도시의 녹수청산을 회복하고 녹색 저탄소 생산생활 방식과 도시건설 운영방식을 갖추어 나가야 한다. 하지만 다른 한편으로 '문화'라는 근본

---

16   전국간부교육교과서편집심사지도위원회 편찬『사회주의 문화강국의 건설(社會主義文化強國建設)』, 인민출판사, 당건독물(黨建讀物)출판사, 2015, 160면.

을 버려서는 안된다. 오히려 문화를 중시하고 중화문화는 더욱 중시하여 중화의 요소와 문화 유전자가 충분히 반영되도록 해야한다. 이뿐만 아니라 다른 선진문화를 겸허하게 배우고 타 문화의 특색을 거울로 삼아 도시에 깊이 있는 문화 분위기를 조성하며 도시 자체의 매력을 발산시켜 간다. 이로부터 도시를 사람과 사람, 사람과 자연이 조화롭게 공존하고 쉼없이 발전하는 아름다운 삶의 터전으로 가꾸어 나가며 사회의 조화로운 발전을 거듭하는 것이다.

과학적 계획의 시각에서 '향수 기억'을 지켜내려면 계획을 선행하여 환경의 질에 대한 마지노선과 생태자원의 레드라인을 엄격히 지켜야 한다. 『국가 신도시화 계획(2014-2020년)』은 지역별 자연역사 문화의 부존에 따라 지역별 특성을 부각시킬 것을 제기했다. 형태의 다양성을 제창하고 천개의 도시가 똑같은 모습을 보이는 것을 방지한다. 역사의 기억과 문화의 계승, 그리고 지역의 풍모와 민족의 특징을 갖춘 아름다운 도시를 발전시켜 실제에 부합되면서도 각자의 특색을 갖춘 도시화 발전 모델을 형성한다. 신도시화 추진과 더불어 인간을 근본으로 하고 자연을 존중하며 역사를 계승하고 친환경 저탄소 이념을 신도시화 계획과 '아름다운 향촌'의 건설, 그리고 향촌진흥의 전체 과정에 융합시킨다. 이는 '보다 아름다운 삶'의 도시와 '아름다운 향촌'에 대한 새로운 이념을 부여했을뿐더러 사람을 근본으로 하고 '향수 기억'을 지키는 신도시화의 요구를 반영하는 것이다. 도시화는 도시 규모를 급하게 확장하는 것이 아닌, '증가량을 엄격히 통제하고 저장량을 활성화' 하는 것이다. 건설토지를 집약화하여 이용하고 경작지 등의 자원과 생태보호의 레드라인을 지키고 건설용지를 절제없이 확대하지 말 것이며 심지어 적절한 수준에서 '제조업용 토지'를 줄이고 경작지,

과수원, 채소밭 등 농업공간을 확보하여 생산·생활·생태공간의 합리적인 구조를 형성한다. '향수 기억'을 지키려면 생태안전을 중시하고 자원환경의 수용능력에 대한 모니터링 및 조기경보 메커니즘을 구축하고 삼림, 호수, 습지 등의 녹색생태 공간 비중을 늘려가며 수원의 부존 능력과 환경 수용량을 보강시켜 인민이 생활 공간에서 '산을 바라 보고 물을 볼 수 있게' 해야 한다.

'향수 기억'을 지키려면 계획을 제정함에 있어 자연풍경와 역사유물, 그리고 문화표지를 중시해야 한다. 이를 기반으로 도시발전에 대단 맥락을 파악하고 자연을 존중하고 자연에 순응하며 천인합일하는 이념을 실천해야 한다. 신도시화 과정에서 규모에 집착하고 물질주의에 편중되는 가운데 관료의식을 버리지 못하거나 심지어 개조와 함께 역사적 문화유산을 밀어 버려 문화의 사막으로 전락하고 도시의 자연경관과 문화적 개성을 파괴하기도 한다. 또한 너무 많이 허물고 크게 지어 향토색깔과 민속문화의 유실을 가져온 농촌도 있다. 하나하나의 신도시가 세세대대로 이곳에서 살아온 사람들에게 삭막함을 주어 인민들이 새로운 환경에 또다시 적응할 수 밖에 없다면 이는 인문의 거대한 손실이라 할 수 있다. 그러므로 도시화 진척을 가속하지만 의사결정은 민주적으로, 계획은 과학적으로, 실시는 신중하게 추진하여 작은 것에 빠져 큰 것을 잃어 버리는 어리석음을 경계해야 한다.

향수 기억을 지키는 것은 '아름다운 향촌'을 건설하며 향촌 진흥을 추진하는 과정에서 문화 유산에 대한 보호를 강화하는 것이다. 역사속에 남겨진 건축물과 전통적 민가 및 옛마을, 그리고 고목 등을 보호하고 심지어 디테일이 살아있는 거리와 골목에 대한 계획과 건축 소품까지 포함해야 한다. 이 모두가 중화민족이 장기적으로 구축해온 민족 특색이자 대대로 전해내려온 풍속과 습관 그리고 수백년간 끊기지 않고 전해 내려온 문화의 기억들이다. 이미 진행된 실천을 돌이켜 보면 계획을 통해 유도하는 것을 중시하고 프로젝트 방식으로 추진하는 것은 '아름다운 향촌' 건설에 대한 중요한 경험이다. 시진핑은, 농촌주민의 거주환경에 대한 관리를 추진함에 있어서 선행된 계획은 관건이다. 실천이 표준화된 지도 역할을 해야 할뿐더러 시종일관 계획의 실시를 업무 추진에 대한 기본사슬로 간주하여 '법칙에 맞고 번복이 없으며 통일적으로 추진하고 중복하지 않으며 장기적으로 사용하나 낭비하지 않는다'는 원칙을 실천해야 한다. 아름다운 향촌 계획을 제정함에 있어 현지상황에 맞고 인민의 의지를 존중하며 계획과 프로젝트의 타당성에 신중해야 한다. 전체적 계획의 배치에서 각 마을의 지리구역과 자원부존, 그리고 산업의 발전상황과 접목시켜 공간적으로는 산업기능의 상호보완과 다양한 고객층의 수요를 충족시키는 것 등을 고려하고, 아름다운 향촌 건설을 위한 중점 마을과 핵심 프로젝트를 확정하고 방안의 개선 및 프로젝트 최적화 등을 실천하여 질서있게 발전하고 투자를 집중하며 '후추가루 뿌리는 식'의 평균주의를 시행하지 않는다. 프로젝트의 타당성을 주의깊게 살펴, 무조건 크고 전면적인 것에 빠지지 않고 함부로 허물고 세우지 않은 가운데 토지자원을 집약적으로 이용한다 라고 제기했다.

향수 기억을 지키는 것은 바로 신도시화 과정에서 '역사에 대한 책임의식과 인민에 대한 책임감'에 따라 '역사에서 미래를 향하고 민족문화의 혈맥 속에서 앞길을 개척' 하여 우수한 전통문화와 독특한 역사의 맥과 역사적 유산을 지키고 계승하는 것이다. 우선, 중국의 주체기능지구 계획과 생태기능 계획을 기반으로, 지역의 역사문화 계승과 지역문화, 그리고 시대적 수요에 따라 도시공간의 계획 및 용도에 대한 통제 등을 강화하며 도시문화의 맥을 도시공간의 입체성과 지면의 조화, 그리고 풍모의 전체성에 포함시키며 선인들이 남겨준 문화유산을 보호하고 고유의 지역환경과 문화 색깔, 그리고 건축의 풍격 등 '유전자'를 보존하여 문물을 통해 역사와 지혜를 후대들에게 알리며 지방의 도시 자연풍경과 시대적 정신을 육성하고 인심을 집결하며 현지 주민들의 자긍심과 자신감, 그리고 소속감을 키워야 한다. 둘째, '도시의 개조 및 개발과 역사문화 유산의 보호 및 활용에 대한 관계를 적절히 처리하여 보호 속에서 발전하고 발전 속에서 보호' 해야 하며 중화의 우수한 전통문화를 발굴하고 시대정신을 고양하여 중화의 전통미덕에 대한 창조적 전환과 혁신적 발전을 위해 노력하며 대외적으로도 도시의 역사유산과 인문학적 깊이를 알릴 수 있는 이미지를 구축하여 도시 거주와 창업, 그리고 사업에도 적합한 '골드 명함' 으로 자리잡아 나가야 한다.

3. 하나의 청사진을 일관되게 그려 나가야

중국 신도시화의 고도화와 도시화, 그리고 신농촌 건설의 조화로운 추진에 있어 과학적 계획은 국토공간개발 보호제도와 공간거버넌스 체계, 그리고 공간계획체제를 기반으로 제반적 국면을 장기적으로 관리하고 다양한 계획을 통합시켜 하나의 청사진을 완성해 가면서 일관성 있게 추진해야 한다. 다른 한편으로 법규제도로 하여금 전기가 연결된 '고압 전기선'

처럼 중국의 신도시화 계획과 건설의 일관성 및 집행력을 지속적으로 추진하도록 하여 신도시화 청사진의 전략적 유도 효과와 표준의 규범화 효과, 그리고 강제성의 통제력을 도시발전 전환의 현실적 생산력으로 전환시킨다.

계획은 '더욱 아름다운 생활'의 도시와 '아름다운 향촌' 건설의 정신력이자 선구자이며 도시와 향촌의 가장 강력한 생산력이다. 세계의 도시화 역사를 살펴보면 훌륭한 계획은 도시와 향촌의 기능을 개선하고 전체적으로 질적 향상과 지속가능한 발전을 이끌고 수도 있으나 그렇지 못할 경우 경제 및 사회 효과를 모두 잃어버리는 결과를 초래할 수 있다.

도시계획은 도시와 농촌의 발전 과정에서 전략적 유인 역할과 강제적 통제역할을 한다. 또한 훌륭한 계획은 도시 및 향촌의 관리 효율을 높이는 데 이롭다. 도시와 향촌의 기능을 개선하여 지속적으로 발전하려면 통일적이고 표준화된 공간 계획과 완비한 주체기능지구 제도, 그리고 국토공간의 용도관리 제도를 건전히 하는 기초 하에 도시 및 향촌의 계획을 강화하고 계획의 전향성과 신중성, 그리고 연속성을 증대하며 하나의 청사진을 완성시켜 훌륭한 계획을 일관되게 추진해야 한다.

도시와 향촌은 오늘날 주민들이 살고 있는 기본적 공간일뿐더러 자손 후대가 생산하고 생활하는 생태 공간이다. 그러므로 과학적 계획은 반드시 '100년을 관리' 하는 안목과 '하나의 청사진을 관철' 하는 집중력 및 견지력이 있어야 한다. 이는 경제적이고 적합하고 친환경적이며 아름다운 살기좋은 도시와 농촌을 건설하는데 유리하고 도시와 향촌의 전통을 이어가는 것에도 이롭다. 그러므로 이를 잘 수행하려면 인민을 위해 책임져야 하고 미래에 대해서도 책임져야 한다.

조령모개식 계획은 아주 오랫동안 보편적으로 존재해 왔다. 계획이 거듭되고 번복된다면 도시발전의 안정성과 연속성에 마이너스 효과를 주게 되고 심각한 자원 및 자금의 낭비를 불러온다. 계획의 난맥상은 발전의 이념에서 그 원인을 찾아볼 수 있다. 일부 지방에서는 현지의 특수 자원의 부존을 실사구시(實事求是)적으로 개발하는 것이 아니라 인기몰이, 혹은 서양을 모방하기에 급급하고 지도자 개인의 취향에 따라 제멋대로 계획하는 경우가 있다. 또한 일부 지방에서는 주요 관리자가 '큰 일을 벌이고 공 세우기를 좋아하는' 정치실적 중심형 오류에 빠져 스스로를 위한 '랜드마크식 공정'에 집착하며 함부로 허물어 새로 건설하는 것을 서두르고 심지어 투자유치와 프로젝트 확보를 위해 개발업체에게 무조건 양보하며 일반 시민들의 실제 생활은 안중에도 두지 않는 경우가 있다. 이는 도시계획에 대한 과학적 대응이 미흡했던 문제들로 지역의 발전에 필요한 정신력까지 잃게 되는 것이다. 지방의 당정부는 반드시 정치실적관을 올바르게 인식하고 마치 못을 박는 것(釘釘子)처럼 생각을 끊임없이 다지며 훌륭한 청사진을 계속해서 개선하고 일관되게 실천하여 내실있는 성과를 거두어야 한다.

　　시진핑은, 하나의 청사진을 일관되게 실천하며 내실있는 성과를 거두고 마치 못을 박는 것처럼 끊임없이 다져가는 생각이 필요하다고 제기했다. '못은 한번에 박는 것이 아니라 한번 또 한번 반복적으로 쳐야 단단하게 박을 수 있다. 하나를 잘 박은 후 이어서 다른 것을 박고 이를 쉼없이 박아나가다 보면 결국 보람찬 성과를 거둘 수 있을 것이다. 동쪽에서 망치로 한번, 서쪽에서 방망이로 한번 치는 식으로 일을 하다가는 결국 못 하나 제

　　　　　　　　　　　　생태문명 건설 이론 확립 및 실천 모색

대로 박지 못할 수 있다'[17] 우리는 '공이 꼭 재직 기간에 이루어지지 않아도 된다'는 생각을 가지고 있어야 한다. 청사진이 과학적이고 실제에 부합되며 인민의 소망과 일치할 경우, 우리는 인사변동과 무관하게 일관성 있게 실천해 나가야 하며 간부와 군중들은 이와 같은 노력을 기억할 것이다. 정확한 치적관을 수립하여 탄탄한 기반한 기반을 세우고 장기적인 안목에서 업무를 처리하고 실제를 이탈하지 말아야 한다. 맹목적 비교심리와 인민의 재산을 낭비하며 '허울뿐인 공정'과 '치적에만 눈이 먼 공정'을 하지 않고 내실있게 실천하고 과감하게 중임을 맡으며 역사와 인민 앞에서 책임감 있게 나서야 한다.

과학적 계획에 대한 정부의 조절기능을 통해, '선 계획 후 건설'의 원칙에 따라 지역 발전의 위치를 정확히 파악하여 한치의 땅이라도 정확히 계획한 후 착공한다. 우선, 지역간에서는 지역발전의 총체적 전략을 기반으로, 큰 틀의 공간구도를 확정한 후 개발을 추진하고 관리 강도를 높이며 도시개발의 한계선과 생태 레드라인의 '합일점'을 찾아야 한다. 둘째, 도시와 현(縣) 행정구 산하의 마을과 진(鎭)에서 도시 및 향촌의 형태를 업그레이드하려면 보다 많이 개방된 공간을 확보하여 녹색, 저탄소, 스마트 환경을 체현하여 거주하고 일하는데 적합한 특성을 반영할 수 있어야 한다. 셋째, 체제 메커니즘과 정책을 혁신하고 관련된 정책을 제정해야 하다. 사전 준비가 철저하면 성공하고 그렇지 않으면 실패할 수 있다. 철저하고 훌륭한 계획의 중요성은 말할 필요도 없다. 도시 신지구 건설에서 도시 발전의 위치

---

17 시진핑: 「공산당 18기 2중전회 제2차 회의에서 한 연설(발췌)[在黨的十八屆二中全會第二次全體會議上的講話(節選)]」(2013년 2월 28일), 『시진핑의 전면적인 샤오캉 사회를 건설할 데 대한 논술 발췌』, 중앙문헌출판사, 2016, 188면.

와 토지 용도를 막론하고 도시 공간의 구도와 도시 형태는 모두 전체적으로 고려하고 치밀하게 계획을 잡아야 한다. 생존 및 발전과 관련된 조치 혹은 전략은 일조일석처럼 한번에 이루어 지는 것이 아니다. 시진핑은 징진지(京津冀) 협력 발전의 추진 사례를 언급하며, 징진지 협력 발전은 국가차원의 중요한 전략으로 베이징시의 부도심을 계획하여 건설하고 수도 베이징의 비 수도 기능을 분산하는 것으로 징진지 협력 발전의 추진은 역사적 공정이자 중국이 현재 직면하고 있는 현실적 과제라고 강조하였다. 오직 흔들림없는 신념을 갖고열심히 그리고 지혜롭게 착실히 하나하나씩 추진하고 헤쳐나가며 '장인' 정신을 발휘하고 질서있게 추진하며 역사에 아쉬움을 남기지 않아야 더욱 아름다운 도시생활의 비전을 실현할 수 있다고 했다.

계획은 반드시 과학적이어야 함을 인식해야 한다. 지역의 발전은 복합적인 시스템 공정으로 발전 법칙에 부합되는 계획을 제정해야 하기 때문이다. 지역발전을 선도하는 중요한 방침인 만큼 계획의 실천에 있어 강제성을 보강해야 한다.

신도시 건설을 훌륭히 수행하고 관리하려면 계획제정 단계부터 충분한 중시하여 엄격한 계획을 제정해야 한다. 공공의 이익을 지키는 정책인 바 제정 및 집행 과정에서 민생을 위한 고민을 보다 많이 하고 소수의 이익에 손발이 묶여서는 안된다. 장기적 시각에서 높고 멀리 내다보고 조령모개식이나 인민을 고생시키거나 자산을 낭비해서는 안된다. 현재와 미래를 함께 고민하고 눈앞의 이익을 위해 장기적인 이익을 희생해서는 안된다. 이에 국무원은 관련 문건을 출시하여 도시계획 건설에 대한 관리를 강화하고 있으며 계획을 어긴 행위에 대해서는 엄격하게 책임을 추궁하고 있

생태문명 건설 이론 확립 및 실천 모색

다. 즉 '한 명의 장군이 하나의 명령을 내리고 단기 정부가 하나의 청사진을 집행하는' 기괴한 현상을 제도적으로 차단한 것이다.

계획은 법률의 보호를 받는다. 중국은 2008년부터 『중화인민공화국도농계획법(中華人民共和國城鄕規劃法)』을 실시했다. 과거 도시계획 속에 존재했던 적폐를 청산하고 하나의 청사진을 일관되게 관철하려면 '상부설계'를 잘해야 한다. 도시계획은 법에 따라 제정하고 법에 따라 계획 및 편성에 대한 심사와 관리를 강화하며 도농계획법이 규정한 원칙과 절차를 엄격히 따라야 한다. 도시에 대한 총체적 계획은 해당 지역 정부의 편성을 따르고 사회 공중이 참여하며 동급의 인민대표대회 상무위원회가 심사한 뒤 상급 정부가 비준하는 절차를 따른다. 이와 함께 법정 절차에 따라 허가된 도시계획은 반드시 엄격하게 집행되어야 한다. 계획은 강제성을 갖고 계획에 어긋나는 행위가 있다면 관련 책임자의 책임을 엄히 추궁해야 한다. 도시에 대한 총체적 계획의 수정은 반드시 원심 승인 기관의 동의를 받아야 하고 동급의 전인대 상무위원회의 심사를 통과해야 하며 계획을 함부로 수정하는 현상은 제도적으로 막아야 한다.

도시계획은 아래로 사회안정을 보장하고 위로는 각자의 이익적 소구를 충족해야 한다. 도시계획은 그 연속성이 단절되어서는 안되고 정부 교체로 계획도 교체되는 것을 경계해야 한다. 공간 및 도시 계획의 편성 과정에서 대중의 의견을 수렴하고 전문가의 의견을 경청해야 하며 계획이 만들어지면 입법의 형식으로 확정하여 법적인 권위성을 갖도록 해야 한다. [18]도시화 계획 중에서 여러 권리 주체에 대한 평등한 법적지위와 충분한 의견

---

18   『시진핑이 중앙 도시화 실무회의에서 발표한 중요 연설』, 신화망, 2013년 12월 14일.

전달을 위한 채널을 제공하고 과학적이고 민주적인 의사결정 절차에 따라 다원적인 이익을 조율하고 형평성을 찾아야 한다. 그러므로 법치에 의존하여 하나의 청사진을 끝까지 관철해 나가야 하는 것이다.

도시화 계획에 대한 입법을 적극 추진해야 한다. 도시화 계획은 발전의 안목에서 과학적으로 구상하고 합리적으로 배치하며 정확한 의사결정을 내리는 것을 전제로 하는 지방성 입법행위이다. 도시화 계획을 법률 형식으로 확정하는 것은 도시계획과 배치, 그리고 행정지구의 안정성과 엄숙성을 보장하는 중요한 전제이다. 이는 자원의 고효율적 배치를 기본 근거로 하여 이인위본과 지속가능한 발전을 추진하는 탄탄한 기반이다. 계획은 마련하여 통과되는 즉시 법적인 지위를 부여해야 하며 어떤 사람이나 조직을 막론하고 이를 자의적으로 바꿀 수 없다.

법적 수단으로 자원의 생태 레드라인을 지켜내야 한다. 신도시화는 자원절약과 환경보호를 기본적 조건으로 해야 한다. 경제발전을 위해 대다수의 각 지방 정부는 생태보호와 환경의 질, 그리고 자원이용에 대한 마지노선 의식이 미흡했고 환경의 희생을 대가로 도시화의 발전을 이루어왔다. 그러므로 가장 엄격한 원천적 보호와 손해배상, 그리고 책임추궁 제도를 점차적으로 실행해야 하며 법치수단과 강제적 구속력으로 청산녹수를 잘 지켜내고 생태보호의 레드라인을 지켜야 한다. 이를 통해 주민들이 신형 도시화의 성과를 누리는 동시에 '산을 바라보고 물을 볼 수 있고 향수를 기억할 수' 있어야 한다.

'사력합일(四力合一, 네 가지 힘의 집중)'의 관리 구도를 확립해야 한다. 신형 도시화는 법률 형식을 통해 합리적이고 온전한 도시화 관리 구도를 확립하고 정부·기업·대중의 관계 및 역할을 명확히 해야 한다. 도시화 계획은 공

생태문명 건설 이론 확립 및 실천 모색

개적이고 투명한 원칙을 따르고 정부는 현지산업에 대한 발전 수요를 고민하는 동시에 기업과 대중의 의견을 충분히 수렴하며 영역별 전문가의 의견을 경청하고 도시화 계획과 조정과정에서 공시 및 청문회 등의 제도를 실시하여 계획에 대한 대중의 충분한 알권리와 참여권리, 그리고 감독권리를 누릴 수 있게 해야 한다. 계획의 시행 과정에서 자원의 생태 레드라인을 지키는 것을 전제로 시장의 자원배치 역할을 충분히 활용하고 신도시화 과정에서 정부의 주도력과 기업의 주체력, 그리고 시장의 배치력과 사회의 협동력이라는 '사력합일'의 관리 구도를 궁극적으로 실현해야 한다.

'다양한 계획의 조화로운 실시'를 적극 추진해야 한다. 지방정부는 경제사회발전계획과 토지이용계획, 그리고 도농발전계획과 생태환경보호계획 등 '다양한 계획의 조화로운 실시'를 적극 추진하고 부서 간의 원활한 관계를 조율하며 지방경제와 사회발전계획, 그리고 도시 총계획과 토지이용계획이 하나의 계획 플랫폼에서 추진되도록 해야 한다. 도시의 최근 건설계획과 도시 전체의 총 계획이 유기적으로 연결되는 것을 보장하여 시간 및 순서가 일치하도록 해야 한다. 도시의 전문 프로젝트 계획과 도시 총계획의 유기적 연결을 강화하여 목표의 일치성을 실현해야 한다. 또한 세부계획과 도시 총계획의 유기적 연결을 관철하고 통계지표의 일치성을 보장해야 한다. 각종 계획은 상호 연결되고 패키지되며 도시화 건설의 계획 체계를 형성해야 한다.

지도간부에 대한 환경보호 책임추궁과 자연자원 관련 이임감사제도를 설립해야 한다. 도시화 계획 및 건설 과정에서 법에 따라 환경보호 문책제도를 설립하고 생태환경을 염두에 두지 않고 맹목적 의사결정으로 심각한 결과를 초래한 지도자에 대해 최종 문책을 실시하여 각급 지도 간부들이 정확한 정치실적관을 수립하도록 인도한다. 환경보호법 관련 직원 교육을 실시하여 각급 지도 간부의 생태환경 보호책임 의식을 함양한다. 도농 자연자산 부채표를 만들어 지방 지도자의 생태환경 보호책임, 농경지 보호, 국가토지 수용책임, 광산자원 개발책임, 자연자원 유상사용제도에 대한 집행 책임 등을 명확히 한다. 도시계획의 시행 상황을 지방의 행정부 및 당간부의 고과와 이임 시 감사에 편입하는 것은 신도시화 건설에 없어서는 안되는 고압선이다.

제9장

녹색터전 건설과
인류운명공동체 구축을
흔들림없이 추진

인류는 하나의 지구를 함께 하고 녹색터전은 지구촌 공동의 꿈이다. 시진핑은, 중국의 입장과 세계적 시각에서 전체 인류를 가슴에 품고 인류운명공동체 건설을 추진해 왔으며 "생태문명건설은 인류의 미래와 관계된다. 국제사회는 글로벌 생태문명건설의 길을 함께 걸어야 한다"[1], "글로벌 시각에서 생태문명건설을 추진하고 녹색발전을 새로운 종합국력과 국제경쟁의 신 강점으로 전환해야 한다"라고 제기했다[2]. 중국은 자국의 생태문명건설에 주력하는 동시에 책임지는 대국의 이미지로 글로벌 생태안전을 지키고 선진 이념과 적극적 움직임으로 글로벌 지속가능 발전관을 설명하며 글로벌 생태문명건설의 중요한 참여자이자 기여자 및 선도자로 활약하고 있다. 이는 시진핑을 핵심으로 한 공산당 중앙이 생태문명건설을 추진하고 녹색발전의 이념을 실천하며 현대 거버넌스 능력을 향상시키는 노력을 국제사회에 충분히 보여주는 것이다.

---

1   시진핑(習近平): 「서로 손 잡고 협력상생의 새로운 동반자관계를 구축하고 한마음으로 인류운명공동체를 건설하자(協手構建合作共贏新화伴、同心打造人類命運共同體)」, 『시진핑 국정운영을 논함(習近平談治國理政)』제2권, 외문출판사, 2017, 525면.
2   중공중앙 선전부 편찬: 『시진핑 총서기의 일련의 중요한 연설 독본(習近平總書記系列重要講話讀本)』(2016년판), 인민출판사, 2016, 239면.

1. 서로 어우러져 살아가는 운명공동체 형성

세계의 다극화와 경제의 글로벌화, 그리고 문화의 다양화와 사회 정보화의 심층적 발전과 더불어 세계 각국은 긴밀하게 연결되고 있다. 시진핑은 국가주석 취임 초기에 '운명공동체 인식을 굳건하게 수립해야 한다'[3]고 제기하며 공동 발전을 강조하는 것이 바로 지속적 발전의 기반이자 각국 인민의 장기적 이익과 근본적 이익에도 부합됨을 강조했다. 오늘날 세계의 인민들은 서로 다른 문화, 종족, 피부, 종교, 사회제도 등으로 구성된 세계에서 살면서 서로 어우러져 살아가는 운명공동체를 형성했다.[4] 인류운명공동체 구축의 이니셔티브가 제기된 이후 국제사회로부터 많은 환영을 받았다. 2017년 2월 10일, 처음으로 유엔의 '아프리카 발전을 위한 새로운 파트너십의 사회 층면' 결의에 기록되어 국제적인 합의[5]로 자리매김했다. '운명공동체' 이념의 지도 하에 중국은 창조적인 전방위 외교 배치를 실시했고 글로벌 거버넌스 체계의 변혁을 적극 추진하고 세계평화의 건설자와 글로벌 발전의 기여자, 그리고 국제질서의 수호자 역할을 수행해 왔다.

18차 당대회 보고서는 국제관계 문제 처리와 관련하여, '인류운명공동체 인식을 창도' 할 것임을 명확히 제기하며 서로 이롭고 공생하는 외교방략을 한층 더 심화시켰다. 공산당 19대 보고서는, '인류운명공동체 구축'을

---

3 시진핑: 「아시아와 세계의 아름다운 미래를 함께 열어나가자(共同創造亞洲和世界的美好未來)」(2013년 4월7일), 『시진핑 국정운영을 논함』, 외문출판사, 2014, 330면.

4 시진핑, 『유네스코 본사에서 한 연설(在聯合國敎科文組織總部的演講)』, 2014년 3월 27일, 신화사.

5 『'인류운명공동체 구축'이념 유엔결의에 최초로 기입(聯合國決議首次寫入"構建人類命運共同體"理念)』, 2017년 2월 11일, 신화사.

신시대 중국 특색 사회주의 사상과 기본방략으로 정하고 '인류운명공동체 구축으로 항구적 평화와 보편적 안전, 공동 번영과 개방적인 포용, 그리고 깨끗하고 아름다운 세계를 건설'하는 것에 대한 총체적 목표를 확립했다. 또한 공산당 19대 보고서는, "국내와 국제 등 두 개의 큰 국면을 통일적으로 기획하고 변함없는 평화발전의 길을 걸으며 서로 이익이 되고 공생하는 개발전략을 지키고 정확한 의리관(義利觀)을 견지하고 공동·종합·협력·지속가능의 새로운 안전관을 수립하고 개방과 혁신, 그리고 포용과 호혜의 발전을 도모하며 화합하면서도 부화뇌동 하지 않고 서로 다른 것들을 모두 받아 들이는 문명 교류를 촉진하며 자연을 존경하고 녹색발전하는 생태체계를 구축할 것"임을 제기했다. 또한 보고서는 파트너십, 안전구도, 발전비전, 문명교류, 생태체계 등 5가지 분야에서 인류운명공동체를 결성해 나가는 길을 제시했다.

'운명공동체'는 민족, 국가와 이데올로기를 초월하는 국제관이다.[6] 중국은 보편적 연결의 변증법적 철학관을 기반으로 세계를 나라와 나라가 서로 연결되어 구성된 정체로 보았다. 각 나라는 서로 긴밀히 연계되어 있고 생과 사를 함께 하고 있으며 전체 인류의 이익에 주안점을 두고 글로벌 이슈를 함께 상의하며 공동 번영을 실현하는 통일성을 실현하고 각국의 문화배경과 걸어왔던 발전의 길에 대한 차이를 존중하여 공통점을 찾고 다른 점을 보류하며 공정하고 합리적인 국제질서를 구축해 나가야 한다. '운명공동체'는 상호 이롭고 공생하는 발전관으로 중국의 '화이부동(和而不

---

6   궈지핑(國紀平), 「세계와의 약속, 보다 아름다운 미래를 위하여-인류운명공동체를 향한 매진을 논하다(爲世界許諾一個更好的未來-論邁向人類命運共同體)」, 『인민일보』, 2015년 5월 18일, 제1지면.

同)' 전통사상을 뿌리로 한다. 국가 간의 제로섬 사고를 버리고 화목하게 우호적으로 협력하고 공생할 것을 주장하며 공헌함이 있고 천하에 도움을 줄 것을 강조하며 도전에 함께 대응하고 발전의 기회를 함께 누리며 평화롭고 안정적인 국제환경을 창조하여 '협력과 공생'을 핵심으로 하는 '신형 국제관계'를 구축하는 것을 지향한다. '운명공동체'는 다섯 개의 정신적 지주를 포함하고 있다. 정치적으로는 서로 평등하게 대하여 상의하고 이해하는 파트너십을 구축하고, 안보와 관련해서는 공정주의와 함께 건설하고 나누는 안보 구도를 조성하며, 경제적으로는 개방과 혁신, 그리고 포용과 상호 혜택을 주는 발전의 비전을 도모하며, 문화적으로는 화합하면서도 부화뇌동 하지 않고 서로 다른 것들을 모두 받아 들이는 것을 촉진하는 문명의 교류를, 환경적으로는 자연을 존중하고 녹색발전의 생태체계를 구축하는 것이다.[7]

제조업 문명 하에서 조방식 경제발전 방식은 더 이상 지속될 수 없다. 선진 산업화 국가나 혹은 아직까지 산업화를 달성하지 못한 개도국을 막론하고 모두 전통적 발전에 대한 사고방식을 포기해야 함을 인식하고 있다. 중국의 생태문명건설은 체계적 이론과 방법, 그리고 정책 노하우를 제시했고 이는 인류사회 전체의 인간과 자연, 사회와 자연이 조화롭게 발전하는 세계관, 가치관, 방법론과 관련되는 문제로, 가치관 인지와 생산 방식, 그리고 소비방식 및 그에 상응하는 체제 메커니즘의 변혁을 불러올 것이며 세계의 수요를 '글로벌 인류운명공동체'와 연결하는 중국의 해법이

---

7   국가행정학원 경제학 연구부 편찬 『중국 경제 신방위(中國經濟新方位)』, 인민출판사, 2017, 281면.

다. 중국은 '운명공동체 조성'을 취지로 글로벌 파터너십을 추동하며 각국과의 공동이익을 확대하고 있으며 함께 상의하고 건설하며 함께 나누는 글로벌 거버넌스 체계를 구축하기 위해 노력하고 있다. 운명공동체 이론은 아시아 지역 협력과정에서 처음으로 실천되었는데 '중국-아세안 운명공동체' 이니셔티브는 동남아와 중국의 연결을 위한 버팀목 역할을 했다. '주변의 운명공동체'를 건립하고 '친선혜용(親善惠容)'의 이념과 주변 국가와의 우호적 외교정책을 기반으로 각국과의 관계를 다져갔다. '운명공동체를 지향하고 아시아의 새로운 미래를 창조' 하는 것은 아시아 지역의 협력과 녹색 터전을 위한 이상적 청사진이다. 중국은 '일대일로' 국제협력과 기후변화 대응 등을 적극 실천하여 세계를 향해 '녹색발전'이라는 초청을 하며 세계 각국과 더불어 기회를 나누고 발전을 도모해 나갈 것이다.

2. '일대일로' 건설에 녹색발전의 이념을 융합

'일대일로' 이니셔티브는 '인류운명공동체'를 위한 현실적 실천이다. 이는 중국의 발전방식 변화를 기반으로 발전의 장점을 보강하고 국제협력을 강화하고 발전 공간을 넓히며 경제 글로벌화와 세계 과학기술 혁명의 새로운 트렌드에 부응하는 현실적 배경 하에서 제기된 것이다. '일대일로'의 본질은 서로 이익이 되고 공생하는 것으로 중국과 유라시아-아프리카 국가간 상호 연결과 상호 이익이 되는 협력의 새로운 장을 열어 놓은 것이다. 정책·무역·문화·투자에 대한 상호 연결과 관련된 '일대일로' 이니셔티브에 생태문명건설 이념이 접목된 이후 새로운 의미가 부여되면서 중국의 연선국가는 '녹색발전'에 대한 이념을 나누고 개도국은 중국의 생태문명 건설에 편승할 할 수 있게 되었다.

'녹색발전'을 연선의 경제와 문화, 그리고 사회건설과 접목하는 것은 '일대일로' 이니셔티브의 또 다른 장점이다. 2015년 3월 28일, 국가발전개혁위원회와 외교부, 그리고 상무부가 공동발표한 『실크로드 경제벨트와 21세기 해상 실크로드 공동건설에 대한 비전과 행동』은 '일대일로'의 총체적 구조와 구체적 과제를 발표하고 녹색발전 이념을 연선국가의 각 건설 분야에 융합시킬 것을 명확히 했다. 투자무역 중에서 생태문명 이념을 반영시키며 생태환경과 생물 다양성, 그리고 기후변화 대응 분야에 대한 협력을 강화하고 녹색 실크로드를 공동으로 건설하는 것이다. 인프라 시설 건설 중 녹색 저탄소 건설 및 운영관리를 강화하고 건설 과정에서 기후 변화에 대한 영향을 충분히 고려한다. 에너지 개발 분야에서는 수력 발전과 원자력 발전, 그리고 풍력 발전과 태양광 발전 등 청정 및 재생가능 에너지 분야에 대한 협력을 강화한다. 산업협력 분야에서는 기술·바이오·신에너지·신소재 등 신흥 산업분야의 심층적 협력을 강화한다. 또한 현지 연선국가의 건설에서 생물 다양성과 생태환경도 엄격히 보호한다. 민간교류 중에서는 연선국가의 민간조직과 교류 및 협력을 강화하고 생물 다양성과 생태 환경보호 등 각종 공익자선 활동을 강화한다.

'일대일로' 건설의 실무 간담회에서 시진핑은, 녹색 실크로드와 건강 실크로드, 그리고 지적 실크로드와 평화 실크로드를 공동 건설하는 것에 집중하여 '일대일로'의 건설이 각 연선국가의 인민들에게 복지를 가져다 줄 것을 강조했다.

생태문명 건설 이론 확립 및 실천 모색

녹색의 '일대일로'는 정책소통, 교통시설 연결, 무역증대, 자금조달, 민심소통을 주요 내용으로 하고 포용적 발전을 본질적인 특징으로 하며 지속가능 발전을 근본 목표로 한다. '일대일로'는 국제 채널의 협력과 교류를 목표로, 생태보호의 '일대일로' 건설에 대한 서비스와 지원을 강화하며 연선국가의 발전 패러다임을 바꾸어 새로운 발전 기회를 함께 창조하는 것을 지향한다. '일대일로'의 생태적 함의는 아래 세 가지 방면에서 체현된다.

첫째, 생태문명이념을 널리 확산하고 인간과 자연이 조화롭게 공생하는 생태가치관을 고양한다. 중국의 고대 왕조인 서한(西漢)에서 시작된 실크로드는 자고로 동서양 경제무역문화 교류의 통로였다. '일대일로'는 대외교류와 선린우호의 전통적 가치관을 이어받아 서로 존중하고 협력하고 상생하는 의리관을 실천하는 것이다. 당대에서는 생태문명이념 전파에 보다 집중하고 인간과 자연의 조화로운 공생을 창도한다. 지속가능 발전은 세계 각국의 공동목표로, 중국이 '일대일로'를 통해 연선국가에 생태문명이념을 확산시키는 것은 각국의 협력과정에서 생태환경보호 콘센서스를 달성하여 경제와 환경이 조화롭게 발전하는 발전방식을 구축하기 위함이다.

둘째, 생태경제를 추진하고 경제발전과 생태환경에 대한 이중적 부하를 완화한다. 국제 산업협력은 기본적으로 녹색제한 조건이 있어야 하고 생태경제를 추진하며 발전과 보호의 조화를 보장해야 한다. '에너지 저소모와 저오염, 그리고 고효율'을 특징으로 하는 생태경제는 녹색산업체계를 구축하고 국내 산업의 고도화를 촉진하며 국내의 녹색 생산 능력이 해외로 진출하여 연선국가의 친환경 생산 방식 발전을 견인토록 한다. 대외투자와 프로젝트 건설 과정에서 녹색환경 기준을 명확히 하고 환경영향평가 제도를 규범화시키며 환경위험을 예방하고 완화한다. 실크로드 펀드와 아시아인프라투자은행의 지원 하에 녹색 신용대출을 제공하고 환경보호기술의 연구개발과 신에너지 개발 이용, 그리고 신흥산업 육성과 녹색 공공제 및 서비스 구축을 위한 금융지원을 제공한다.

셋째, 생태환경에 대한 관리를 강화하여 자원 에너지 안전과 생태 시스템의 안정을 보장한다. '실크로드 경제벨트'의 연선국가는 대다수 대륙성 기후와 고산기후의 환경이라 기후가 건조하고 강우량이 적으며 고원과 사막중심의 지형인 동시에 인구 부하는 크고 생태환경은 취약하다. '21세기 해상 실크로드'는 다수의 해상 운송 중추 지역 및 에너지 수송 통로를 경과하여 해양생태 위협에 직면하고 있다. 연선국가는 중국의 환경보호 경험을 벤치마킹하여 에너지 절감 및 탄소배출 기술과 환경오염 퇴치기술, 그리고 자원개발이용 기술을 공동 개발하고 교류하며 경제활동의 생태환경에 대한 파괴를 줄이고 육지의 폐수가 바다로 배출되는 것을 원천적으로 통제할 수 있다. 또한 생태안전 장벽을 공동으로 건설하고 국제적인 생태환경 관리 프로젝트를 추진하여 생태시스템의 안정을 지킬 수 있다.

'일대일로' 건설 과정에서 녹색이념을 관철하는 것은 국내외 발전에 모두 중요한 현실적 의의가 있다.

'일대일로' 이니셔티브의 실천은 국내 및 국외의 발전국면을 통일적으로 계획하고 녹색발전을 새로운 복합적 국력과 국제경쟁 우세로 전환하는 것에 그 취지를 두고 있다. '일대일로'는 아태지역 경제권과 유럽 경제권을 연결하여 공간개발과 지역협력에 대한 큰 그림을 제시했다. '일대일로'는 연선국가의 인력과 투자, 그리고 물자의 유통 및 배치를 촉진시켜 지역발전에 활력소를 불어넣었다. 녹색 '일대일로'가 따르는 지속가능 발전 방식은 유라시아 국가가 보편적으로 직면하고 있는 성장방식 전환과 고도화

발전에 대한 수요를 만족시켰다. 녹색터전은 인류 공동의 꿈이다. 우리는 국토의 녹색화를 적극 추진하고 아름다운 중국을 건설해야 하며 '일대일로' 건설 등 다자협력기제를 통해 서로 돕고 협력하며 숲과 녹지를 조성하고 환경을 개선해야 한다. 이와 함께 기후변화 등 글로벌 생태도전에 적극 대응하고 글로벌 생태 안전을 위해 기여해야 한다. 중국은 녹색발전이념을 '일대일로' 이니셔티브 속에서 전방위적으로 관철하며 연선국가의 공동번영을 이끌어 나갈 것이다.[8] 발전방식을 바꾸어 갈뿐더러 개혁을 심화하여 국제경쟁력을 제고하고 국제사회와의 협력을 통해 책임감 있는 대국이미지를 수립하며 평화·개방·포용·공생 이라는 시대적 조류에 순응하고 있다.

녹색 '일대일로' 이니셔티브를 실시하는 것은 발전공간을 넓히고 발전기회를 창조하며 호혜와 상생을 실현하는데 이롭다. 지정학적 '생존 공간론'은, 국가는 유기체와 마찬가지로, 한 국가의 번성은 생존 및 발전을 충족시키는 공간적 버팀목이 있어야 한다고 보고 있다. 현재 중국의 경제는 고속 성장에서 중고속 성장으로 전환하는 단계에 있고 생산과잉이 뚜렷한 가운데 에너지 자원은 날로 결핍해 지고 에너지 절감 및 이산화탄소 배출 저감 과제는 시급하여 경제발전의 공간을 제한하고 있다. 녹색 '일대일로'는 철강, 건자재, 철도, 전력 등의 산업통합과 고도화를 추진하여 해당 제품과 기술이 필요한 국가로 이전시킬 경우 국내 생산과잉 문제를 효과적으로 완화시킬 수 있다. 연선국가와 더불어 생태환경 위험을 공동으로 대

---

8   저우야민(周亞敏)「경제효과와 생태효과를 함께 노리는 협력방식-'일대일로'는 녹색발전의
     길(經濟效益與生態效益併重的合作模式-"一帶一路"是綠色發展之路)」, 『인민일보』, 2015년 8월 25
     일, 7지면.

처하고 녹색경제와 녹색기술의 이전 및 협력을 통해 국내의 발전공간을 확장하여 투자기회와 발전의 프리미엄을 창조하고 지역별 요소 유통과 산업구조의 고도화, 그리고 생태환경 관리를 촉진하며 상호 이로운 공생을 실현하는 것이다.

녹색 '일대일로' 이니셔티브를 실시하는 것은 민심을 모으고 서로 이익이 되는 소통을 보장하는 것이다 '일대일로'가 제창하는 상호 연결 및 소통은 중국과 연선국가가 함께 콘센서스를 찾아가는 과정이기도 하다. '일대일로'의 장기적 상호 혜택과 소통을 유지하려면 각국 공동의 경제 사회, 생태이익을 복합적으로 고려하고 산업 구조와, 에너지 개발, 그리고 인프라 건설과 토지계획 등 중요한 프로젝트 실시 과정에서 생태환경의 영향을 충분히 고민하고 환경위험에 대한 대응조치를 제정하고 연선 각국의 생산면모를 개선하여 주민의 생활수준을 전면 제고해야 한다. 인프라 시설의 건설 과정에서 물, 토지, 물자를 절약하고 환경을 보호하는 기준을 명확히 제정하며 자원 개발 중에 자원 가치를 강조하여 자원의 재산권을 명료하게 제정하고 자금융통 측면에서 녹색금융으로 에너지 절약형 친환경 프로젝트 추진을 지원하고 녹색이념을 '일대일로' 건설의 각 영역에 심층 반영시키고 '일대일로'를 인프라 시설 건설을 매개체로, 지속가능 발전을 준칙으로 하는 지역 협력 발전의 패러다임으로 자리잡도록 한다.

중국은 녹색 '일대일로'를 연결체로 연선국가를 이끌며 전략적 연결을 구축하여 각 장점의 상호 보완을 실현하고 생태효과 및 경제효과를 함께 도모하는 지속가능 발전의 길을 모색해 나갈 것이다. 또한 각국의 비교우위를 십분 발휘하여 상호 협력 및 발전에 대한 저력이 방출되는 가운데 '일대일로' 건설은 각 연선국가의 인민들에게 행복을 가져다 줄 것이다.

생태문명 건설 이론 확립 및 실천 모색

3. 기후변화 대응을 위한 국제협력을 이끌고 글로벌 생태안전을 수호

기후변화는 모든 것에 우선하는 글로벌 환경 문제이자 환경 관리자들이 직면한 최대의 도전이다. 기후변화 대응은 국제사회가 함께 글로벌 기후 관리 메커니즘을 구축하여 모순을 완화하고 지속가능 발전에 진력하는 것이 필요하다. 중국은 세계 최대의 개도국이자 세계 최대의 에너지 소비국, 생산국, 순수입국[9]이며 또한 최대의 탄소배출국[10]으로 글로벌 기후 거버넌스에서 중요한 역할하고 있으며 글로벌 기후변화 대응에 관한 국제협력을 이끌어 오며 대국의 책임감을 충분히 보여주고 있다.

기후변화 문제의 본질은 발전을 통한 생태환경 이익과 경제이익, 그리고 정치이익과 관련되고 그 배후에는 공정과 정의의 가치관, 그리고 깊은 학리적 근거가 있다.

우선, 기후변화는 글로벌 도의와 관계된다. '기후변화'는 유사 시기 내에 관측된 기후의 자연변이 외에 인류이 직간접 활동이 지구 대기의 구성을 변화시켜 생긴 것이다. 기후변화 문제의 핵심은 지구 온난화이다. 기후변화는 자연환경 혹은 생물군에 큰 변화를 불러 일으키고 생태계의 조성과 복원력 혹은 생산력, 그리고 사회경제 시스템의 작동과 인류의 건강 및 복지에 심각한 피해를 가져올 수 있다. 기후변화의 불리한 영향은 복잡하고 불가역적인 특징을 갖고 있다. 이에 각국은 반드시 공동으로 거버넌스에

---

9   『BP세계 에너지 통계 연감(BP世界能源統計年鑑)』, 2016년 6월.

10   세진화(解振華): 「녹색 저탄소발전을 추진하여 글로벌 기후 거버넌스에 참여(推動綠色低炭發展參與全球氣候治理)」, 『중국과기산업(中國科技産業)』, 2016, 4기.

대한 책임을 지고 당대와 후대를 위해 양호한 생존 공간을 지켜내야 한다.

둘째, 기후변화 협상은 발전 공간을 쟁취하고자 하는 국제적 정치 게임이다. 화석연료 중심의 에너지 소비구조와 제한된 기술조건 하에서 경제 활동은 탄소배출을 할 수 밖에 없고 탄소 저감에는 자금과 기술적 지원이 필요하다. 이는 단기적으로 발전비용이 커지는 것을 의미하며 특히 산업화를 실현하지 못한 개도국이 경제발전과 배출저감을 동시에 실현하는 것은 매우 어려운 과제이다. 그러므로 각국의 탄소배출 공간에 대한 쟁탈은 발전공간에 대한 쟁탈을 의미하고 공평과 책임의 문제를 충분히 고려하여 능력껏 실천해야 하는 것이다.

셋째, 기후변화 대응은 각국에 발전의 기회를 제공하고 있다. 글로벌 기후 거버넌스에 대한 긴박성은 다시는 '선 오염, 후 퇴치'의 옛길을 걸을 수 없음을 의미한다. 탄소세와 탄소 배출 거래권 등 탄소배출의 거래수단은 생산원가를 높이고 일부 국가소유 기업의 경쟁력에 영향을 미쳤다. 국제 경쟁 속에서 탄소저감 청정기술을 장악하고 녹색순환 저탄소 경제방식을 적용하는 국가는 세계경제의 감제고지를 차지 할 수 있다. 탄소배출 저감 과정은 조방식 발전 방식이 지속가능한 발전 방식으로 전환되는데 유리하고 기술혁신의 의존하여 새로운 경제 성장점과 신사장을 개척하며 경제와 환경 이라는 두마리의 토끼를 모두 잡을 수 있다.

마지막으로 기후변화 대응에 있어 각국은 탄소배출 저감 책임을 공동으로 이행하며 글로벌 거버넌스를 실천해야 한다. 시진핑은, 기후변화는 글로벌 세계에 대한 도전으로 그 어떤 나라도 비껴갈 수 없음을 강조하며 기후 거버넌스의 세계성과 필요성을 분명히 하였다. 유엔 기후 변화에 대한 정부간 협의체(IPCC)는 인류활동으로 비롯된 대기온실 기체 농도의 증가가 기후 온난화를 초래하는 중요한 원인이므로 기후변화에 대한 핵심조치는 바로 이산화탄소 배출 저감이라고 평가했다. 하지만 배출저감은 세계 최대의 공공재로 비 배타성과 비 경쟁성이라는 속성을 갖고 있다. 이는 제도적 구속력의 부재로 말미암아 각국이 '무임승차' 하려는 국면을 불러 올 수밖에 없고 자발적인 배출저감 책임을 지려고 하지 않아 무절제한 온실가스 배출의 기후변화에 대한 불리한 영향은 세계 각국이 함께 그 대가를 지불해야 한다. 현재 기후변화는 각국의 발전공간에 심각한 영향을 미치고 있다. 기후변화 문제의 복잡성과 세계성, 그리고 배출 저감의 공공재 속성은 국제사회가 글로벌 거버넌스 메커니즘을 구축하여 배출 저감 과제에 대한 집행을 보장하고 기후변화의 위험에 공동 대응하는 것을 결정하고록 했다. 글로벌 거버넌스 위원회는, '거버넌스'에 대해 개인 혹은 단체가 공동으로 사무를 처리하는 제반 방식의 총결로 상호 충돌 혹은 서로 다른 이익을 조정하고 공동 행동을 취하는 지속적 과정이라고 정의했다.[11] 그러므로 글로벌 기후 거버넌스는 각국이 힘을 합치고 각국의 이익을 조정하여 온실가스 배출 저감을 핵심으로 배출 저감 시간, 기준, 자금, 기술, 감독관리 등을 위한 콘센서스를 달성하여 구속력 있는 협의를 형성하며 이를 실천에 옮겨 기후변화를 점차 완화시키고 적응해 나가는 것을 반영해야 한다.

미국의 트럼프 대통령의 『파리기후협정』퇴출 결정은 글로벌 기후변화 대응에 어려움을 주었으나 기후변화는 여전히 글로벌 콘센서스이자 세계의 정치적 의지이다. 중국정부는 이와 관련하여 타국의 기후 관련 정책의

---

11 차이튀(蔡拓), 「글로벌 거버넌스에 대한 중국적 시각과 실천(全球治理的中國視覺與實踐)」, 『중국사회과학(中國社會科學)』, 2004, 1기.

변화와 상관없이 책임감 있는 대국으로서 기후변화 대응을 위한 의지와 목표, 그리고 정책은 변화가 없을 것이며 여러 관계자들과 함께 노력하여 글로벌 기후변화 대응을 위한 『파리기후협정』의 성과를 공동으로 지켜 나갈 것을 희망한다. 중국은 기후변화 대응을 국제적인 의무로 간주할뿐더러 기후변화 협상과 거버넌스 설정 과정에서 성의와 의지, 그리고 중국의 지혜를 보여주었다. 중국은 국내 생태문명건설과 녹색전환의 길로 글로벌 기후변화 거버넌스를 위한 중국식 노하우를 제공하고 국가 발전 이익과 인류 전체 이익의 통일을 실현하며 국제무대에서 큰 기여를 했다. 이는 구체적으로 아래 다섯 가지 방면에서 나타났다.

첫째, 중국의 지혜를 공헌하고 포용적 발전을 촉진했다. 정확한 의리관을 견지하고 각자 이익의 '최대공약수'를 찾으며 기후 거버넌스의 국제적 협력을 촉진한다. 시진핑은, 협력과 상생의 글로벌 기후 거버넌스관을 수립하고 '각자가 능력에 따라 일하고 협력 공생' 하며, '법치주의와 공정주의를 실행' 하고, '서로 포용하고 귀감이 되며 공동 발전'[12]하는 글로벌 거버넌스 이념을 창도하며 각국이 자국의 국정에 가장 적합한 대응책[13]을 찾을 수 있도록 허용할 것을 제기했다. 이는 '화이부동'과 '큰 강에 물이 차야 작은 하천에 물이 고이고, 작은 하천에 물이 차야 큰 강에 물이 가득하게 된다'는 중국의 전통문화 사상과 일맥상통하는 관점이라 볼 수 있다. 시진핑은, 기후 거버넌스는 제로섬 게임이 아님을 강조하며 기후변화 대

---

12 시진핑: 『협력공생하며 공정하고 합리한 기후변화 거버넌스 기제를 손잡고 구축하자(携手構建合作共贏, 公平合理的氣候變化治理機制)』, 인민출판사, 2015, 4-5면.

13 류전민(劉振民), 「글로벌 기후 거버넌스속 중국의 기여(全球氣候治理中的中國貢獻)」, 『구시(求是)』, 2016, 7기.

응은 인류의 공동 사업으로 선진국은 자발적으로 배출을 줄이고 개도국은 산업문명의 고탄소 발전의 옛길을 답습하는 것을 피해야 한다고 했다. 파리회의 소집에 즈음하여, 중국은 여러 나라와 협상한 후 공동성명을 발표했다. 기후협상 중의 법적 구속력과 자금, 그리고 수위 등 의견이 엇갈리는 초점을 공동 성명에서 모두 언급하며 파리기후대회의 성공적 소집을 위한 정치적 기틀[14]을 마련했다. 시진핑은 회의에서, 국제회의의 성공 여부를 가르는 기준은 눈앞의 모순을 해결해야 것은 물론 미래까지 선도해야 한다고 설명했다. 이 같은 주장을 바탕으로 시진핑은, 『파리협정』은 2020년 이후 글로벌 기후변화 대응에 필요한 행동 강화에 착안하여 세계의 지속가능 발전도 촉진하는 동력을 주입해야 한다고 제시했다. 구체적으로, 『파리협정』은 공약목표를 실현하고 녹색발전을 선도하는 데 이로워야 한다. 글로벌 힘을 집중하여 광범위하게 참여하는 데 이로워야 한다. 자원투입을 늘려 행동 보장을 강화하는 데 이로워야 한다. 각국의 국정을 배려하여 내실성과 효과성을 도모하는 데 이로워야 한다는 것 등이다. 동 네 가지 건의는 공약원칙의 기본조건과 제도적 배치, 그리고 자금의 기술적 지원과 공동으로 추진하지만 서로 구분이 있는 책임 등을 따르는 것으로부터, 『파리협정』과 관련된 현실적 난제를 해결하기 위한 지도적 의견을 제기했다.

둘째, 중국의 태도를 표명하며 탄소저감 약속을 이행했다. 시진핑은, "프랑스 작가 위고는 '최대의 결심은 최고의 지혜를 낳을 수 있다[15]'라고

---

14   장구이양(莊貴陽), 저우워이뒤(周偉鐸):「글로벌 기후 거버넌스 패턴의 변화 및 중국의 기여(全球氣候治理模式戰變及中國的貢獻)」,『당대세계(當代世界)』, 2016, 1기.

15   시진핑:『협력공생하며 공정하고 합리한 기후변화 거버넌스 기제를 손잡고 구축하자』, 인민출판사, 2015, 2면.

말한 바 있다. 기후변화 협상 과정에서 각자의 성의를 보여주며 동요없이 일심 협력해야 한다. 중국은 책임감있는 태도로 기후변화에 대응해 왔으며 자국의 국정과 발전단계, 그리고 실제능력에 맞는 조치로 국제적 책임을 이행하려 한다.[16] 이에 중국은 자발적으로 배출저감 책임을 떠맡았다. 『기후변화 대응 강화 행동-중국의 국가 자주적 기여(强化應對氣候變化行動-中國國家自主貢獻)』에서 2030년 전후를 이산화탄소 배출의 피크 시점으로 정하고 빠른 시일내 이를 실현하며 GDP 단위당 이산화탄소 배출을 2005년 대비 60%-65% 낮추고, 비화석 에너지의 일차 에너지 소비에 대한 비중을 약 20%까지 끌어올리는 것을 제기했다. 또한 『파리협정』의 고위급 조인식에서는 2016-2030년 사이에 약 30조 위안을 투입하여 기후변화 대응을 위한 『기후변화 대응 강화 행동-중국의 국가 자주적 기여』 목표를 실현할 것임을 밝혔다. 시진핑은 "향후 중국은 온실가스 배출에 대한 규제를 강화하여 2020년까지 탄소집약도를 40%-45% 낮추는 목표를 실현하기 위해 적극 노력할 것이다."라고 힘주어 말했다.[17] 그리고 항저우 G20서밋에 즈음하여 중국은 『파리협정』을 솔선수범하여 이행할 것임을 약속했다. 이는 『파리협정』의 효과적 실천을 위한 적극적 역할을 불러 일으켰다.

셋째, 중국은 조치의 실천을 통해 개도국의 배출 저감에 힘을 보탰다. 시진핑은, "선진국과 개도국의 기후변화에 대한 역사적 책임은 서로 다르고 발전수요 및 능력에서도 큰 차이가 있다. 이는 자동차 경기와 마찬가지

---

16   「시진핑 유엔 기후변화 문제 리더 업무 오찬회에 참가(習近平出席聯合國氣候變化問題領導人工作午餐會)」, 『인민일보』, 2015년 9월 29일, 제1판.

17   「시진핑 유엔 기후변화 문제 리더 업무 오찬회에 참가」, 『인민일보』, 2015년 9월 29일, 1지면.

로 어떤 차는 이미 멀리 달려 나가고 어떤 차는 이제 막 출발한 상태이다. 이와 같은 상황에서 한가지 잣대로 차의 속도를 제한하는 것은 적절하지도 공정하지도 않다. 우선 선진국이 기후변화 대응에 모범을 보이는 가운데 비록『유엔 기후변화 협약』을 공동으로 확립한 것이지만 차별화된 책임과 각자의 역량, 그리고 사회 및 경제적 여건에 따라 모든 국가가 가능한한 능력을 다하며 중요 원칙을 수행하는 것은 광범위한 개도국의 공통된 염원이다."[18] 공통적이지만 차별화된 책임을 시종일관 이행하는 것이 중국의 글로벌 기후 거버넌스를 추진하는 기반이다. "중국은 책임을 전가하지 않을 것이며 중국의 기여를 계속해 나갈 것이다. 또한 선진국은 역사적 책임을 다해 배출 저감 약속을 이행하여 개도국의 기후변화를 늦추며 적응해 가는 데 도움을 줄 것을 촉구한다."[19]라고 강조했다. 중국은 기후변화 대회에서 개도국의 기본적 발전 권리를 흔들림없이 지킬 것이며 아울러 녹색기술의 이전과 자금 지원, 그리고 교육 등의 분야에서 개도국을 위한 현실적 도움을 제공할 것이다. 시진핑은 유엔의 지속가능 발전 서밋에서, 협력을 강화하고 유엔의『2030 지속가능 발전 의제』를 공동으로 실천하여 협력과 공생을 적극적으로 실현할 것을 창의했다. 또한 개도국에 현실적 도움을 제공하고『남남협력 지원기금(fund for South-South cooperation)』설립을 포함한 최빈국 지원을 계속하며 최빈국과 내륙 개도국, 그리고 군소도서 국

---

18 「중-영 전면적인 전략 파트너십의 '황금시대'를 열고 중국과 유럽의 관계에 새로운 동력을 주입(共同開啓中英全面戰略伙伴關係的"黃金時代"爲中歐關係全面推進注入新動力)」,『인민일보』 2015년 10월 19일, 1지면.

19 시진핑:「서로 손 잡고 협력상생의 새로운 동반자관계를 구축하고 한마음으로 인류운명공동체를 건설하자」,『시진핑 국정운영을 논함』(제2권), 외문출판사, 2017, 525면.

가들이 2015년 말까지 상환하지 못한 정부간 무이자 대출 채무를 면제하고 국제발전지식센터 설립과 글로벌 에너지 네트워크를 구축하여 청정 및 녹색 방식으로 글로벌 전력수요를 만족시키는 것에 대한 연구를 추진할 것임을 발표했다.

넷째, 중국의 책임감을 선보이고 국제적 협력 플랫폼을 구축했다. 중국은 국제기후대회에서 협의서의 체결을 위해 적극적으로 활동했고 개도국의 이익 소구를 반영하며 개도국의 배출저감과 발전 사이의 압력 평형을 도와 주었다. 국제기후대회 외에도 여력을 발휘하여 국제교류 및 협력 기회를 파악하고 정부 및 민간 조직 등을 동원하여 새로운 플랫폼을 구축하고 새로운 메커니즘을형성했다. 예로 천진 APEC, 녹색발전 고위급 원탁회의를 플랫폼으로, 글로벌 녹색 공급사슬과 가치사슬 협력을 실시하는 것에 대한 이니셔티브를 발기하여 산업의 업그레이드와 발전방식의 녹색화 전환을 이끌고 나아가 글로벌 녹색산업체계 구축을 위한 사고—방향을 제시했다. 또한 제2회 중미 기후 스마트형 저탄소도시 서밋에서, 중국과 미국의 성, 주, 도시 그리고 연구기관 및 기업 대표들이 탄소시장과 도시 피크치 등 17가지 주제를 놓고 심도있는 교류 및 토론을 진행하고 저탄소 도시 정책 연구와 능력 건설, 그리고 저탄소 기술혁신 응용 등의 분야에 대한 협력 협의서를 체결했다.[20] 이밖에도 시진핑은 제3회 중미 성·주 대표 포럼에서, "환경보호 분야에서 중국은 수요와 시장이 있고 미국은 기술과 경험이 있다. 양국의 지방환경보호 분야에 대한 교류와 협력은 중미가 힘을 합

---

20 『제2회 중미 기후 스마트형/저탄소 도시 서밋 폐회(第二屆中美氣候智慧型/低炭城市峰會閉幕)』, 2016년 6월 9일, 신화사.

쳐 기후변화에 대응하고 지속가능 발전을 추진하는 중요한 부분이 되어야 한다."라고 제기하여 지방의 힘을 통해 양국이 교류와 협력을 추진하여 배출저감을 실천할 것을 격려했다.

다섯째, 중국의 노하우를 제공하고 생태문명건설을 추진했다. 시진핑은 여러 국제적 장소에서, 중국은 기후변화 대응을 생태문명건설의 중요한 부분으로 삼아 추진하고 녹색발전의 선진이념을 국제사회에 널리 알릴 것을 밝혔다. "기후변화 대응을 발전방식의 전환을 실현하는 중대한 기회로 삼아 중국의 실정에 맞는 저탄소 발전의 길을 적극 탐색할 것이다. 중국정부는 기후변화 대응을 국가경제사회 발전에 대한 총 전략에 전면 융합시켰다"[21]라고 강조했다. 향후 중국은 녹색발전을 더욱 중시하며 생태문명건설을 경제사회 발전의 여러 분야와 전체 과정에 융합시켜 지속가능 발전을 실현하는 데 주력하며 기후변화에 대한 적응 능력을 전면 향상시킬 것이다. 18차 당대회 보고서는, 생태문명건설을 국가 전략으로 상승시키고 GDP 단위당 에너지소모 및 이산화탄소 배출 비중을 대폭 줄여 주요 오염물질의 총 배출량을 뚜렷하게 저감하는 목표를 제기했으며 '국제사회와 함께 글로벌 기후변화에 적극 대응할 것' 임을 창도했다. 또한 공산당 19차 대표대회 보고서는, '국제사회와 함께 글로벌 기후변화에 적극 대응할 것'과 '협력을 통해 기후변화에 대응하여 인류가 의존해 생존하는 지구촌을 보호할 것' 임을 창도했다.

---

21 「시진핑 유엔 기후변화 문제 리더 업무 오찬회에 참가」, 『인민일보』, 2015년 9월 29일, 제1지면.

4. 글로벌 거버넌스의 신 질서 구축과 지속가능 발전 심화

　지속가능 발전은 인류사회의 공동 목표이다. 1987년, 세계환경 및 발전 위원회가 처음으로 '지속가능 발전'이라는 개념을 제시한 이후 『의제 21』 과 천년발전목표, 그리고 『2030년 지속가능 발전 의제』등 지속가능 발전 에 관한 행동계획이 확립되어 글로벌 지속가능 발전이 계속되었으며 각국 의 발전 전략 및 공간에 지대한 영향을 미쳤다. 중국은 국제사회의 지속가 능 발전의 큰 흐름 속에서 지속가능 발전에 대한 인식을 보강해 나갔다. 구 체적으로, 국정과 연결하여 정확한 발전의 사고 방향을 모색했으며 대내 로 경제전환을 추진하고 생태문명건설을 강화하며 2030년 지속가능 발전 목표를 적극 실천했다. 대외로는 대화기제를 구축하고 협력교류를 촉진했 으며 최초의 참여자에서 글로벌 거버넌스의 리더와 추동자로 거듭났고 글 로벌 지속가능 발전 프로세스의 추진과 중국의 생태문명건설에 대한 실천 을 융합하여 함께 발전하는 것을 실현했다.

　1992년, 브라질 리우 유엔 환경 및 발전 대회가 통과시킨 『의제 21』은 지속가능 발전을 위한 첫번째 글로벌 행동계획이다. 하지만 동 목표 범위 가 너무 넓고 관련성이 낮아 양적인 가시화가 부족했고 각국 실정에 대한 고민이 미흡한 문제 등으로 말미암아 집행이 부실했다. 이에 중국은 이를 기반으로, 『차이나 의제 21』을 제정한 뒤 중국의 지속가능 발전 전략의 행 동강령으로 삼아 지속가능 발전 전략의 초기 탐색을 시작했다.

　2000년, 유엔 밀리미엄 서밋은 『밀리미엄 선언』을 발표하고 다음 해에 는 8가지 밀리미엄 발전목표(MDGs)와 글로벌 힘의 집중을 통한 빈곤퇴치 등의 문제 해결을 제출했다. 각 목표는 계량화되었고 2015년을 마감 시간으로 제정했는데 그 현실성은 높았다. 2015년,『밀리미엄 발전목표 보고서(千年發展目標報告)』에 따르면 유엔의 밀리미엄 목표 가운데 중국의 집행 효과가 가장 양호했고 세계에 대한 기여도 또한 가장 컸다. 현재 밀리미엄 발전목표는 기본적으로 완성되어 빈곤 퇴치와 보건, 그리고 교육 등의 분야에서 괄목할만한 성과를 거두었다. 1990-2015년, 1인당 소득이 1.25달러 미만인 인구 비중을 절반으로 줄이고 모든 아이들이 초등교육 과정을 마치도록 보장하며 5세이하 아동의 사망율을 3분의 2로 낮추고 임산부 사망율을 4분의 3으로 낮추었으며 안전한 식수와 기초보건시설을 지속적으로 취득할 수 없는 인구의 비중을 절반으로 감소시킨 것 등이 있다.

2015년, 유엔 지속가능 발전 서밋에서 통과한『2030년 지속가능 발전 의제』는 환경과 경제, 그리고 사회에 대한 지속가능 발전의 기둥 역할을 한층 강조한 동시에 집행방식과 내용을 포함시켰고 분야별, 목표별 연관성과 통일성에 주목하며 글로벌 지표와 회원국이 제정한 지역 혹은 국가 지표를 접목시켜 가늠하고 모니터링하여 보편성과 현실성 높아지게 되었고, 향후 세계가 15년의 발전과정에서 극단적 빈곤을 해소하고 불평등 및 불공정에 승리하며 기후 변화를 억제하는 목표를 실현하도록 이끌었다. 동 의제가 제기한 '5P'(People, Planet, Prosperity, Peace, Partnership) 비전은 사람을 중심으로 지구를 보호하고 경제를 발전시키며 조화로운 사회와 협력 공생의 일체화 사상을 반영하여 '한 사람도 소외되지 않는 것'과 '공통적이나 차별화된 책임'을 그 취지로 하는 것으로 개도국이 글로벌 지속가능 발전 거버넌스에 깊이 참여하는데 기회를 제공해 주었다. 이에 중국은『2030년 지속가능 발전 의제 중국 입장(落實2030年可持續發展議程中方立場文件)』를 앞서 발표하고 '경제·사회·환경 등 3대 분야에 대한 발전을 조화롭게 추진하고 사회와 사람, 그리고 자연의 조화로운 공존을 실현' 하는 원칙을 확립했으며 빈곤의 종식과 굶주림의 종결, 그리고 환경 관리 강화와 자연 생태계 보호 및 복원을 추진하고 기후변화와 에너지자원의 효율적인 이용에 적극 대응하는 것 등의 중요한 분야를 배치했다. 2016년은 '13.5' 계획이 시작된 해로, '13.5' 강령은 국내외 두가지 차원에서 중국의 지속발전 의제의 실천과 관련된 전략적 배치로, 지속가능 발전의 목표와 국가의 중장기발전 계획의 실천을 유기적으로 접목시켰다. 중국은 『2030년 지속발전 의제』가 제공하는 기회를 활용하여 국제 사무에 적극 참여했고 생태문명이념을 확산시켰으며 글로벌 지속가능 발전을 위한 보다 큰 기여를 했다.

중국은 지속가능 발전 프로세스를 통해 일정한 단계적 성과를 거두었으나 발전 과정에서 여전히 부조화의 문제가 존재하고 있다. 특히 경제 성장 속도 조정기와 자원 제약 증가, 그리고 민생건설 강화 등 세 가지 요인이 서로를 견제하는 상황 속에서 새로운 동력 및 모델을 찾아 발전의 병목 문제를 해결해야 한다. 시진핑은, '발전은 중국의 모든 문제를 해결하는 핵심이다'라는 판단을 내리고 신시대 발전은 반드시 경제법칙을 따르는 과학적 발전이어야 하고, 반드시 자연법칙을 지키는 지속가능 발전이어야 하며, 사회법칙을 지키는 포용적 발전이어야 한다[22]고 강조했다. 이는 국제사회가 창도하는 지속가능 발전에 고도로 결합시켜 중국이 경제와 환경, 그리고 사회이익의 모순을 처리할 수 있는 정확한 발전 사고 방향을 수립해

---

22 『중공중앙 정치국 제18기 4중전회를 소집하고 지금의 경제형세와 하반기 경제업무를 토론할 것을 결정, 중공중앙 시진핑 총서기가 회의를 주최(中共中央政治局召開會議決定召開十八屆四中全會討論當前經濟形勢和下半年經濟工作中共中央總書記習近平主持會議)』, 2014년 7월 29일, 신화사.

　　　　　생태문명 건설 이론 확립 및 실천 모색

준 것이다.

시진핑은 과거 중국의 조방형 확대 성장 방식이 초래한 각종 적폐를 놓고, 발전은 공산당 집정과 나라를 발전시키는 가장 중요한 임무인 동시에 경제건설을 중심으로 정치건설과 문화건설, 그리고 사회건설과 생태문명건설 및 기타건설을 조화롭게 추진할 것을 제기했다.[23] 발전은 확고한 도리로, 경제를 발전시키는 것은 '두 개의 100년' 분투 목표를 실현하는 중요한 기초이자 나라의 번영과 사회의 안정, 그리고 인민의 행복을 실현하는 중요한 기초임을 다시 한번 강조했다. 다른 한편으로, 발전은 반드시 경제규율을 존중하는 과학적 발전으로 나아가야 하고 과학적 발전의 본질은 발전의 형평성과 조화성, 그리고 지속가능성을 유지하는 것으로, 경제의 질적 성장과 효과의 향상은 경제발전의 기반이며, 환경의 희생을 대가로 삼지 않는 것은 마지노선이라 강조했다.

글로벌적 생태환경위기와 관련하여 시진핑은, "국제사회는 함께 손잡고 동행하여 글로벌 생태문명건설의 길을 도모하며 자연을 존중하고 자연에 순응하며 자연을 보호하는 의식을 확고히 수립하고 녹색과 저탄소, 그리고 순환과 지속가능 발전의 길을 견지해야 한다"[24]고 제기하며 녹색, 순환, 저탄소 발전 방식으로 전환하는 것을 생태환경에 대한 난제를 풀어 가는 효과적인 길로 삼았다.

발전 중의 민생과 관련하여 시진핑은, 민생 개선은 경제발전의 근본적

23   시진핑, 『착실히 노력하여 '13.5'발전 청사진을 현실로(扎實把"十三五"發展藍圖變爲現實)』, 2016년 1월 30일, 신화사.

24   『시진핑 유엔 성립 70주년 시리즈 정상회의에서 한 연설(習近平在聯合國成立70周年系列峰會上的講話)』, 인민출판사, 2015, 18면.

목적이자 가치라고 제기하고 "인민이 아름다운 삶에 대한 바램은 바로 우리의 분투 목표이다"[25]라며 사람을 중심으로 한 전면적이고 조화로우며 지속가능한 발전을 견지하고 안정된 성장과 구조 조정, 그리고 개혁을 촉진하며 민생에게 혜택을 주는 배치를 통일적으로 계획할 것을 요구했다.

이와 같은 발전이념은 중국의 경제사회가 발전하는 지침이 되었을 뿐만 아니라 '중국 해법'으로 글로벌 지속가능 발전에 대한 이론 체계를 풍부하게 했고 중국의 실천을 통해 글로벌 지속가능 발전 프로세스를 효과적으로 추진하고 글로벌 거버넌스에 널리 참여하며 인류운명공동체에 대한 국제적 책임을 담당하고 있다. 한편으로 국제적 힘을 집결시켜 기후변화와 국토녹화 등의 영역에 대한 국제 대화 메커니즘을 구축하여 국제협력을 추진하고 있고 다른 한편으로는 리더의 자태로 글로벌 거버넌스를 이끌어 가고 있다.

첫째, 남남협력을 강화하고 글로벌 거버넌스의 새 질서를 재정립 했다.

남남협력은 글로벌 협력의 중요한 구성 부분으로 개도국이 스스로 구제하고 공동발전을 도모하는 중요한 플랫폼이다. 중국이 남남협력을 강화하며 개도국의 기본 입장을 견지하여 다수의 개도국이 글로벌 거버넌스 구도 중의 중요한 역량이 되었고 글로벌 거버넌스 제도 건설에 대한 발언권은 공정주의 및 공동발전을 포함한 글로벌 거버넌스의 새로운 질서를 재정립하는데 있어 중요한 의미를 갖는다.

과거 남남협력의 중요한 주제는 빈곤퇴치와 상호 경제무역을 촉진하는

---

25   시진핑: 「인민이 아름다운 삶에 대한 바램은 곧 우리의 분투 목표이다(人民對美好生活的向往, 就是我們的奮鬪目標)」, 『18대 이후 중요한 문헌선집(十八大以來重要文獻選編)』(상), 중앙문헌출판사, 2014, 70면.

것이었다. 시진핑은 뉴욕 유엔 본부의 남남협력 원탁회의를 주재하며, 새로운 시기의 남남협력과 관련, 다원화된 발전의 길을 탐색하고 각국의 발전을 위한 전략적 제휴를 촉진하며 내실있는 발전효과를 실현하고 글로벌 발전구도를 개선해 나가야 한다는 네 가지 제안을 제기했다. 이중 '선진국과의 소통및 교류를 확대하고 다원화된 파트너십을 구축하며 이익공동체를 조성한다'는 주장은 남남협력으로 글로벌 거버넌스의 구도를 추진하는 다극화된 경로를 제시한 것으로 볼 수 있다.

지난 수년간 중국은 자금과 기술, 그리고 프로젝트 등의 분야에서 개도국의 배출저감과 발전을 적극적으로 지원해 왔다. 유엔 지속가능 발전 서밋에서 시진핑은 다음과 같이 선포했다. 개도국, 특히 최빈국과 내륙의 개도국, 그리고 군소 도서 국가의 기후변화 도전에 대응하는 것을 지원하기 위해 2015년 9월, 200억 위안 규모의 중국 기후변화 남남협력 기금을 설립한 후 2016년부터 가동하여 개도국에서 10개의 저탄소 시범구와 100개의 배출저감 및 기후변화 적응 프로젝트, 그리고 1000개의 기후변화 대응 훈련 인력 관련 협력 프로젝트를 추진한다. 청정 에너지, 재해 방지 및 감소, 생태보호, 기후 적응형 농업, 저탄소 스마트형 도시건설 등의 분야에 대한 국제 협력을 지속적으로 추진하고 융자능력을 향상시킨다. 다자 자금 메커니즘은 기후변화에 대응하는 주요 채널이며 '남남협력 기금'은 중국이 독자적으로 창립하여 개도국과 함께 기후변화 협력에 대응하는 자금 메커니즘으로 녹색기후기금 등과 함께 기후변화에 대응하는 개도국의 능력을 향상시키는 데 힘을 실어줄 수 있다.

둘째, 중국이 개최한 G20항저우 서밋은 글로벌 지속가능 발전에 대한 새로운 지평을 열었다.

G20항저우 서밋의 개최국 신분인 중국은 각국이 공동으로 제정한, 『2030년 지속가능 발전 의제』와 『아디스아바바 행동 의제』, 그리고 『파리협정』은 추동하기 위해 기후변화와 청정에너지, 그리고 녹색금융 등의 중요 문제를 두고 토론을 가졌다. 시진핑은, "현 도전에 직면하여 우리는 2030년 지속가능발전 의제를 실천하고 포용적인 발전을 촉진해야 한다……우리는 발전을 G20정상회의 의제의 중요한 위치에 놓고 지속가능 발전을 위한 2030의제를 적극 실시할 것을 다 함께 약속하며 그 행동계획을 제정했다. 이와 함께 우리는 아프리카와 최빈국의 산업화를 지지하고 에너지 접근성을 높여 에너지 효율을 향상시키며 청정 에너지와 재생가능 에너지에 대한 이용을 강화하고 포용적 금융(inclusive finance)을 발전시키며 청년들의 창업을 권장하는 것 등의 방식으로 세계발전의 불평등 및 불균형을 축소하여 각국 인민들이 세계 경제성장에 따른 성과를 공유할 수 있도록 할 것이다."[26]라고 강조했다. 중국은 G20플랫폼에서 글로벌 지속가능 거버넌스 체계 속의 리더십을 발휘하여 세계를 이끌고 포용하고 연동 발전하는 것에 대한 책임감을 충분히 알리며 글로벌 경제성장과 지속가능 발전의 신시대를 열어갈 것이다. 구체적으로 아래와 같다.

기후변화 대응을 우선 업무로 삼아 회원국을 대상으로 『파리협정』의 체결 및 실천을 호소한다. G20서밋 전에, 중국과 미국은 각각 『파리협정』을 승인하고 항저우에서 유엔 사무총장에게 중국과 미국의 기후변화 『파리협정』 승인서를 제출하고 협정이 2016년 중으로 발효될 수 있도록 촉진했

---

26   시진핑: 「혁신·활력·연동·포용의 세계경제를 구축(構建創新、活力、聯動、包容的世界經濟)」,
      『시진핑 국정운영을 논함』(제2권), 외문출판사, 2017, 473면.

생태문명 건설 이론 확립 및 실천 모색

다. G20재무장관과 중앙은행장은 G20회원국에 빠른 시일 내에『파리협정』이 발효될 수 있도록 호소했다. 또한 선진국이『유엔기후변화 공약』의 틀에서 약속한 것처럼 향후 개도국이 협정의 전개에 따라 완화 및 적응하는데 필요한 자금 지원 등을 포함한 사항들을 확인했다. G20국은『2030년 지속가능 발전 의제』가 제기한 '긴급 행동 채택을 통한 기후변화 대응 및 그 영향'을 우선 업무로 간주하여 기후변화 대응에 보다 많은 자원을 투입하는 것을 격려하고 자금이 온실가스 배출 저감과 기후의 강인성을 갖추기 위한 발전을 격려하며 다자개발은행과 발전융자기구의 기후변화 대응 행동을 발전 전략에 포함시킬 것을 호소하고 다자개발은행의 기후변화 대응 행동계획 제출에 대한 격려를 강조했다. 이 같은 조치는 협정의 실시를 위한 모범 역할을 했을뿐더러 기후변화 대응과 관련된 자금과 기술난제 등을 해결하는 해법을 제공했으며 글로벌 기후 거버넌스의 실질적 진척에 힘을 실어주었다.

녹색금융을 발전의제에 포함시켜 녹색순환 저탄소 발전을 추진한다. 서밋은 환경의 지속가능성을 전제로 글로벌 발전을 지원하기 위한 지속가능 발전을 투융자의 중점 분야 및 전문 분야로 간주하고 '녹색금융'을 통하여 환경개선과 기후변화 대응, 그리고 자원의 절약 및 효율적 이용을 위한 금융 서비스를 지원한다. 중국 내 정책차원에서, 중국인민은행과 재정부 등 7개의 부(部)·위(委)급 기관은『녹색금융 체계 구축에 대한 지도 의견』을 내놓았다. 중국은 글로벌 최초로 온전한 녹색금융체계를 출범한 경제체이다. 중국이 발의한 G20녹색금융연구팀은 항저우 서밋에서 첫 번째『G20녹색금융종합보고서』와 보고서가 제안한 자발적 선택가능 조치를 제출했다. 이는 금융체계가 개인자본을 동원하여 녹색투자를 추진하는 능력을 제고하는데 유효한 역할을 불러 일으킬 수 있다. 이밖에 G20은 명확한 전략적 시그널과 틀을 제공하고 녹색금융의 자발적 원칙을 추진하며 능력 양성 학습 네트워크를 확대하고 현지 녹색채권시장의 발전을 지지하며 국제협력을 추진하여 국제 녹색채권투자를 촉진하고 환경과 금융 위험 분야에 대한 지식 공유를 격려 및 추동하고 녹색금융의 활동 및 그 영향 평가방법 등을 개선하여 녹색금융 발전 조치를 촉진할 수 있다. 서밋 공보는, 녹색금융이 지속가능 발전을 위한 효과적 금융정책의 툴을 제공하고 글로벌 녹색 저탄소 순환 발전을 촉진하는 중요한 보장이자 동력이 될 것임을 강조했다.

지속가능 발전을 중심으로 한 구체적 행동계획을 제출하고 『2030년 지속가능 발전 의제』를 실행한다. G20 항저우 서밋은, 『G20국의 2030년 지속가능 발전 의제 추진에 관한 행동계획』을 제정하고 본 회의의 발전전략과 『2030년 지속가능 발전 의제』의 연결성을 보증했다. 행동계획 중에서 고위급 원칙을 제출하고 호소력을 통해 글로벌 최고 차원의 이니셔티브를 발기하고 집단적 행동을 촉구하기 위한 노력을 아끼지 않았다. 여기에는 구체적으로 지속가능발전 목표와 『아디스아바바 행동계획』의 실시, 그리고 전면적, 평형적, 협력적으로 지속발전을 추진하는 3대 영역(경제, 환경, 사회)에 대한 중요성에 대한 인식과 인간 중심의 지속가능 발전을 실현하는 것에 대한 중요성 등이 포함 되었다. 『2030년 지속가능 발전 의제』를 바탕으로 15년 기한을 설정해 제정한 행동계획에는 지속가능 농업 및 농촌 발전, 지속가능 기초시설 투자, 에너지 접근성, 청정 에너지 및 에너지 효과 등 지속가능 발전 분야를 포함하고 있고, 향후 G20의장국이 제기하는 이니셔티브와 새로운 요구, 그리고 경험 및 도전 등에 따라 업그레이드 하고

생태문명 건설 이론 확립 및 실천 모색

조정하며 2030년 지속가능발전 목표의 실행을 위한 행동지침을 제공했다.

구조 개혁에 대한 성공 노하우를 확산시키고 환경의 지속가능성을 제고한다. 중국이 경제 뉴노멀화 시기에 '과잉 생산력 해소와 부동산 재고 해소, 그리고 금융 리스크 해소'를 핵심으로 한 구조 개혁을 추진한 가운데 혁신을 발전의 원동력으로 하는 전략을 병행한 것은 안정적 경제성장 및 경제발전의 새로운 동력을 배양하는 데 중요한 역할을 했다. 금번 구조 개혁은 G20 항저우 서밋에서 공유되며 세계경제의 복구와 환경의 지속가능성 확보를 위한 '중국식 해법'으로 기여하게 되었다. 서밋은, 『G20국가 구조 개혁 심화 의제』를 통과시켜 각 회원국을 위한 고위급 지도를 제공하는 동시에 구조 개혁에 대한 선택 및 설계는 각국의 실제 경제상황에 부합되어야 함을 창도하고, 특히 '환경의 지속가능성 향상'을 구조 개혁의 9대 우선 분야 중의 하나로 확정하여 환경 요소를 성장을 촉진하는 내적 요소로 하고 이를 농업과 공업, 그리고 에너지와 인프라시설 등의 분야에 대한 발전과 접목시켜 경제와 사회, 그리고 환경의 조화로운 발전을 보장한다.

생태문명건설의 새로운 지평을 열어

인간과 자연이 조화를 이루는

아름다운 신세계를 건설

1. 시진핑 생태문명사상의 이론적 특징을 체계적으로 파악

대자연은 상호 의존하고 서로 영향을 주는 하나의 시스템이다. 대자연은 세계 우주에서 하나의 구성부분으로 자체적으로 하나의 전체인 동시에 내부의 각 요소들은 상호 의존하며 서로 영향을 미친다. 객관적인 시스템으로서의 자연계는 그의 존재와 발전이 인위적인 의지에 따라 전이되지 않는다. 자연계는 인류사회에 앞서 존재했다. 먼저 자연계가 있었기에 인류사회가 있게 되어 자연계는 인류사회가 존재하고 발전하는 기초이다.

시진핑의 생태문명사상은 자연은 하나의 전체로 객관적으로 존재한다고 본다. 자연은 상호 영향을 미치는 하나의 시스템이고 세계는 하나의 통일적 체계이다. 이에 대하여 시진핑은, "산·수·임·전·호는 하나의 생명공동체로 인간의 명맥은 전답에, 전답의 명맥은 물에, 물의 명맥은 산에, 산의 명맥은 땅에, 땅의 명맥은 나무에 있다."[1]고 보았다. 시진핑의 생태문명건설 사상은 또한 대자연은 내부에는 상호 의존하고 서로 영향을 미치는

---

1   시진핑(習近平): 「「중공중앙의 전면적 개혁에 대한 약간의 문제에 대한 결정」에 대한 설명(關於〈中共中央關於全面深化改革若干重大問題的決定〉的說明)」, 『인민일보』, 2013년 11월 16일, 제1지면.

객관적 법칙이 존재하고 있음을 포착하고 있다. 인간과 자연의 관계에서 시진핑은, 자연을 존중하고 자연에 순응하며 자연을 보호할 것을 요구했다. 시진핑은 통일되어 서로 연결된 세계체계와 그 발전에는 법칙이 있다고 보았다. 시진핑의 생태문명사상은 생태문명건설의 본질과 내적 법칙을 예리하게 포착하고 있다. 시진핑은, '양호한 생태는 문명의 발전을, 파괴되는 생태는 문명의 쇠락을 가져온다'고 하며 생태환경보호에 대한 승패는 결국 경제구조와 경제발전 방식에 있다고 보았다. '경제발전은 자원과 생태환경을 파괴하여 얻는 근시안적 발전이 아니고 생태환경보호 역시 경제발전을 포기하는 연목구어도 아니다.'라고 지적했다. 발전속에서 보호하고 보호속에서 발전하며 경제사회와 인구, 그리고 자원과 환경의 조화로운 발전을 실현해야 하는 것이다.

　시진핑의 생태문명사상은 인간과 자연의 관계에 대한 자연변증법으로, 사람이 인간과 자연, 인간과 인간, 인간과 사회관계를 정확히 처리하는 기본이론과 방법이라고 할 수 있다. 시진핑은, '생태환경보호에 있어 경계를 넘어서는 안되며 그렇지 않을 경우 징벌을 받게 된다"[2]고 하였다. 시진핑의 생태문명사상을 인식하고 파악하는 데 있어 자연변증법과 인간과 자연의 관계에 대한 철학적 시각을 통해 그의 이론적 특징을 심도있게 인식해야 한다.

2　시진핑, 『중앙정치국 제6차 집단학습에서 한 연설(在中央政治局第六次集體學習時的講話)』, 2013년 5월 24일, 신화사.

(1) 문제 중심과 마지노선 사유

시진핑은, '중국공산당원의 혁명과 건설, 그리고 개혁은 중국의 현실적 문제를 해결하기 위함이다. 개혁은 문제로부터 발생하고 문제를 부단히 해결하는 과정에서 심화된다.'라고 한 적이 있다.[3]

인류가 세계를 인식하고 세계를 개조하는 과정은 바로 문제를 발견하고 해결하는 과정이다. 마오쩌둥(毛澤東)은, 문제는 곧 사물의 모순이고 해결하지 못한 모순이 있는 곳에는 바로 문제가 있다고 했다. 실천의 발전은 끝이 없고 모순의 운동 또한 끝이 없다. 낡은 문제가 해결되면 또 다른 새로운 문제가 생긴다. 문제란 곧 시대의 목소리로 시대별로 서로 다른 문제들이 있다. 뚜렷한 문제의식을 수립해야만 실사구시적으로 문제를 해결할 수 있고 시대적 진보를 이끌어 가는 도로 표지를 찾을 수 있다. 우리는 시진핑의 생태문명사상에서 뚜렷한 문제의식과 문제중심의 사고, 그리고 흔들림 없는 신앙과 책임의식을 찾아볼 수 있다.

'(중국공산당) 전체는 생태환경 보호와 환경오염 퇴치의 시급함과 어려움을 분명히 인식하여 생태문명건설의 중요성과 필요성을 알아야 하며 확고한 결심을 내려 환경오염을 다스리고 생태환경을 건설하여 인민을 위한 양호한 생산 및 생활 환경을 창조해야 한다'[4], '올해 들어 중국에서는 스모그 날씨와 일부 지역의 식수 안전, 그리고 토양 중금속 함량이 과도하게 높은 심각한 오염 문제들이 집중적으로 노정되며 사회적 물의를 일으켰다. 지난30년 동안의 급성장 과정에서 축적된 환경문제가 강력하고 다발적으

---

3   시진핑, 「개혁은 문제가 역으로 작용하여 산생한 것이다(改革是由問題倒逼産生」, 『신경보(新京報)』, 2013년 11월 14일, 제 A09면.

4   시진핑: 『중앙정치국 제6차 집단학습에서 한 연설』, 2013년 5월 24일, 신화사.

로 발생하고 있다. 이는 심각한 경제적 문제인 동시에 심각한 사회 및 정치 문제이기도 하다.'[5], '18차 당대회는 과학적 발전을 실현하려면 경제성장 방식의 전환을 가속해야 한다고 강조했다. 앞으로도 계속해서 조방형으로 발전한다면 GDP 배가 목표를 달성한다 할지라도 오염문제는 어떤 국면으로 치달을 것인가? 그때 가서는 아마도 자원환경이더 이상 감당하지 못하는 상황에 처할 것이다.'[6]

문제중심과 마지노선 사고방식을 견지하고 생태 레드라인을 확정해야 한다. 시진핑은, '마지노선 사고방식'을 활용하고 해로운 점을 사전에 고민하며 가장 훌륭한 결과를 거두기 위해 노력하고 유비무환 정신으로 일에 맞닥뜨려도 당황하지 않으며 주도권을 꽉 잡고 있을 것을 누차 강조했다.[7]

마지노선 사고능력은 최저목표를 객관적으로 설정하고 최저점에 입각하여 최대 치를 쟁취하는 적극적 사고능력이다. 공산당 19대 보고서가 제기한 것처럼 생태문명에 대한 건설효과는 뚜렷하다. 전체 당과 전국이 녹색발전 이념을 관철하는 자각성과 능동성이 뚜렷이 증가되고 있어 생태환경보호를 소홀시 하던 상황이 많이 개선되었다. 또한 생태문명 제도체계 구축이 가속되며 주체기능지구 제도도 점차 건전해 지고 국가공원체제 시범실행도 적극 추진되고 있다. 전면적 자원절약이 효과적으로 추진되고 에너지자원의 소모강도가 대폭 낮아졌다. 중대 생태보호 및 복원공정이

5   시진핑:『중앙정치국 상무위원회의 1분기 경제형세에 대한 연설(在中央政治局常委會議上關於一系度經濟形勢的講話)』, 2013년 4월 25일, 중국공산당신문망.

6   시진핑,『중앙정치국 상무위원회의 1분기 경제형세에 대한 연설』, 2013년 4월 25일, 중국공산당신문망.

7   양융자(楊永加):『특별주목: 시진핑총서기가 강조하는 6가지 사고방법(特別關注: 習近平總書記强調的六大思惟方法)』, 2014년 9월 1일, 중국공산당신문망.

순조롭게 진척되고 삼림 피복률은 지속적으로 높아져 생태환경 관리가 뚜렷이 강화되고 환경 상황이 개선되었다.

다른 한편으로 공산당 19대는 발전의 새로운 역사적 좌표와 관련하여 중요한 전략적 판단을 내렸다. 즉 오랜 시간 동안의 노력을 거쳐 중국 특색 사회주의는 새로운 시대에 들어서고 있다. 동 신시대는 선현의 위업을 이어받아 앞날을 개척하고 새로운 역사적 조건에서 지속하여 중국 특색 사회주의의 위대한 승리를 이룩하는 시대이며 샤오캉사회를 전면적으로 실현하는 것에 대한 결정적 승리를 거두고 나아가 사회주의 현대화 강국을 실현하는 시대이자 한편으로 '중국사회의 주요한 모순이라 할 수 있는, 인민의 갈수록 증가하는 아름다운 생활에 대한 수요와 불균형적이고 불충분한 발전 사이의 모순으로 전환[8]되고 있는 시대이기도 하다. 중국은 10여억 인구가 먹고 입는 문제를 해결했고, 총체적으로 샤오캉을 실현했으며 머지 않아 전면적 샤오캉사회를 건설하게 될 것이다. 현재 인민의 아름다운 생활에 대한 수요는 날로 광범위하게 늘고 있다. 물질과 문화생활에 대한 보다 높은 요구를 제기하고 있을뿐더러 민주·법치·공평·정의·안전·환경 등의 분야에 대한 요구도 날로 커지고 있다. 그러므로 계속해서 발전을 추동하는 기초를 바탕으로 발전의 불평형 및 불충분한 문제를 해결하는 데 진력해야 하며 질적성장과 그 효과를 적극 향상시키고 인민의 경제·정치·문화·사회·생태 등의 분야에서 갈수록 증가되는 수요를 더욱 충족하며 인

---

8   시진핑, 『샤오캉사회를 전면적으로 실현하는 데서 결정적인 승리를 이룩하고 신시대 중국 특색의 사회주의 위대한 승리를 이룩하자-중국공산당 제19차 전국대표대회에서 한 보고 (決勝全面建成小康社會 奪取新時代中國特色社會主義偉大勝利-在中國共産黨第十九次全國代表大會上的 報告)』, 신화사, 2017년 10월 27일.

민의 전면적 발전과 사회의 전면적 진보를 보다 더 훌륭히 추진해야 한다. 생태환경이 악화되는 추세를 반드시 억제하고 점차 개선하며 끊임없이 최적화시켜 나가야 한다. 특히 긴박한 현실적 문제는 '생태 레드라인'에 대한 관점을 확고히 수립해야 한다는 것이다. 이제 생태환경 문제는 가장 엄격한 조치를 취하지 않으면 안되는 지경에 이르렀다. 가장 엄격한 조치가 없다면 생태환경이 악화되는 전체적 추세를 근본적으로 돌려 놓을 수가 없을 것이며 우리가 구상했던 기타 생태환경 발전목표 또한 실현하기 어렵게 된다[9] '생태 레드라인'은 시진핑의 마지노선 사유의 생태문명건설에 대한 가치적 의의를 더욱 부각시켰다. 생태 레드라인은 최저 기준으로 자원문제와 환경문제, 그리고 생태문제에 대한 힘을 잡아주는 전제이자 마지노선이고 기초이다.

(2) 인민의 입장과 개혁 동력

양호한 생태환경은 가장 공정한 공공재이자 가장 보편적인 민생복지이다. 시진핑은, 공산당이 인민을 이끌며 샤오캉사회를 전면 건설하고 개혁개방과 사회주의 현대화 건설을 추진하는 근본 목적은, '사회 생산력의 발전을 통해 인민의 물질문화와 생활수준을 더욱 향상시켜 사람들의 전면 발전을 촉진하는 것이다', '우리가 하는 일에 대해 그 성과를 검증하려면 인민에게 실리가 돌아갔는지, 인민의 생활이 진정으로 개선되었는지 여부를 살펴 보아야 한다. 이는 인민을 위해 당을 건설하고 집권하는 것에 대한 본질이자 당과 인민의 사업이 끊임없이 발전할 수 있는 중요한 보증이다.'

---

9   시진핑: 『중앙정치국 제6차 집단학습에서 한 연설』, 신화사, 2013년 5월 24일.

라고 지적했다[10]

지엽적인 것과 근본적인 것을 함께, 그리고 꾸준히 다스리며 인민의 생활에서 뚜렷이 부각된 부분부터 처리한다. 기존의 중요문제를 처리하는데 큰 힘을 들이고 장기적인 효과성을 기대하는 가운데 여러 분야의 적극성을 동원할 수 있는 체제 메커니즘을 탐색하고 구축하며 환경의 질을 개선하야 인민의 건강을 보호하고 도시와 향촌의 환경이 거주에 적합하여 인민의 생활이 보다 더 아름답도록 해야 한다.

'역방향 구동 기제'(anti-driving mechanism)를 이용하고 생태문명건설을 보다 뚜렷한 위치에 두어야 한다. 이는 민의에 따른 것이기도 하다. 인민군중은 GDP의 성장속도에 대한 불만보다 열악한 생태환경에 대한 불만이 더 크다. 여기에는 반드시 선택과 포기가 있어야 한다. 인민이 무엇을 원하는지? 민중이 만족하는지 혹은 동의하는지 여부에서 출발하는 가운데 생태환경은 매우 중요한 것이다."[11]

이와 같은 논술은 공산당의 취지와 인민의 양호한 생태환경에 대한 현실적 기대 및 생태문명에 대한 아름다운 동경을 긴밀히 결합시켰다. 인간의 자유와 전면적 발전을 스스로의 분투 목표로 삼아 과학성·계급성·실천성의 완벽한 통일을 체현한 것이다. 중국공산당은 장기적인 혁명과 건설, 그리고 개혁속에서 군중노선이라는 당의 생명선과 근본적 업무노선을 구축하고 발전시켰다. 즉 모든 것은 군중을 위하고, 군중에게 의지하며, 군중

---

10   시진핑, 『18대 정신을 관철실시하려면 6가지 사무를 잘 포착해야 한다(觀徹落實十八大精神
       要抓好六方面工作)』, 2013년1월 1일, 중국신문망.

11   시진핑, 『중앙정치국 상무위원회의 1분기 경제형세에 대한 연설』, 2013년 4월 25일, 중
       국공산당신문망.

에서 시작되고, 군중속으로 돌아간다는 노선이다.

시진핑은, "개혁개방은 당대 중국의 명운을 결정하는 핵심 승부수이자 '두 개의 100년'이라는 분투목표의 실현과 중화민족의 위대한 부흥을 실현하는 핵심적 승부수이다"[12]라고 제기하였다. 앞서 제기한 것처럼, 중국은 생태환경보호 분야에 거대한 노력을 쏟아부었음에도 불구하고 아직까지 상황은 심각한 실정이다.

자원고갈과 환경오염이라는 총체적 상황은 아직까지 근본적 변화를 불러오지 못하고 있다. 생태환경문제에서 수 많은 새로운 특징들이 나타나고 있고 지속가능발전이 직면하고 있는 내적 압력은 근본적 완화가 되지 않고 있는 실정이다. 생태환경에 대한 약탈과 파괴를 대가로 경제성장을 취득하면 자연자원 소모는 날로 증가되고 환경에 대한 파괴가 갈수록 커지게 된다. 이는 생태문명체제에 대한 개혁을 심화시켜 해결할 수 밖에 없는 것이다. 시진핑은, '체계적인 시스템 공정에 따라 생태환경보호 업무를 추진해야 한다'[13]고 제기했다. 전반적으로 추진하고 분야별, 단계별, 요소별로 총괄 기획하여 요소간 상호 촉진과 양호한 상호 작용, 그리고 협동과 배합을 중시하여 지나치게 한편으로 치우치거나, 독불장군식, 혹은 이것을 돌보다 보니 저것을 놓치는 것과 같은 상황을 방지해야 한다.

(3) 철학적 내포와 변증주의

철학은 인류의 지혜 학문이다. 시진핑은, '철학을 배우고 철학을 활용하

12 　시진핑, 『당대 중국의 명운을 결정하는 관전적 승부(決定當代中國命運的關鍵一招)』, 2016년 4월26일, 신화망.

13 　시진핑, 『중앙정치국 제6차 집단학습에서 한 연설』, 신화사, 2013년 5월 24일.

는 것은 공산당의 좋은 전통이다', '과학적 세계관과 방법론을 장악하고 법칙을 더욱 명확히 인식하고 업무는 보다 능동적으로 추진해야 한다.'라고 말한 바 있다.[14]

시진핑의 생태문명 사상에는 아래 세 가지의 기본 입장이 포함되어 있다. 첫째, 사회의 기본모순 분석법을 견지한다. 생산력과 생산관계의 모순, 경제기초와 상층구조의 모순은 모든 사회형태 속에 존재하여 사회성격과 기본구조를 결정하고 인류사회가 초급에서 고급으로 발전하도록 추동한다. 둘째, 물질생산은 사회생활의 기초임을 견지한다. 생산력은 사회진보를 촉진하는 가장 활발하고 혁명적인 요소이다. 사회주의의 근본적 임무는 사회 생산력을 해방하고 발전시키는 것이고 물질생산은 사회역사 발전의 결정적 요소이다. 오늘날 중국은 발전이 중국의 모든 문제를 해결하는 핵심 이라는 중요한 전략적 판단을 견지하고 건설에 집중하는 것을 견지하며 한마음 한뜻으로 발전을 도모하는 것을 견지하여 중국의 사회생산력이 끊임없이 앞으로 발전하도록 추동하며 물적적 풍요로움과 인간의 전면적 발전의 통일을 촉진한다. 셋째, 인민군중은 역사의 창조자이다. 인민은 역사의 발전을 추진하는 진정한 원동력이자 영웅이다. 중국 특색 사회주의 사업은 억만 인민의 사업이자 인민을 위한 사업, 인민에게 행복을 주는 사업이다. 인민의 입장에서 인민을 믿고 인민에게 의지하며 사업의 발전을 촉진하고 인민의 주체적 지위를 존중하며 인민의 창조정신을 존중하고 인민군중의 위대한 창조 속에서 지혜와 에너지를 흡수한다.

14　시진핑, 『전당이 역사유물주의를 학습하고 장악하는 것을 추진한다(推動全黨學習和掌握歷史唯物主義)』, 신화망, 2013년 12월 4일.

변증주의는 마음 속에 거리낌이 없으면 천지가 드넓다는 관점이다. 시진핑 생태문명사상 이론의 특색은, '문제 중심'과 '마지노선 사유', 그리고 전체 국면의 사고와 체계이론 등 과학적 사고 방법이고 이는 또한 변증유물주의 사고이다. '문제 중심' 사고와 관련하여 시진핑은, 개혁은 문제가 역으로 작용하여 발생하는 것으로 문제를 부단히 해결하는 과정에서 심화된다고 보았다. 또한 강한 문제 중심의 사고방식으로 중대한 문제를 중심으로, 중대 문제 및 관건적 문제를 포착하여 심도 있게 연구하며 중국이 발전 과정에서 직면하고 있는 일련의 돌출적 모순과 문제를 해결하는 데 진력해야 한다고 말한 바 있다.[15]

'마지노선 사유'와 관련하여 시진핑은, "결정을 내리고 일을 처리함에 있어 마지노선 사유의 방법을 적절히 활용하여 항상 최악의 상황에 대비하고 가장 좋은 결과를 얻기 위해 적극 노력하며 유비무환하고 돌발상황에도 당황하지 않는 주도권을 꽉 잡고 있어야 한다."고 제기했다.[16] '전체 국면 사고'와 관련하여 시진핑은, "큰 그림을 그리지 못하는 자는 작은 지역도 다스릴 수 없다. 서로 다른 부서와 단위에서 일하고 있는 만큼 모두가 큰 그림을 보아야 한다. 우선 제기된 중요한 개혁조치가 전반적 국면의 수요와 일치하고 있는지, 당과 국가 사업의 장기적 발전에 이로운지 여부를 살펴야 한다. 미래 지향적으로 사고하고 사전 포석이 선행되어야만 당과

---

15 『시진핑, 문제가 역으로 작용하여 산생한 것이고 문제를 해결하는 과정에서 심화된다(習近平, 改革是由問題倒逼而産生又在不斷深化)』, 2013년 11월 14일, 중국청년망.

16 『시진핑, 마지노선 사유의 방법을 적절히 활용하고 항상 최악의 상황에 대비(習近平稱要善於運用底線思惟凡事從壞處準備)』, 2013년 4월 7일, 신화망.

인민의 발전 수요와 일치되는 정책을 만들어 낼 수 있다"[17] 체계 이론과 관련하여 시진핑은, "경제, 정치, 문화, 사회, 생태문명 등 각 분야에 대한 개혁과 당 건설의 개혁은 긴밀히 연결되고 상호 융합되어야 한다. 어떤 분야의 개혁을 막론하고 이는 다른 분야에 영향을 미칠 것인바 다른 분야에 대한 개혁과 긴밀히 협력해야 한다. 분야별 개혁의 협력성이 떨어진다면 분야별 개혁조치는 상호 걸림돌이 되고 개혁의 전면적 심화 또한 추진하기 어렵다. 설사 억지로 추진하더라도 그 효과는 크게 떨어지게 된다."[18] 라고 지적했다.

2. 중국생태문명건설의 역사적 비전과 건설의 본질을 총체적으로 파악

중국공산당19차 전국대표대회는 국내외 정세와 중국의 발전 조건을 종합적으로 분석한 후 2020년부터 금세기 중엽까지 추진될 중국 사회주의 건설에 대한 두 개의 단계적 목표를 제기했고 이중에는 생태문명건설의 단계적 목표와 역사적 사명도 포함되었다. 첫 번째 단계는, 2020년부터 2035년까지 전면적 샤오캉사회 건설을 바탕으로 또 다시 15년을 분투하여 사회주의 현대화를 기본적으로 실현한다. 그 시점에서 중국의 생태환경은

---

17 『시진핑, 큰 그림을 그리지 못하는 자 작은 지역도 다스릴 수 없다(習近平, 不謀全局者不足謀一域)』, 2013년 11월 21일, 신화망.

18 『시진핑, 개혁을 전면 심화하려면 큰 그림에서 시작하여 미래를 지향해야 한다(習近平,全面深化改革要堅持從大國出發眞正向前展望)』, 2013년 11월15일, 인민망.

근본적으로 호전될 것이며, 아름다운 중국 건설이란 목표도 실현될 것이다. 두 번째 단계는, 2035년부터 금세기 중엽까지로 기본적 현대화를 실현한 기초 위에서 또 다시 15년을 분투하여 중국을 부강하고 민주적이며 문명하고 조화로운 아름다운 사회주의 현대화 강국을 건설한다.

오늘의 국제환경 속에서 중국의 평화적 굴기는 거스를수 없는 역사적 추세이다. 산업문명은 자원문제와 환경재난, 그리고 생태계 퇴화라는 문제를 유발시켰고, 인간이 자연을 이길 수 있다는 생각으로 지구를 자원 및 환경 위기라는 위험한 경지로 몰아 넣었다. 이와 같은 배경 속에서 현재 굴기 중인 중국이 계속해서 서방이 걸었던 산업문명의 길을 걸어갈 경우, 중국의 자체발전 수요에서 출발하던, 혹은 인류문명 진화에 대한 고려에서 출발하던, 조화로운 발전과 과학적인 발전을 실현할 수 없을뿐더러 중화민족의 위대한 부흥인 아름다운 중국몽을 실현할 수도 없다. 우리는 인류문명의 재난을 피하고 인류가 공유하는데 적합한 새로운 문명 패턴을 개척해야 한다.

21세기, 시진핑의 생태문명사상은 인류의 문명 역사에서 가장 의미있는 생태문명건설의 이론 체계와 실천 모델을 구축했다. 이로 인해 중국 특색 사회주의 건설에는 전통적 조방형 제조업 패턴을 지양하는 생산 방식과 성장방식, 그리고 발전 패턴에 대한 변혁이 일어났고 생태윤리관과 도덕의식, 그리고 행위방식에 대해서도 스스로 반성하고 조정해 가며 전사회적으로 생태문명관을 수립할 것을 요구하고, 지속적이고 건전하고 친환경적인 소비패턴이 형성되며 생활방식에 대한 위대한 변혁이 일어나고 있다. 이 길은 본질적으로 전통적 산업문명에 대한 배제이다. 생태문명은 인류와 생태자연의 모순을 해결하기 위해 제기된 것이나 생태문명의 본질적 내포는 생태환경보호와 동일시 할 수 없다. 생태문명의 본질적 내포는 새로운 문명관의 지도 하에 인류의 생산 방식과 생활방식을 혁신하고 새로운 문명의 패턴 속에서 인류와 자연, 소비와 생산, 물질과 정신, 국가와 국가, 정치와 문화간의 균형과 조화를 찾아가는 새로운 관계로, 이와 같은 새로운 관계 속에서 생태화와 스마트화, 그리고 낮은 에너지 소모 등 전인류가 공유하는 새로운 문명을 건립하는 것이다.

3. 중국의 생태문명건설은 아름다운 세계와 인류운명공동체 건설을 촉진

인류의 하나의 지구생태촌에서 살고 있다. 자원환경은 인류의 공동 재산이다. 그러므로 인류운명공동체와 이익공동체의 건설을 추진해야 한다. 결국 생태문명은 철학의 문제로, 전체 인류사회에서 인간과 자연, 사회와 자연이 조화롭게 발전하는 전체적 세계관과 우주관, 그리고 가치관과 방법론의 문제이다.

중국의 입장과 세계적 안목, 그리고 인류에 대한 흉금으로 함께 협력하고 상생하는 공평하고 합리적인 기후변화 거버넌스 메커니즘은 시진핑이 시종일관 심사숙고하고 탐색하며 추진해 왔던 인류운명공동체 건설의 글로벌 거버넌스 이념이자 중요한 생태 이념이다[19]. 중국공산당 18대 이후,

---

19   황청량(黃承梁), 『시진핑 총서기가 생태문명건설을 중시하는 이유: 사회주의 생태문명건설의 신시대적 서술(習近平總書記爲什麼如此重視生態文明建設新時代新表述)』, 인민일보사 학습소조, 2017년 10월 19일.

'운명공동체' 사상은 이미 시진핑 이 글로벌 안목과 전 인류에 대한 흉금으로 적극 추진하여 한층 업그레이드 된 국정운영 이념이 되었다. 시진핑은, '국제사회는 날로 긴밀하게 융합되어 가는 운명공동체이다. 하지만 일부 국가는 갈수록 부유해 지는 반면에 다른 일부 국가는 장기적으로 빈곤하고 낙후된 상황에 처해 있는데 이와 같은 국면이 계속되어서는 안된다. 물이 불어야 배가 높이 뜨고 작은 강에 물이 있어야 큰 강에 물이 가득찰 수 있듯이 함께 발전하는 것이야말로 모두의 발전이다. 각국은 자체 발전을 도모하는 동시에 타국과의 공동발전을 적극 추진해야 하며 발전의 성과가 보다 많이 각국의 인민들에게 혜택을 줄 수 있도록해야 한다.'[20] 라고 강조했다.

생태문명과 세계와의 관계를 놓고 보면, 중국공산당과 중국정부가 창도하고 적극 추진하며 실천하고 있는 생태문명건설은 이미 세계적으로 광범위한 공감을 얻고 있다. 지난 산업문명의 옛길은 지속될 수 없고 더 이상 나아갈 수 없다. 선진 산업화 국가던 아니면 아직까지 산업화를 달성하지 못한 개도국이던 모두 이미 배제하거나 혹은 생태문명을 통한 업그레이드, 즉 산업문명 하의 윤리가치 인지와 생산 방식, 그리고 소비방식과 이에 대응하는 체제 메커니즘에 대한 업그레이드가 필요 하다는 것을 인식하게 되었다. 중국의 생태문명건설은 때맞춰 체계적인 이론과 방법, 그리고 정책 노하우를 내놓았을 뿐만 아니라 여기에는 중화 전통문명의 오랜 동양적 생태 지혜도 포함하고 있다. 유엔의 밀리미엄 목표를 위한 중국의 집행

---

20 『시진핑이 평화공존 5항원칙 발표 60주년 기념대회에서 한 연설(習近平在和平共處五項原則發表60周年紀念大會上的講話)』, 2014년 6월 28일, 인민망.

생태문명 건설 이론 확립 및 실천 모색

효과는 가장 양호하고 세계에 대한 공헌 또한 가장 크다.

2015년 합의 이후 2016년부터 발효된『2030년 지속가능 발전 의제』와 『파리협정』은 사실상 산업문명에서 생태문명으로 전환하는 의제를 추진하는 것이다. 생태문명의 조화 이념과 인간과 자연의 조화 이념, 그리고 사회의 조화를 통한 협력 및 공생에 대한 조치를 두 가지 문건의 도처에 명시되었고 아울러 이미 주요한 기조로 자리잡았다.『2030년 지속가능 발전 의제』중의 5P(People, Planet, Prosperity, Peace, Partnership) 이념이 반영하듯, 사람 중심, 지구촌 보호, 경제 발전, 사회 조화, 협력 공생의 일체화 사상은 중국이 추진 중인 생태문명건설을 포함한 '5위1체'의 사회주의 건설사업의 총체적 배치와 사상적으로 큰 유사성을 갖고 있다. 인류운명공동체의 위대한 건설을 위한 실천을 살펴 보면, 기후변화와 관련된 국제 협력에 적극 참여하기 위해 중국과 미국은 2014년 베이징 APEC회의기간 중에 탄소배출저감 관련 정책을 공동으로 출범할 것을 선언했다. 미국은 2025년까지, 2005년 대비 탄소배출을 26% 줄이고, 중국은 2030년경까지 이산화탄소 배출이 피크치에 도달하고 아울러 그 시간을 가급적 단축한다는것을 선포했다. 그리고 2016년, 유엔의『2030년 지속가능 발전 의제』와 적극적으로 글로벌 기후변화에 대응키로 한『파리협정』이 차례로 가동 혹은 정식으로 발효되었다.『파리협정』은 역사상 처음으로 전체 체결국이 동의한 지속적이고 효과적이며 법적 구속력을 갖춘 협정이다. 이는 중국을 포함한 주요 이산화탄소 배출국이 적극적으로 책임을 지고 협의 달성을 추진한 것과 직결된다. 물론『파리협정』자체가 중국의 생태문명건설의 가속에 대한 외부의 제도적 구속을 제공하며 중국이 자주적 기여 방안을 더욱 잘 이행하고 녹색 저탄소 발전과 에너지 전환의 길에 대한 혁신을 요구하고 있다. 시진핑은 중국의 발전과 세계와의 관계 문제를 심층적으로 사고하며, 개도국은 글로벌 사회의 중요한 위협과 도전에 대응하기 위해 자신의 지위에 적응하는 역할을 하고 기후변화 대응을 경제사회 발전 계획에 편입시켜 녹색성장을 효과적으로 추진할 것을 제기했다. 시진핑은, '중국은 응분의 국제 의무를 다할 것이며 세계 각국과 생태문명 영역에 대한 교류 및 협력을 깊이 전개하고 아울러 그 성과를 공유하여 생태가 양호한 아름다운 삶의 터전을 함께 가꾸어 나갈 것이다.'라고 표명했다.[21]

세계 녹색산업의 발전 추세를 놓고 보면, 녹색기술과 녹색산업을 핵심으로 한, 새로운 라운드의 산업혁명과 경제혁명이 세계를 석권하고 있다. 주요 선진국과 신흥경제체는 모두 자국의 녹색발전 계획을 제정하고 세계적인 녹색발전의 붐 속에서 기회를 선점하고 주도권을 잡으며 녹색발전에 대한 발언권을 획득하려 한다. 녹색번영은 글로벌 사회의 공통된 꿈이다. 중국은 국내의 생태문명건설에 주력하는 동시에 책임감 있는 대국 이미지에 걸맞게 글로벌 지속가능 발전을 추진하고 있다. 중국의 국력 증강 및 녹색발전 추진을 위한 노력과 함께 중국은 점차 글로벌 생태 거버넌스의 리더로 자리잡고 있고 지역협력 체계와 글로벌 생태안전 유지, 그리고 글로벌 기후 거버넌스 선도 등의 방면에서 인류운명공동체 조성과 글로벌 지속가능 발전의 가속을 위한 지혜와 힘을 공헌하고 있다.

시진핑의 생태문명사상은 바다와 같은 포용성과 개방성 그리고 거대함으로, 국제와 국내, 세계와 민족, 글로벌과 지역을 아우르고, 압력을 동력

21　시진핑:《생태문명 구이양 국제포럼 2013년 연차희의 축하서신(致生态文明贵阳国际论坛 2013 年年会的贺信)》, 『인민일보(人民日報)』 2013 년 7월 21일, 제1지면.

으로, 위기를 생기로 전환하며 문명의 상호 융합과 귀감, 그리고 소통을 선도하고 있다. 또한 글로벌 생태위기에 협력하고 대응하는 과정에서 세계 주요 선진국 및 개도국과 신 라운드 과학기술과 산업, 그리고 에너지 기술 혁명 분야에 대한 협력을 추진하고 글로벌 환경 거버넌스에 적극 참여하며 깨끗하고 아름다운 세계를 함께 만들어 가고 있다.

　　시진핑의 생태문명사상은 인류의 지속가능 발전에 대한 문제를 해결하고, 글로벌 생태문명건설을 추진하는 동방의 지혜이자 중국식 해법이다. 산업혁명 이후, 기술 선도와 효용 우선, 그리고 부의 축적과 자연의 개조 및 정복을 특징으로 하는 산업문명이 빠르게 세계를 통치하며 전례 없는 물질적 부를 창조함과 동시에 환경오염, 기후온난화, 자원고갈, 생태퇴화, 빈부격차, 사회공정결실 등을 초래하는 각종 문제가 날로 돌출되어 인류사회의 생존과 발전을 위협하고 있다. 이와 같은 배경 하에 산업문명의 전환을 실현하고 지속가능 발전을 도모하는 것은 이미 당대 지구촌의 공동 목표가 되었다. 중국의 생태문명건설은 동방의 '천인합일(天人合一)'과 '도법자연(道法自然)'의 지혜를 계승하고 '녹수청산이 금산은산'이라는 가치이념을 견지하며 산·수·임·전·호·초의 생명공동체 시스템 사고를 강조하고 생태문명발전의 중국식 모델을 구축하여 산업문명을 개조하고 향상시키는 것이다.

　　시진핑의 생태문명사상은 자연 존중과 자연에 대한 순응, 그리고 자연 보호를 견지하는 생태문명 이념으로 생태환경보호가 생산력을 보호하고 생태환경을 개선하는 것이 생산력을 발전시키는 자연생산력이라는 관념으로, 이는 저탄소 발전과 녹색발전, 그리고 순환발전의 길을 견지하고 생태문명건설에 대한 최신

이론과 실천 탐색이 고도로 융합되고 변증법으로 통일된 것을 체현하고 있다. 시진핑의 생태문명사상은 중화전통문화의 우수한 생태 지혜를 사고 변별적 창작의 문화적 토양으로 하고, 마르크스주의의 자연변증법 사상의 정수를 이론 원천의 이론적 기반으로 삼아, 현존 세계와 당대 중국의 생태 위기에 대응하는 생태문명건설의 위대한 탐색을 통해, 이론적 과학을 지양하는 실천적 원천으로 삼는 것이다.

본 서적은 18차 당대회 이후 국가사회과학기금의 당중앙 국정운영에 대한 신 이념과 신 사상, 그리고 신 전략 연구를 위한 특별 공정 프로젝트인 '시진핑 국정운영의 신 사상 연구'(승인번호: 16ZZD001)의 보조 과제 중의 하나이다. 판자화(潘家華)가 과제팀의 책임자로 원고의 편집과 심의를 주재했고, 초고 교정은 2017년 11월에 완료했다. 출판을 앞두고 시진핑 총서기의 마르크스 탄생 200주년 대회와 전국 생태환경보호 대회서 행한 연설의 취지를 바탕으로, 2018년 6월에 새로운 원칙 및 서술을 보완했다. 집필 과정에서 판자화가 요강을 정한 후 세 차례 검토와 수정을 거쳤다. 업무 분담에서, 판자화(潘家華)는 집필 요강을 정하고 세 차례 원고 검토 및 재 수정을 담당했다. 좡구이양(莊貴陽)은 집필 요강을 세부화 및 풍부화 하고 아울러 6장, 8장, 9장의 내용에 대한 연구 및 집필을 책임졌고, 리멍(李萌)은 2장, 3장을, 러우워이(婁偉)는 4장, 5장을, 황청량(黃承梁)은 1장, 7장, 10장 및 서언과 후기에 대한 연구와 집필을 책임졌다. 쉐쑤펑(薛蘇鵬), 저우전거(周枕戈), 보판(薄凡), 선워이핑(沈維萍), 왕디(王迪) 등은 대량의 집필에 대한 보조 및 기술지원 업무를 담당했다. 이밖에 본 서적을 위한 집필 시간이 길었던 관계로 황청량, 리멍, 러우워이 등은 원고 인쇄 전에 전체 원고를 통독하며 서술에 대한 일치성과 정확성을 확보했다.

중국사회과학원의 차이팡(蔡昉) 부원장은 판자화의 보고를 수 차례 경청하고 유익하고 건설적인 의견 제시와 구체적 지도를 도와 주었다. 리훙워이(李宏偉), 쉰칭즈(邨慶治), 어우양즈윈,(歐陽志雲) 궈짜오후이(郭兆暉), 천잉(陳迎), 왕징푸(王景福), 궈잔헝(郭占恒), 구이캉(顧益康) 등은 본 서적의 전문가 논증 회의에 참가하고 원고 수정과 개선에 대한 귀중한 의견을 제시해 주었다. 중국사회과학원 출판사의 자오젠잉(趙劍英) 사장과 왕인(王茵) 총편집 보조는 출판 과정에서 열정적 지원과 구체적 도움을 주었다. 다시 한번 감사의 말씀을 드린다.

판자화(潘家華)

2019년 2월

마르크스 엥겔스 고전 및 시진핑의 주요 저술

『마르크스엥겔스 선집』제1권, 제3권, 제4권, 인민출판사, 1995.

시진핑(習近平), 『지강신어(之江新語)』, 저장인민출판사, 2007.

시진핑(習近平), 『실속있게 일하고 앞장에서 일한다-저장성의 새로운 발전을 추진할 데 대한 사고와 실천(干在實處走在前列-推進浙江新發展的思考興實踐)』, 중공중앙당교출판사, 2013.

시진핑(習近平), 『시진핑 국정운영을 논함(習近平談治國理政)』, 외문출판사, 2014.

시진핑(習近平), 『쟈오위루식의 현위서기가 되자(做焦裕祿式的縣委書記)』, 중앙문헌출판사, 2015.

시진핑(習近平), 『시진핑 국정운영을 논함(習近平談治國理政)』제2권, 외문출판사, 2017.

중공중앙 문헌연구실 편찬, 『시진핑의 개혁의 전면심화에 대한 논술 발췌(習近平關於全面深化改革論述摘編)』, 중앙문헌출판사, 2014.

중공중앙 문헌연구실 편찬, 『시진핑의 전면적인 샤오캉사회를 건설할 데 대한 논술 발췌(習近平關於全面建成小康社會論述摘編)』, 중앙문헌출판사, 2016.

중공중앙 문헌연구실 편찬, 『시진핑의 사회주의생태문명건설에 대한 논술 발췌(習近平關於社會主義生態文明建設論述摘編)』, 중앙문헌출판사, 2017.

전문 저서

푸웨이쉰(傅偉勳), 『서방철학부터 선불교에 이르기까지(從西方哲學到禪佛教)』, 생활·독서·신지 삼련서점, 2005.

류쓰화(劉思華), 『류쓰화의 지속적 경제 문집(劉思華可持續經濟文集)』, 중국재정경제출판사, 2007.

판자화(潘家華),『중국의 환경 거버넌스와 생태건설(中國的環境治理與生態建設)』, 중국사회과학출판사, 2015.

츄런쭝(邱仁宗) 책임 편집:『외국자연과학철학문제(國外自然科學哲學問題)』, 중국사회과학출판사, 1994.

선만홍(沈滿洪),『생태경제학(生態經濟學)』, 중국환경과학출판사, 2008.

왕워이광(王偉光),『시진핑의 국정운영사상 연구(習近平治國理政思想研究)』, 중국사회과학출판사, 2016.

쫭구이양(莊貴陽):『저탄소발전: 기후변화 배경하 중국 발전의 길(低碳經濟: 氣候變化背景下中國的發展之路)』, 기상출판사, 2007.

황청량(黃承梁),위마오창(餘謀昌),『생태문명: 인류사회의 전면적 전환(生態文明: 人類社會全面轉型)』, 중공중앙당교출판사, 2010.

[미] 베리 코머너(Barry Commoner):『Closing circle』, 허우원후이(侯文蕙) 번역, 지린인민출판사, 1997.

[미] 프리초프 카프라(Fritjof Capra),『he Turning Point——Science,Society and the Rising Culture』, 펑위(馮禹) 번역, 중국인민대학출판사, 1989.

[미]리처드 월린:『The Terms of Cultural Criticism』, 장궈칭(張國淸)번역, 상무인서관, 2000.

학술지

천훙보(陳洪波), 판자화(潘家華):「중국생태문명건설이론과 실천의 진척(我國生態文明建設論與實踐進展)」,『중국지질대학학보(中國地質大學學報)』(사회과학지면)2012, 5기.

천잉(陳迎),「G20, 2030년 지속가능 발전 의제의 실천을 위해 새로운 원동력을 주입(G20爲推動落實2030年可持續發展議程注入新動力)」,『중국 환경 감찰(中國環境監察)』, 2016, 8기.

둥량(董亮), 장하이빈(張海濱),「2030년 지속가능 발전 의제가 글로벌 및 중국 환경 거버넌스에 대한 영향(2030年可持續發展議程對全球及中國環境治理的影響)」,『중국인구·자원과 환경(中國人口·資源與環境)』, 2016, 1기.

[미] H erm anF.Greene, 「call for an ecozoic society」, 『자연변증법연구(自然辨證法研究)』, 2006, 6기.

황청량(黃承梁), 「'네가지 전면'을 지침으로 생태문명의 신시대로 나아가-시진핑 총서기의 생태문명건설에 대한 중요한 논술를 심층 학습 및 관철(以'四個全面'爲指引 走向生態文明新時代-深入學習貫徹習近平總書記關於生態文明建設的重要論述)」, 『구시(求是)』, 2015, 8기.

리펀(李芬), 장린보(張林波), 리다이칭(李岱青), 「국가공원: 산장위안지역 생태환경보호의 새로운 패턴(國家公園: 三江源地區生態環境保護新模式)」, 『생태경제(生態經濟)』, 2016, 1기.

리밍, 「2014년 중국 생태보상제도 총 평가(2014年中國生態補償制度總體評估)」, 『생태경제(生態經濟)』, 2015, 12기.

류전민(劉振民), 「글로벌 기후 거버넌스중 중국의 기여(全球氣候治理中的中國貢獻)」, 『구시(求是)』, 2016, 7기.

러우워이(婁偉), 판자화(潘家華), 「'생태 레드라인'과 '생태 마지노선' 개념 분석("生態紅線"與 "生態底線"概念辨析)」, 『인민논단(人民論壇)』, 2015, 36기.

판자화(潘家華), 「감당력에 적응하여 생태안전을 보장(與承載能力相適應 確保生態安全)」, 『중국사회과학(中國社會科學)』, 2013, 5기.

판자화(潘家華), 「탄소 배출 거래 체계의 구축, 도전과 시장확장(碳排放交易體系的構建、挑戰與市場拓展)」, 『중국인구·자원과 환경(中國人口·資源與環境)』, 2016, 8기.

판자화(潘家華), 왕머우(王謀), 「국제기후 협상의 새로운 구도와 중국의 포지션에 대한 연구(國際氣候談判新格局與中國的定位問題探討)」, 『중국인구·자원과 환경(中國人口·資源與環境)』, 2014, 4기.

첸쉐썬(錢學森), 「현대과학기술을 적용하여 6차 산업혁명을 실현-첸쉐썬의 농촌경제를 발전시킬 데 대한 네통의 편지(運用現代科學技術實現第六次産業革命-錢學森關於發展農村經濟的四封信)」, 『생태농업연구(生態農業研究)』, 1994, 3기.

쑨신장(孫新章), 왕란잉(王蘭英) 등, 「글로벌 시야로 생태문명건설을 추진(以全球視野推進生態文明建設)」, 『중국인구·자원과 환경(中國人口·資源與環境)』, 2013, 7기.

타오원사오(陶文昭), 「시진핑의 운명공동체 사상을 과학적으로 이해(科學理解習近平命運共同體思想)」, 『중국 특색 사회주의 연구(中國特色社會主義研究)』, 2016, 2기.

왕란(王苒), 자오중슈(趙忠秀), 「'녹색화'로 중국의 생태 경쟁력을 육성("綠色化"打造中國 生態競爭力)」, 『생태경제(生態經濟)』, 2016, 2기.

세푸성 (謝富勝), 청한(程瀚), 리안(李安), 「글로벌 기후 거버넌스의 정치경제학 분석(全球 氣候治理的政治經濟學分析)」『중국사회과학(中國社會科學)』, 2014, 11기.

장워이(張偉), 장홍창(蔣洪强), 왕진난(王金南), 쩡워이화(曾維華), 장징(張靜), 「과기혁신의 생태문명건설중 역할과 기여(科技創新在生態文明建設中的作用和貢獻)」, 『중국 환경관리(中國環境管理)』, 2015, 3기.

저우홍춘(周宏春), 「녹색화는 우리나라 현대화의 중요한 구성부분(綠色化是我國現代化的 重要組成部分)」, 『중국환경관리(中國環境管理)』, 2015, 3기.

주펑친(朱鳳琴), 「중국 전통생태문화 사상의 현대 해석(中國傳統生態文化思想的現代闡 釋)」, 『과학사회주의(科學社會主義)』, 2012, 5기.

좡구이양(莊貴陽), 「생태문명제도의 체계건설은 중점 분야에서 돌파를 찾아야(生態文明 制度體系建設需在重点領域尋求突破)」, 『절강경제(浙江經濟)』, 2014, 14기.

좡구이양(莊貴陽), 「경제 뉴노멀하 기후변화 대응과 생태문명 건설-중국사회과학원 좡 구이양 연구원 인터뷰(經濟新常態下應對大氣候變化與生態文明建設-中國社會科學 院莊貴陽研究員訪談錄)」, 『열강학간(閩江學刊)』, 2016, 1기.

좡구이양(莊貴陽), 저우워이둬(周偉鐸), 「글로벌 기후 거버넌스 패턴의 전변 및 중국의 기여(全球氣候治理模式轉變及中國的貢獻)」, 『당대세계(當代世界)』, 2016, 1기.

신문

황청량(黃承梁), 「생태문명의 건설은 전통적 생태지혜를 필요(建設生態文明需要傳統生態 智慧)」, 『인민일보(人民日報)』, 2015년 1월 15일, 제7지면.

판자화(潘家華), 「지속가능 발전 경제학의 재사고(可持續發展經濟學再思考)」, 『인민일보 (人民日報)』, 2015년 6월 29일, 제22지면.

저우궈메이(周國梅), 「'일대일로'건설의 녹색화 전략("一帶一路"建設的綠色化戰略)」, 『중 국환경보(中國環境報)』, 2016년 1월 19일, 제2지면.

좡구이양(莊貴陽), 도시화중 고탄소 로킹효과를 헤쳐서(破解城鎭化進程中高碳鎖定效應)」, 『광명일보(光明日報)』, 2014년 10월 2일, 제8지면.

생태문명 건설 이론 확립 및 실천 모색

지은이 소개

판쟈화(潘家華)　중국사회과학원 학부위원, 중국사회과학원대학 경제학과 교수, 베이징공업대학 생태문명연구소 소장. 판쟈화는 1992년 케임브리지대학에서 경제학 박사학위를 받았으며, '2023년 글로벌 지속가능성 보고서'를 작성한 독립 과학자팀 15명 멤버 중 한 명이다. 그는 중국 도시경제학회 회장, 중국생태문명연구촉진협회 부회장, 기후변화전문위원회 부회장이며 기후변화에 관한 정부간패널(IPCC) 완화평가 보고서의 주요 저자이다. 그는 한때 중국사회과학원 생태문명연구소장, 외교정책자문위원회 위원, 유엔개발계획 선임프로젝트 책임자, IPCC 제3태스크포스 기술지원팀 수석경제학자, '도시와 환경연구' Chinese Journal of Urban and Environmental Studies 편집장을 지냈다. 그의 주요 연구분야로는 지속가능발전 경제학, 기후변화 경제학, 생태문명 새로운 패러다임 경제학 등이 있다. 그는 10여 편의 학술논문을 집필·편집하고 네이처·사이언스·옥스퍼드경제정책리뷰 등 국제학술지와 중국 경제연구저널·사회과학 등 학술지에 300여 편의 논문을 발표했다. 그는 제2회 중국사회과학원 우수성과 2등상, 제4회 중국사회과학원 우수성과 1등상, 제14회 쑨예팡(孫冶方) 경제과학상을 수상했다.

옮긴이 소개

최경화(崔京花)　중국번역가협회 전문가 회원

감수자 소개

우진훈　북경외국어대학교 국제상학원 객원교수

시진핑 신시대 중국 특색 사회주의 사상 학습 총서

생태문명 건설 이론 확립 및 실천 모색
生態文明建設的理論构建与實踐探索

초판1쇄 인쇄 2023년 3월 20일
초판1쇄 발행 2023년 4월 10일

지은이   판쟈화(潘家華)
옮긴이   최경화(崔京花)
감수   우진훈
펴낸이   이대현
편집   이태곤 권분옥 임애정 강윤경
디자인   안혜진 최선주 이경진
마케팅   박태훈

펴낸곳   도서출판 역락
출판등록   1999년 4월 19일 제303-2002-000014호
주소   서울시 서초구 동광로 46길 6-6 문창빌딩 2층 (우06589)
전화   02-3409-2060
팩스   02-3409-2059
홈페이지   www.youkrackbooks.com
이메일   youkrack@hanmail.net

ISBN 979-11-6742-213-2 94300
ISBN 979-11-6742-041-1 94300(세트)